习近平新时代中国特色社会主义思想的河南实践

系列丛书

创新驱动发展的
河南实践

THE PRACTICE OF INNOVATION-DRIVEN DEVELOPMENT IN HENAN

主编 ◎ 王承哲

副主编 ◎ 完世伟 高璇

社会科学文献出版社
SOCIAL SCIENCES ACADEMIC PRESS (CHINA)

“习近平新时代中国特色社会主义思想的河南实践”系列丛书
编委会

前　言

习近平总书记和党中央对河南工作高度重视、寄予厚望。党的十八大以来，习近平总书记先后四次到河南考察，多次发表重要讲话、作出重要指示，为河南发展掌舵领航。全省上下深入学习贯彻习近平新时代中国特色社会主义思想和总书记关于河南工作的重要讲话重要指示批示精神，踔厉奋发、不懈探索，努力推动习近平总书记重要讲话重要指示批示和党中央各项决策部署在河南落地落实、见行见效，全省各项事业开创了新局面，开启了全面建设社会主义现代化河南的新征程，奋勇争先建设更加出彩的河南。

河南省社科院研创出版“习近平新时代中国特色社会主义思想的河南实践”系列丛书。该系列丛书充分展示河南贯彻落实习近平新时代中国特色社会主义思想的具体举措和成功经验，既是向党的二十大献礼，又是落实 2022 年河南兴文化工程文化研究计划，为锚定确保高质量建设现代化河南、确保高水平实现现代化河南“两个确保”奋斗目标，实施“十大战略”凝聚强大精神动力的重大成果。

“习近平新时代中国特色社会主义思想的河南实践”系列丛书第二辑包括《总纲领总遵循总指引的河南实践》《创新驱动发展的河南实践》《数字化转型战略的河南实践》《建设幸福美好家园的河南实践》《法治化营商环境的河南实践》《传承弘扬红旗渠精神的河南实践》《法治政府建设的河南实践》。该系列丛书围绕习近平总书记关于河南工作的重要讲话和指示批示精神，深入领会习近平新时代中国特色社会主义思想的精神实质和丰富内涵，旨在全面展现习近平新时代中国特色社会主义思想的河南实践，为推动河南全面建设社会主义现代化，锚定“两个确保”、实施“十大战略”，奋力谱写新时代中原更加出彩的绚丽篇章提供理论支持和智力服务。

目 录

Ⅰ 背景与意义篇

Ⅱ 实践与探索篇

Ⅲ　成就与经验篇

Ⅳ 持续与深化篇

I　背景与意义篇

第一章　时代背景

进入21世纪，知识与技术创新成为人类经济、社会发展的重要动力源泉。特别是国际金融危机爆发后，世界科技发展突飞猛进，国际科技竞争日趋激烈，各国都把创新作为科技发展的重要战略。科技创新引领产业变革，使得全球经济进入深度调整，其重要性日益凸显，成为引领经济社会发展的动力。在这种背景下，党的十八大明确提出了实施创新驱动发展战略，这是根据国内外发展态势、立足国家发展全局、面向未来发展做出的重大战略决策，要求我们必须将科技创新作为提高社会生产力和综合国力的战略支撑，摆在国家发展全局的核心位置，同时，这也为新时期科技创新工作指明了前进方向，提供了根本遵循。

第一节　国际竞争的大势所趋

进入后金融危机时代，世界各国意识到只有加大对科技创新的投入、加快对新兴技术和产业发展的布局，发展新技术、培育新产业，才能创造新的经济增长点，才能率先走出危机。因此，全球开始进入空前的创新密集和产业变革时代，科技竞争日益激烈，发达国家力图通过科技创新继续保持世界领先地位，主要新兴经济体则通过科技创新积极抢占新一轮科技制高点，全球处在了新一轮创新竞争高潮期，各国纷纷把提高科技创新能力作为重塑国家竞争力的核心战略。

首先，发达国家力图通过科技创新继续保持全面领先的优势地位。国际金融危机重塑了世界政治经济格局，全球正处在信息技术深度应用与新一轮科技革命孕育兴起的阶段，新的科学理论和技术工具不断涌现，一些重要科学问题和关键核心技术已经呈现革命性突破的先兆，信息技术革命开始迎来新的转折，能源、生物、材料、海洋、环保、空间等领域的群体突破、交叉融合、深化发展，为新科技和产业变革开辟了更加广阔的前景。在这种情况下，美国、日本、英国、德国等发达国家都把科技创新作为对抗危机、走出衰退的关键力量，把新能源、新材料、信息网络、生物医药、节能环保、低碳技术、绿色经济等新兴产业作为科技发展战略的核心重点培育，从而构建新的竞争优势和经济基础，保持科学技术的持续领先地位。欧盟2006年推出了《创建创新型欧洲》和《欧洲研究基础设施路线图规划》，2010年提出《欧洲2020战略》，提出此后十年发展蓝图。2010年7月，德国政府公布《高科技战略2020》，提出了一系列促进制造业发展的创新政策；此后，推出《高科技战略行动计划》，决定在2012~2015年投资约84亿欧元，推动十项未来研究项目的开展；2012年8月，德国政府推出"2020-创新伙伴计划"，旨在推动德国东部地区科研能力特别是企业技术创新能力的提升。2009年，日本提出"ICT新政"，旨在3年内创造100万亿日元规模的市场新需求，重点发展低碳、新能源等产业，推动相关领域的产业结构改革，以提升国际竞争力。

其次，新兴经济体积极抢占新一轮科技竞争制高点。进入后危机时代，世界范围内的创新创业浪潮风起云涌、日新月异，创新能力在全球经济格局和国际力量对比中的决定性意义更加凸显，越来越成为综合国力竞争的重要标志。印度、巴西、俄罗斯等新兴经济体也相继推出创新发展战略，试图大幅度提高创新能力，打破美日欧独领风骚的局面。巴西在国际金融危机爆发后坚持实施国家科技创新战略，并从法律、机制、人才和资金投入等方面对科技创新体系进行了深入的改革和完善，特别是2014年还推出了一项增大科研力度、培育新一代科研人员和创新型企业的大型科技计划——"国家知识平台计划"，聚焦卫生健康、农业和能源三大重点领域，每年计划投入20亿美元左右，其目的就是促使科学知识向生产系统转移，意欲在未来几十年中将巴西打造为世界性的知识前沿。印度加强了科技创新的规划部署，进一步从国家层面确立了科技创新战略规划的核心地位，将2010年到2020年称为印度的"创新十年"，提出了具体的"创新路线图"，并出台了一系列针对科技创新管理和知识产权保护的政策措施。俄罗斯为了应对金融危机，大力发展创新领域来促进经济结构转型，建立了"俄罗斯风险公司"，把纳米技术、医学、清洁能源、生物技术和信息技术作为风险投资优先领域，特别是在2011年12月，俄罗斯政府还颁布了"俄罗斯联邦2020年创新发展战略”，进一步明确了科技创新在经济社会建设中的主导作用，力图通过创新驱动来提高综合竞争力。

总的看来，进入后危机时代，以信息化、智慧化、低碳化为主要特征的新一轮科技革命和产业变革应运而生。传统意义上的基础研究、应用研究、技术开发和产业化的边界日趋模糊，科技创新与金融资本、商业模式融合更加紧密，技术更新和科技成果转化更加便捷，产业升级步伐全面提速，信息技术、生物技术、新材料技术等交叉融合频繁催生新的产业，云计算、大数据、移动互联网等不断扩展新的应用领域，诸多领域的重大技术突破和大规模产业化正在广泛进行。值得注意的是，在本轮科技革命和产业变革的诸多新兴领域，我国与发达国家基本上处于同一起跑线上，可以说机遇难得。因此，大力实施创新驱动发展战略，是我国参与全球竞争的需要，也是未来发展的需要。

第二节　民族复兴的国运所系

科技兴则民族兴，科技强则国家强。“我们比历史上任何时期都更接近中华民族伟大复兴的目标，我们比历史上任何时候都更需要建设世界科技强国”[①]，习近平总书记在两院院士大会上再次强调了建设世界科技强国的奋斗目标。要实现建成社会主义现代化强国的伟大目标，实现中华民族伟大复兴的中国梦，我们必须具有强大的科技实力和创新能力。

创新是中华民族生生不息的内在动力。中华民族一直是一个追求创新、勇于创新的民族，革故创新的观念古已有之。历史经典著作中处处可见关于创新的精辟论述。比如，《诗经》中说：“周虽旧邦，其命惟新。”又如，《周易》中记载：“穷则变，变则通，通则久。”这都反映了中华民族除旧立新的精神。同时，也正是这种精神，使中华文明历久弥新，保持了极为旺盛的生命力，推动中华民族创造了一个又一个的辉煌，也为世界文明发展做出了巨大贡献。特别是指南针、火药、造纸术、印刷术，这四大发明更是见证了中国古代科学技术的繁荣，并且推动了人类文明的进步。此外，中医药、天文

① 习近平：《决胜全面建成小康社会 夺取新时代中国特色社会主义伟大胜利》，载中共中央党史和文献研究院编《十八大以来重要文献选编》，中央文献出版社，2019。

历法、算术、水利、瓷器、丝绸等领域的创新也为人类福祉做出了重要贡献。近代以来，中国错过了世界工业革命和科技革命的时代潮流，成为积贫积弱的国家，付出了“落后挨打”的惨痛代价，但自强图新的探索从未止步。

创新发展是国家兴衰的经验所得。工业化以来的发展历程表明，哪里创新活动比较活跃，哪里就容易形成产业革命的广阔舞台。细数世界三次科技革命，英国人瓦特改良蒸汽机诱发了第一次科技革命，瓦特改良蒸汽机之后，引发了一系列的技术革命，英国抓住了这次重大机遇，成为世界霸主；第二次科技革命是紧跟第一次科技革命发生的，在法拉利发现电磁感应现象之后，德国科学家西门子根据这一理论，造出了第一台发电机，而后，电动机、电灯、电车、电钻、电焊机等电气产品的发明纷纷问世，产生以电力的广泛应用为主要特点的第二次科技革命，德国抓住了这次发展机遇，超过英国；20世纪四五十年代，以原子能、电子信息技术、航天技术、生物工程为代表的一系列高新技术将人类带入了信息时代，第三次科技革命到来，其规模、深度和影响远远超过前两次科技革命，美国抓住了机遇，成为百余年来世界第一强国。三次科技革命带来的是世界科技中心和工业重心从英国转到德国，再到美国，表面上是地理位置的更替，实质上是创新能力、创新实力的转换。而中国从明清时期全球经济规模最大的国家到逐渐落伍于其他国家，并且陷入任人宰割的境地，与历次科技革命失之交臂是重要原因之一。

因此，科技创新能力与国家兴衰、民族兴旺密切相关。在科学技术日新月异的今天，世界各国在创新之路越走越远，取得不菲成就。不创新迎来的只会是落伍与滞后。世界形势告诉我们：要想求生存、求发展，要想屹立于世界民族之林，就要加快创新脚步，让创新落实到社会每个行业，每个角落。经过四十余年改革开放，我国科学技术取得了突飞猛进的发展，从“九章”量子计算原型机到一体化全身正电子发射/磁共振成像装备，从国家新一代人工智能开放创新平台到中国空间站……取得了一个又一个“从 0 到 1”的突破，为赢得发展主动奠定了坚实基础。习近平总书记强调：“科学技术从来没有像今天这样深刻影响着国家前途命运，从来没有像今天这样深刻影响着人民幸福安康。我国经济社会发展比过去任何时候都更加需要科学技术解决方案，更加需要增强创新这个第一动力。”① 我泱泱华夏

① 习近平：《努力成为世界主要科学中心和创新高地》，《求是》2021 年第 6 期。

因创而动，我煌煌中国因新而生。在时代发展的洪流里，必须紧握创新驱动发展的大旗，拼搏奋斗，才能在突飞猛进的技术革命和产业革命中占有一席之地，才能实现中华民族伟大复兴的中国梦。

第三节　我国发展的形势所迫

过去四十多年，高储蓄率、高投资率、全球 FDI、低要素成本等因素和优势支撑了中国经济持续高增长。2000 年至 2013 年，全球经济 GDP 平均增速为 3.68%，同期中国经济年均增速为 10.6%，几乎是全球平均增速的 3 倍。伴随规模总量的扩大，高投入、高消耗、低效益的“旧常态”特征也尤为突出，数量型扩张的经济模式越来越难以支撑如此庞大的经济力量实现高速增长，迫切需要寻找新的突破口、支撑点。

首先，我国面临“中等收入陷阱”的风险挑战。“中等收入陷阱”没有一个严格的经济学定义，其更倾向于一种描述经济发展现象的术语。其主要意思是：当一个国家凭借某种优势（自然资源、人口红利等）实现经济快速发展，使人均收入达到中等水平后，往往会陷于经济增长的停滞期，很难成功跻身高收入国家。之所以很多经济体落入“中等收入陷阱”，主要是因为其在从中等收入向高收入跨越的过程中，难以摆脱由低收入进入中等收入时形成的路径依赖，原有的增长机制、发展模式与高收入国家的发展要求不匹配、不适应，造成经济增长的停滞不前。造成这一现象最核心的原因之一就是发展遇到了技术创新的瓶颈，投入产出效率下降。一方面，当一国经济进入中等收入阶段后，该国原有的人力成本、土地成本、要素成本等优势就会减退甚至消失；另一方面，在国际竞争中，该国面对高收入国家的技术优势，处于劣势地位，在内外“两头挤压”的形势下，国家经济增长动力的衰减。我国自 1978 年实行改革开放以来，经济保持高速增长态势，居民收入也大幅提高，已经从低收入国家发展为中等收入的国家。2010 年，我国人均国民总收入达到 4340 美元，首次达到中等偏上收入国家标准，与之相伴的就是面临“中等收入陷阱”的风险挑战。在这种情况下，就需要通过创新来提升国家竞争力。

其次，我国经济进入“三期叠加”的新常态。我国经济迅速跃居世界第 2 位，但是也付出了很大代价，经济结构不合理的矛盾长期积累，发展不平衡、不协调、不可持续的问题日益显现。2013 年 7 月 25 日，在中共中央政治局常委会会议上，习近平总书记对我国经济形势做出了经济增长速度换挡期、结构调整阵痛期、前期刺激政策消化期“三期叠加”的重要判断，并提出要准确认识我国经济发展阶段性特征。经济增长速度处在换挡期，从过去的高速增长转换为中高速增长，这是由经济发展规律决定的。一方面，随着经济总量的增大，背后支持经济增长的土地、人口等生产要素供给产生了重大变化，资源环境的约束也愈加凸显，造成经济增速放缓。另一方面，从主要经济体发展经验看，经济发展到一定水平后，经济增速出现了不同程度的回落。因此，我国经济增长转入中高速增长轨道，是一种阶段性的现象，是经济规律作用使然。经济结构调整处在阵痛期，短期内化解过剩产能、优化产业结构的调整可能有些痛苦，但这是加快经济发展方式转变的主动选择。长期以来，我国经济增长方式相对粗放，经济发展与资源环境的矛盾也越来越尖锐，倒逼我国加快结构调整。而结构调整是有成本的，一些过剩的产业、企业就需要从市场退出，难免引起“阵痛”，但这是实现可持续发展必须付出的代价。前期刺激政策处在消化期，曾经实施的刺激政策需要逐步退出，这是化解多年来积累的深层次矛盾的必经阶段。为了抵御国际金融危机的冲击，我国实施了一揽子拉动内需等的刺激政策，但是刺激政策产生了一些“后遗症”，比如市场流动性激增造成通胀压力明显加大、产业结构逆动造成部分行业产能过剩等，形成了一些潜在的风险，对经济持续稳定健康发展产生了一定隐患。

面对“中等收入陷阱”的风险挑战，以及“三期叠加”的阶段性特征，加快增长方式从规模速度型粗放增长向质量效益型集约增长转变已迫在眉睫，科技创新成为引领发展的新引擎。时代发展要求深入实施创新驱动发展战略，坚持科技创新和体制机制创新“双轮驱动”，破除一切制约创新的思想和障碍；必须全面推进创新，发挥好科技对经济的支撑引领作用；必须补齐“短板”，解决好原始创新能力不强、科技成果转化不畅等突出问题；必须顺应创新大众化的发展趋势，进一步解放“人”的活力，真正实现大众创业、万众创新。可以说，创新已经成为引领发展的第一动力，创新驱动发展战略是立足全局、面向全球、聚焦关键、带动整体的国家战略，而不是短期、局部的战略，科技创新迫切需要真正摆在事关国家发展全局的核心位置。

第四节 中原出彩的关键所在

2012 年 11 月，党的十八大描绘了全面建成小康社会、加快推进社会主义现代化的宏伟蓝图，并提出了“两个一百年”的奋斗目标。之后，习近平总书记在 11 月 29 日参观《复兴之路》展览时首提“中国梦”概念，并进行了阐释：“实现中华民族伟大复兴，就是中华民族近代以来最伟大的梦想。”① “两个一百年”奋斗目标与中国梦一起，成为引领中国前行的时代号召。2014 年 5 月，习近平总书记在河南调研指导工作时指出，“实现‘两个一百年’奋斗目标、实现中华民族伟大复兴的中国梦，需要中原更加出彩”②。这一要求精准把握了新起点上河南发展的使命、责任与担当，照亮了河南前行发展之路。

历史地位需要中原更加出彩。“一部河南史，半部中国史。”在 5000 多年的中华文明史中，有 3000 多年河南都是全国政治、经济、文化中心。因此，可以讲厚重的中原文明积淀着中华民族鲜亮的底色，是中华文明根脉相承、薪火相传、经久绵延的动力所在。地理区位需要中原更加出彩。河南地处中部之中，既能承东启西，又能连南贯北，区位优势得天独厚，是全国区域发展重大战略的贯通承启带，是统筹区域战略协同联动不可替代的重要区域，在发展现代流通、畅通经济循环上具有先天优势，对于加快形成相互衔接、互为支撑、东中西联动的区域发展新格局，对接融通世界具有特殊的战略意义。经济方位需要中原更加出彩。在全国经济发展方位上，河南经济总量长期居全国第 5 位，是全国重要的经济大省、新兴工业大省和有影响的文化大省，同时也是人口大省，没有中原的大发展，自然就会影响全国发展大局，进而影响到中华民族伟大复兴的进程。分工定位需要中原更加出彩。郑州航空港经济综合实验区、郑洛新国家自主创新示范区、中国（河南）自贸试验区、郑州国家中心城市等国家战略规划和战略平台密集落地河南，集中体现了国家的基本战略意图，说明党中央、国务院赋予了河南更多“为国家试制度”的重大历史使命，河南肩负着为区域

① 《习近平谈治国理政》，外文出版社，2014，第 36 页。

② 《实现中国梦需要中原更出彩》，《河南日报》2014 年 5 月 28 日。

谋发展、为全国试政策、为全局作支撑的重大历史责任。

中原更加出彩亟待突破诸多瓶颈制约。改革开放40余年来，河南同全国一样取得了巨大发展变化，但基本省情和阶段性特征可以概括为“一个欠发达、四个尚未根本改变”。“一个欠发达”就是河南仍然是一个生产力水平较低的欠发达省份。主要表现如下几个方面。一是人均水平低。以2009年为例，河南经济总量居全国第5位，但人均GDP20477元，相当于全国平均水平的81.3%。二是地方财力弱。2009年，地方财政一般预算收入1126亿元，居全国第9位；人均财政收入1133元，全国倒数第一；公共服务人均支出居全国后列。三是居民收入低。2009年城镇居民人均可支配收入只相当于全国平均水平的83.7%，居全国第16位；农民人均纯收入只相当于全国平均水平的93.3%，居全国第17位。四是工业化、城镇化水平低。2009年，河南第二三产业劳动力就业比重只有51%，城镇化率只有37.7%，分别较全国平均水平低8个、8.9个百分点，工业化、城镇化水平总体上滞后于全国，处于工业化中期偏前阶段。“四个尚未根本改变”就是河南发展方式粗放问题尚未根本改变、综合竞争力不强问题尚未根本改变、城乡二元结构突出问题尚未根本改变、公共服务水平低问题尚未根本改变。特别是国际金融危机爆发后，上述矛盾和问题进一步暴露和凸显。这些问题说到底都是技术水平不够高、创新能力不够强导致的，只有解决了这一短板和矛盾，中原更加出彩才能指日可待。

创新是发展的灵魂。习近平总书记在多个场合多次强调要重视科技创新。2014年5月，习近平总书记在河南考察时提出要打好“四张牌”，其中之一是打好创新驱动发展这张牌。在中铁装备有限公司习近平总书记还语重心长地告诫大家：“一个地方、一个企业，要突破发展瓶颈、解决深层次矛盾和问题，根本出路在于创新，关键要靠科技力量。”① 历史经验表明，创新从来都是决定一个国家或区域竞争成败和发展成效的关键。把创新驱动作为决定区域兴衰的第一要素和决胜未来发展的战略聚焦点，把创新驱动置于优先发展的地位，大力实施创新驱动战略，不断推动全省经济从要素驱动、投资驱动向通过技术进步来提高劳动生产率，全面增强河南经济的动力、活力，这对于中原更加出彩意义重大。

---

① 《习近平关于社会主义经济建设论述摘编》，中央文献出版社，2017，第183页。

第五节 高质量发展的规律使然

党的十九大提出，“我国经济已由高速增长阶段转向高质量发展阶段，正处在转变发展方式、优化经济结构、转换增长动力的攻关期”，明确了我国经济的发展方向和目标是“高质量发展”。[①] 在 2020 年 7 月 30 日召开的中共中央政治局会议和 8 月 24 日召开的经济社会领域专家座谈会上，习近平总书记两次指出，我国已进入高质量发展阶段。从“转向”到“进入”则标志着推动高质量发展，实现经济发展质量变革、效率变革、动力变革有着更加重要的现实紧迫性。高质量发展是一场涉及发展方式、经济结构、增长动力等诸多方面的系统性重大变革。实现高质量发展是我国经济社会发展历史、实践和理论的统一，是开启全面建设社会主义现代化国家新征程、实现第二个百年奋斗目标的根本路径，推动高质量发展也成为当前和今后一个时期确定发展思路、制定经济政策和实施宏观调控的根本要求。

我国进入新发展阶段。从新中国成立之初的“一穷二白”，到取得全面建成小康社会的历史性伟大成就，再到开启全面建设社会主义现代化国家新征程，中华民族迎来了从站起来、富起来到强起来的伟大飞跃。党的十九届五中全会提出“全面建设社会主义现代化国家、向第二个百年奋斗目标进军”标志着我国进入新发展阶段，这是重大的战略判断，具有重大而深远的理论意义和实践意义。从时代价值看，标定了中华民族进入“强起来”的伟大时代，意味着经过几十年积累，中华民族向着伟大复兴实现了又一个大跨越。从理论价值看，这是马克思主义关于社会发展和阶段划分理论与中国发展实践的历史性结合，体现了中国社会发展连续性与阶段性、量变与质变的辩证统一，彰显了马克思主义在中国不断焕发出强大生机活力，开辟了 21 世纪马克思主义中国化的新境界。从实践价值看，明确了新的历史条件下的新目标、新任务，即全面建设社会主义现代化国家，这为未来相当长时间内我们党擘画发展战略、制定大政方针、部署重大工作提供根本依据。

---

① 习近平：《决胜全面建成小康社会，夺取新时代中国特色社会主义伟大胜利》，载中共中央党史和文献研究院编《十八大以来重要文献选编》，中央文献出版社，2019，第 21 页。

高质量发展是新发展阶段的鲜明导向。新发展阶段是我们党从主客观现实条件出发得出的科学结论，与此同时，发展仍然是解决我国一切问题的基础和关键，并且发展中的矛盾和问题集中体现在发展质量上，要求我们必须坚持高质量发展。高质量发展是新阶段应对百年大变局的战略部署。世界正在经历百年未有之大变局，叠加疫情影响，国际格局中不确定不稳定因素显著增加，做好外部环境变化的应对，需要把工作重点放在高质量发展上，以此来推动中国经济“由大变强”，增强抵御外部风险的能力，来把握国际斗争的主动权。高质量发展是适应新发展阶段的现实选择。中国经济已经取得了举世瞩目的辉煌成就，但是受思维惯性、路径依赖等影响，进一步发展中出现了需求收缩、供给冲击、预期减弱三重压力，背后是一些体制性、周期性、结构性矛盾和风险交织在一起，需要通过推动高质量发展来形成倒逼机制，突破和超越传统发展模式的积弊和短板，推动发展再上新台阶。高质量发展是解决新阶段社会主要矛盾的必然要求。我国社会主要矛盾已经发生了根本性变化，迫切需要解决发展不平衡不充分问题，其突出表现在区域、城乡之间的不平衡，以及生态环保、公共服务等领域短板比较突出，必须把发展质量和效益摆在更加突出位置，才能不断满足人民群众对美好生活的需要。高质量发展是社会主义现代化强国建设的重要路径。对照现代化国家发展目标，以及发达国家现代化水平，中国经济“大而不强”的特征还较为突出，只有通过高质量发展把创新能力、生态环保、民生保障、社会治理、收入差距等短板补上，才能为现代化强国建设奠定物质基础。

创新驱动发展是高质量发展的核心动力。创新是引领发展的第一动力，也是建设现代化经济体系、实现高质量发展的战略支撑和根本要求。经过长期努力，我国科技发展成就显著，一些重大科技成果进入世界先进行列，但是，我国科技创新能力与经济实力还不相称，与经济建设主战场和人民美好生活的需求还不适应，与发达国家相比，在创新机制、创新实力和创新能力方面都还有一定的差距。习近平总书记深刻指出：“不创新不行，创新慢了也不行。如果我们不识变、不应变、不求变，就可能陷入战略被动，错失发展机遇，甚至错过整整一个时代。”① 这就要求我们把创新摆在发展

① 《全国科技创新大会两院院士大会中国科协第九次全国代表大会在京召开》，《人民日报》2016 年 5 月 31 日。

的逻辑起点、现代化建设的核心位置，深入实施创新驱动发展战略，做强创新“引擎”，做大创新“载体”，做优创新“生态”，抓重点、通堵点、点亮点，在更大范围、更广空间、更深领域激发科技第一生产力的巨大潜能，促进科技、金融、人才、营商环境有机结合，科技创新基因活力迸发，成为引领高质量发展的“硬核”力量，也在河南这片充满生机和活力的热土上发动了创新发展的新“引擎”，跑出河南高质量发展的“加速度”。

第二章　重大意义

国际金融危机爆发后，全球知识创造和技术创新的速度明显加快，人才、资本、市场、专利等成为世界各国竞相争夺的战略资源，技术创新与金融资本、商业模式创新融合更加紧密，开始推动全球产业变革加速进行。与此同时，河南经济与全国一道正在进入从要素投入推动型转向创新驱动发展的新阶段，经济增长将更多建立在技术、知识和高素质劳动力等要素有机结合上，创新活力、创新能力将成为决定区域经济社会发展的主要动力。因此，一定要充分认识实施创新驱动发展战略的重大意义，自觉把创新驱动发展战略作为中原更加出彩的重大战略举措，作为贯彻落实中央关于建设创新型国家的决策部署、提高河南区域竞争力的具体行动，真正把创新摆在全省经济社会发展的核心位置。

第一节　经济稳定增长的不竭动力

改革开放以来，河南经济呈现高速增长态势，2004 年全省经济总量跃居全国第五位，但也要清醒地认识到成绩的背后仍存在隐忧：河南经济规模很大，但是大而不强；经济增长速度很快，但是快而不优。全省在需求结构上仍然过分依赖投资，经济增长主要还是靠投资拉动，在投入结构上比较依赖传统生产要素的投入和外延的扩张，经济结构和产业结构不合理的问题还没有得到根本性的解决，经济发展的质量和效益还有待提高，人口、资源和环境的瓶颈制约十分突出。国际金融危机的爆发使全球经济由危机前的快速发展期进入深度转型调整期，经济低迷成为常态，我国经济已进入实质转型期和个位数增长期，也让河南经济增长存在的问题更加凸显。相对粗放的发展方式尚未得到根本转变，经济结构不合理，产业和技术层次低，采掘和原材料工业比重较高；经济增长的质量不优、效益不高，资源利用率偏低，单位 GDP 能耗是国内先进水平的 2 倍多，资源和环境约束日益加剧。由于多年来主要依靠资源、劳动力、资金等要素支撑经济增长，全省发展成本加大、发展优势减少、发展活力下降，随着我国“三期叠加”的复杂形势，全省经济处在一个船到中流浪更急、人到半山路更陡的时候，一个愈进愈难、愈进愈险而又不进则退、非进不可的时候，进入了爬坡过坎、攻坚转型的关键期，单纯依靠规模扩张促进经济增长的路子不能再走下去了，寻找经济增长的新动能成为当务之急。

创新是经济活力的源泉，是实现经济发展的持久动力。经济学认为，一个国家或地区竞争力的发展要经过要素驱动、投资驱动阶段，然后进入创新驱动、财富驱动阶段。上述河南经济增长存在的问题说到底都是技术水平不够高、创新能力不足导致的。党的十八大报告在论述加快完善社会主义市场经济体制和加快转变经济发展方式时明确提出，要实施创新驱动发展战略。这就要求河南在今后的发展过程中，彻底改变原来那种过度依赖“要素”“投资”的发展模式，真正把发展转到依靠科技发展和创新上来，真正把发展动力转到创新驱动上来，如此方能推动经济社会发展转入科学发展的轨道。

第二节　新旧动能转换的强大引擎

迈入 21 世纪的第二个十年，世界经济受国际金融危机影响进入深度调整期，我国也到了一个攸关未来的路口。自 2010 年中国取代日本成为全球第二大经济体后，中国经济出现了明显不同于前 30 年的特征，经济增速持续下滑，2010~2012 年经济增速连续 11 个季度下滑，2012~2013 年 GDP 年增速连续两年低于 8%。2013 年 12 月 10 日，在中央经济工作会议上，习近平总书记首次提出“新常态”的概念，这一表态明确了官方对经济形势的判断和态度。2014 年 11 月 9 日，习近平主席在出席亚太经合组织（APEC）工商领导人峰会时又对新常态的内涵做了阐述，指出了中国经济新常态的 3 个主要特点及其给中国带来的 4 个新机遇。3 个主要特点：一是从高速增长转为中高速增长；二是经济结构不断优化升级；三是从要素驱动、投资驱动转向创新驱动。“新旧动能”是“新常态”背景下经济增长的“双引擎”，经过 30 多年高速增长之后，中国经济发展进入了新常态，本质上就是要实现新旧动能的转换。此时的河南正处于工业化中期向后期发展的过渡阶段、竞争优势从低成本向资本和技术转变的重要阶段，适应新常态、引领新常态，转方式、调结构、促转型，推动新旧动能加速转换比以往任何时候都更加刻不容缓，但全省新旧动能转换较为缓慢。以 2016 年相关数据为例，2016 年全省传统支柱产业固定资产投资增速为 8.9%、六大高载能行业固定资产投资增速为 12.5%，增速分别高于高成长性制造业固定资产投资增速 1.4 个和 5.0 个百分点；高技术产业增加值增速较上年回落 4.5 个百分点，而六大高载能行业增加值较上年仅仅回落 0.4 个百分点。可见，全省以传统产业、高耗能产业为代表的传统动能依然很强大，而以新技术、新业态和新模式引导的新兴力量还亟待发展壮大，短期内新兴力量还难以对冲传统动能的下行力量，实现新旧动力平稳衔接、转换还需一个长期的过程。

创新的过程一头连着科技研究，另一头连着产业经济，创新驱动发展是一种内生性的发展模式、一种更高层次更高水平的经济增长方式，能够有效提高劳动生产率、资本产出率和全要素生产率，能够创造新的市场需求、培育新兴产业，实现经济发展动力的转换和重塑。因此，河南迫切需要实施创新驱动发展战略，推动创新成为经济发展主导力量，方能将科技创新转化为经济转型的新支点、动能转换的新动力、发展“蝶变”的加速器。

第三节　中原更加出彩的有力支撑

对于中国这一整体，位于中部之中的河南是极具战略地位的腹地。党的十八大以来，以习近平同志为核心的党中央高度重视河南的发展，一系列国家战略规划和战略平台落地中原，对河南发展的支持力度之大前所未有，对河南发展的影响之深前所未有。特别是 2014 年习近平总书记两次亲临河南调研指导工作，殷切期望河南在实现中华民族伟大复兴中国梦的进程中更加出彩，凸显了河南在全国发展大局中的地位和作用，也是党中央对河南在新的发展阶段做出更大贡献的期许。与此同时，河南经济社会发展面临的矛盾和制约因素还相当突出，中原更加出彩还面临诸多挑战。一是产业层次低。2015 年，河南三次产业结构比例为 11.4∶49.1∶39.5，产业结构持续优化但产业总体技术水平和技术含量仍然较低，基本上处于低层次的产业机构演进阶段，尤其是第三产业占比落后全国平均水平 11 个百分点。二是城镇化水平低。2015 年末，河南城镇化率为 46.85%，低于全国平均水平 9.25 个百分点，在中部六省中也是最低的，意味着工业化进程仍处于中期阶段，农村人口向城市转移的过程仍在继续，产业结构仍需提升。四是“三农”问题突出。河南“三农”问题比全国其他地方都显得更为突出，城乡二元结构的矛盾比全国其他地方也大得多。农业问题方面，传统种植业的比重仍然较高；农村问题方面，农村水、垃圾处理、污水处置等基础设施建设与城市存在较大差距；农民问题方面，农民收入偏低，增收难度较大。四是城乡区域发展不平衡。2015 年河南省城乡居民收入比仍为 2.36∶1，不同地区之间发展程度也存在显著差异。

对国家和地区来说，创新是发展进步的不竭动力。中原更加出彩面临的诸多制约因素，其中最本质的是创新能力不足。据全国科技进步统计监测报告分析，河南科技进步水平、科技进步环境指数、高新技术产业指数、科技促进经济社会发展指数等均处于全国中下游。体现在数据上，2015 年，全国 R&D 经费支出占 GDP 的比重为 2.1%，而河南仅为 1.2%，仅为全国 R&D 投入平均强度的约一半。数据上的差距在一定程度上说明河南全社会创新创造的积极性没有得到充分调动，广大群众创新创造的潜能没有得到充分释放。创新推动发展，创新赢得财富，勇于创新创造的社会才能始终充满生机和活力。这就要求河南必须加快创新驱动发展战略，着力搭建创新平台，积极提供政策支持，营造鼓励创新、支持创新的浓厚氛围，完善创新创造的激励政策，如此方能最大限度激发每一个社会细胞的创新活力，释放每一个市场主体的创造潜能，让全社会创新创业的源泉充分涌流，为中原更加出彩提供有力支撑。

第四节　区域竞争力提升的根本途径

世界科技革命带来的经济发展证明，科技创新对经济增长的促进作用是呈几何级数的。创新能力是一个国家和地区综合竞争力的核心和决定性因素。区域间竞争实力的消长，主要源于科学技术的发展差距，越是创新活跃的地方，就越容易形成产业革命的广阔舞台，一旦创新活力丧失，就面临着在竞争中出局的危险。国际金融危机爆发后，国内区域发展竞争日趋白热化。继重庆和成都“统筹城乡综合配套改革试验区”、武汉城市圈、长株潭城市群“两型”社会试验区以后，皖江城市带承接产业转移示范区、海峡西岸经济区、关中—天水经济区、黄河三角洲高效生态经济区、成渝地区双城经济圈、西安都市圈等近 20 个地区发展规划获得国家批复，上升为国家战略。从人们熟知的“长三角”“珠三角”“环渤海”“京津冀”到“海西经济区”“中原经济区”“长株潭”“北部湾经济区”“粤港澳大湾区”等区域经济概念的谋划和产生，背后折射的是区域竞争的深化，各地争相把自己的发展规划放入全国区域协调发展的大盘子，以期得到国家层面的支持政策和优惠政策，各省、各地都想在新的区域经济竞争格局中占据有利位置。唯有创新，才能牢牢把握发展的主动权，抓住和用好宝贵的战略机遇期。

特别是进入新常态时期，各地都把创新驱动作为关系长远发展的关键。北京中关村以建设国家技术转移集聚区为契机，促进了技术市场发展，技术市场交易额迅速增长，成为全国技术转移的重要枢纽。天津市把发展科技型中小企业作为市、区、县政府转方式调结构、培育新的经济增长点的重要抓手，启动实施了科技“小巨人”培育行动计划，市政府连续 3 年出台了 7 份文件引导推动。安徽省积极谋划合芜蚌自主创新综合试验区上升为国家战略，成功进入创新型国家建设试点省行列。陕西省通过建设西安科技大市场，实现了科技资源的开放整合与高效利用，促进技术转移和成果转化。天津、江苏、湖南、四川、陕西等省市都在倾力打造自主创新示范区，强化创新驱动，以期在区域竞争中赢得先机和主动，创新已经成为决定区域竞争力的关键所在。河南正处于爬坡过坎、攻坚转型的关键转折期，只有深入实施创新驱动发展战略，增强自主创新能力，才能减少对技术、装备引进的过度依赖，才能加快产业和产品升级，才能在激烈的市场竞争中占据制高点，摆脱只能跟在别人后面亦步亦趋的发展态势，牢牢把握区域竞争的主动权。

Ⅱ 实践与探索篇

第三章　创新驱动发展战略的实施过程

面对新的发展形势和国际竞争格局，河南省委、省政府团结带领全省广大党员干部群众，坚持以习近平新时代中国特色社会主义思想为指导，全面落实党的十八大、十九大和十九届二中、三中、四中、五中、六中全会精神，坚定不移地把实施创新驱动发展战略作为谋划推动河南经济社会发展的根本遵循和事关全局的重大任务，深入系统学习，注重总体部署，强化政策保障，突出项目带动，聚焦要素支撑，加强监测考评，在高质量发展上迈出了坚实步伐。

第一节　深入系统学习

在河南省委、省政府的团结带领下，河南围绕创新驱动发展，深入贯彻习近平总书记关于科技创新的重要论述，将科技创新摆在国家发展全局的核心位置，加强顶层设计，加大学习贯彻力度，强化舆论引导，切实增强落实创新驱动发展战略、加快科技改革发展的使命感、紧迫感和责任感，推动全省形成重视创新驱动发展、讲清创新驱动发展、研究创新驱动发展的浓厚氛围。

一　加强顶层设计

党的十八大以来，从确立到2035年跻身创新型国家前列的战略目标，到提出坚持创新在我国现代化建设全局中的核心地位、把科技自立自强作为国家发展的战略支撑，再到开启建设世界科技强国的新征程，以习近平同志为核心的党中央对科技创新的重视程度、战略谋划和实施力度前所未有。党中央关于创新、科教和人才的一系列重大决策部署，以及习近平总书记关于河南打好创新驱动等“四张牌”的重要指示，为河南深入推进创新驱动发展提供了根本遵循。对标党中央重大决策部署，历届省委、省政府坚决贯彻党中央决策部署，积极抓好顶层设计和任务落实，提出坚持“科教兴豫、教育为本”的战略方针，确立“实施自主创新跨越发展战略，建设创新型河南”的创新发展思路，明确了建设中西部地区科技创新高地的目标任务，确立了创新驱动、科教兴省、人才强省等战略，将创新驱动发展战略贯穿河南经济社会发展的全过程。

2016年10月30日，河南省第十次党代会指出，要大力实施创新驱动发展战略，奋力建设中西部地区科技创新高地。《河南省国民经济和社会发展第十四个五年规划和二〇三五年远景目标纲要》中明确提出“打造中西部创新高地”是“十四五”时期河南经济社会发展主要目标之一，并且指出“坚持创新在现代化建设全局中的核心地位，把科技创新作为全省发展的战略支撑，深入实施科教兴豫战略、人才强省战略、创新驱动发展战略，完善创新体系，全面塑造发展新优势”。2021年7月，河南制定的《关于在新时代中部地区高质量发展中奋勇争先的实施意见》第一次明确提出“打造国家创新高地”的新目标，这为全省创新驱动高质量发展指明了大方向。2021年10月26日，中国共产党河南省第十一次全体代表大会召开，锚定“两个确保”目标，河南提出要全面实施“十大战略”，其中实施创新驱动、科教兴省、人才强省战略被列为“十大战略”之首，明确“要把创新作为发展的逻辑起点、摆在现代化建设的核心位置，全力建设国家创新高地”，并且围绕建设一流创新平台、凝练一流创新课题、培育一流创新主体、集聚一流创新团队、创设一流创新制度、厚植一流创新文化六个方面做出了系统布局，把创新摆在前所未有的高度。

同时，动态跟踪学习党中央决策部署特别是习近平总书记的重要讲话精神。比如，2013年3月4日，习近平总书记在参加全国政协十二届一次会议科协、科技界委员联组讨论时强调，实施创新驱动发展战略，推进以科技创新为核心的全面创新；2013年9月30日，在十八届中央政治局第九次集体学习时，习近平总书记强调创新是引领发展的第一动力；2014年5月，习近平总书记在河南考察时提出要“发挥优势打好四张牌”，其中“以构建自主创新体系为主导推进创新驱动发展”是重要一条；2018年全国两会期间习近平总书记参加广东代表团审议时提出，加强对中小企业创新支持，培育更多具有自主知识产权和核心竞争力的创新型企业；2019年全国两会期间习近平总书记参加福建代表团审议时强调，要营造有利于创新创业创造的良好发展环境；2020 年 9 月 11 日，在科学家座谈会上习近平总书记提出，坚持面向世界科技前沿、面向经济主战场、面向国家重大需求、面向人民生命健康，加快科技创新；2021 年 5 月 28 日，习近平总书记在参加中国科学院第二十次院士大会、中国工程院第十五次院士大会和中国科学技术协会第十次全国代表大会时指出，要加快建设科技强国，实现高水平科技自立自强。习近平总书记的系列讲话为河南创新驱动发展提供了总纲领、总遵循、总指引，河南省委、省政府团结带领全省广大党员干部群众，把习近平总书记关于创新驱动的重要讲话、重要指示联系起来学习、贯通起来落实，进一步完善发展目标、战略举措，推动各项工作往实里抓、向目标奔。

二　全省各地全面学习贯彻

面对高质量发展的历史性潮流，全省各地积极落实省委、省政府文件精神，出台了有较高含金量的政策措施，共同推动创新驱动发展战略的实施，奏响了创新驱动发展的新乐章。

洛阳坚定不移走以创新引领产业发展之路，持续推进创新生态优化，研究出台了以建设高水平国家创新型城市意见为统领，科研项目管理、“揭榜挂帅”制度、职务科技成果权属改革等一揽子创新政策，形成“1+N”创新政策体系。持续推进创新平台建设，截至 2022 年 4 月，各类创新平台累计达 2373 个、国家级创新平台 95 个，打造产学研良性互动的产业创新生态圈，对接更多创新资源要素。持续推进创新主体引育，出台创新主体“倍增”行动计划，健全“小升高、高升规、规变强”创新主体培育体系，在先进装备制造、电子信息、新材料、新能源、节能环保等高新技术领域实现重大突破，截至 2022 年 4 月，高新技术企业总量突破 900 家。持续推进创新人才集聚，创新实施“河洛英才计划”，突出以产业、事业、环境、政策服务等引才留才，2018 年至 2021 年的 4 年间，洛阳通过招才引智大会共引进 5.6 万名青年人才。目前洛阳锚定风口推进创新产业发展，坚持把创新落到产业上，促进创新链、产业链深度融合，为建强副中心、形成增长极注入澎湃动力，创新驱动已有力支撑了全市产业结构优化和制造业高质量发展。

许昌统筹谋划、拉高标杆，把制造业作为创新的主战场，明确了建设“智造之都、宜居之城”的目标定位，谋划实施智能电力装备、节能环保装备和服务等九大重点新兴产业，坚定不移以创新引领制造业高质量发展。优化创新驱动发展环境，落实财政科技经费后补助、大型科学仪器设施共享补助等支持创新普惠性政策，对于重大科技专项、科技成果转化、科技创新平台建设等给予财政奖励。不断培育壮大创新主体，国家级高新技术企业突破 100 家、科技进步对经济增长的贡献率达 60%，森源、许继、远东传动等企业依托创新勇立行业潮头，许昌智能、德通振动、天源药业等后起之秀崭露头角。广泛集聚创新人才，围绕产业链核心加强高端人才引进培育，努力推动“引进一个团队，催生一个产业”，实现全国首个“5G 泛在小镇”项目落户许昌，吸引了更多网络信息领域的产业集聚，进一步激发全社会创新活力，为积蓄发展新动能提供强力支撑。

三门峡不断建设完善以企业为主体、以市场为导向，产学研用相结合的技术创新体系，积极培育企业新主体，实施高新技术企业倍增计划、创新龙头企业培育工程，出台《三门峡市关于支持企业创新的意见》，以“微成长、小升高、高变强”梯次培育机制促进创新发展。不断培育科技型企业，截至 2021 年底，国家级高新级术企业 107 家，科技型中小企业 146 家，全社会研发投入支出 30 亿元以上，全市研发投入强度达 1.92%，进入全省第一梯队。突出创新平台的引领作用，引导和鼓励企业建立研发平台，围绕黄金、铝及铝精深加工、煤及煤化工等产业，成立了高端装备先进制造技术、有色金属共性技术协同创新中心等创新平台，推动装备制造、煤化工、有色金属等重点产业领域技术研发突破和创新发展，围绕数字经济和信息化发展，成立三门峡 5G 联合创新中心，积极谋划创新高地建设和未来产业布局，围绕新型高端研发平台建设，支持中科院及直属院所、“985”高校、央企所属研究机构等在三门峡设立分支机构，成立了中原关键金属实验室，推进智慧岛和科创园区建设，截至 2021 年底市级以上创新平台达 595 个。优化创新生态，通过“以赛引企、以赛引才”活动招商引资、招才引智，吸引了国鑫环保、民生高新材料、天顺制冷设备、万达石材、颐万铝基纳米材料、爱乐威医疗器械等企业入驻，加快了新材料、电子信息、新能源等产业发展步伐。

巩义全面实施创新驱动战略，以建成河南省转型升级示范区和河南省重要先进制造业基地为目标，转变发展方式，实施《工业转型升级创新发展三年行动计划》，以科技创新激发企业新动力、推动绿色发展、促进产业集聚等，科技创新已成为推动高质量发展的强劲引擎。持续优化创新环境，加大研发投入，2021 年建成国家企业技术中心 1 家、省级新型研发机构 2 家，高新技术企业 106 家、科技型企业 390 家，“专精特新”企业总数达到 77 家，连续 7 届被评为全国科技进步先进市，2021 年再次入选“科技创新百强县”，居百强榜单第 49 位。大力培育创业创新领军人才，以“聚焦需求、广聚英才”为原则，出台《巩义市创新创业团队项目资助实施细则》《巩义市关于重点行业、重点企业高层次急需紧缺人才引进奖励办法（试行）》等，以创新平台建设为载体，推进科创中心、产业孵化园、5G 联创工业设计中心建设，打好人才引育“组合拳”。

三　强化舆论引导

围绕创新驱动发展战略，河南的专家学者深入基层、深入实际，开展省情考察、实地调研等活动，展开了形式多样的研究，不断推动理论创新和实践创新，发挥舆论导向作用，引导创新驱动发展战略日益深入人心，为河南各地创新驱动发展提供最新的思想成果和理论支撑。

2012 年以来，专家学者围绕创新驱动发展战略发表了大量文章，从理论视野展望河南发展的趋势，引导全省社科界共同奏响“奋勇争先、更加出彩”的河南强音，为河南深入开展创新驱动发展战略营造良好氛围。例如，谷建全、刘云等学者围绕河南这样相对欠发达的经济大省如何实施创新驱动发展战略，实现建设成为创新型省份的目标展开了深入研究（《创新驱动引领 激发中原力量》，《河南日报》2016 年 3 月 9 日）；刘战国、张齐、王命禹等学者围绕河南创新主体不强、平台不多、人才不足、机制不活、环境不优等问题，从突破创新驱动的发展瓶颈，建设成中西部地区创新高地、推动高质量发展和经济强省建设等角度建言献策（《坚持创新驱动　推动河南经济高质量发展》，《河南日报》2018 年 4 月 4 日）；河南省社会科学界联合会、河南中原创新发展研究院联合课题组指出创新驱动是核心引领，是科技、产业、知识、文化、体制机制等方面创新相互交织、相互支撑的系统工程，要通过整合重组重点实验室体系、提升高校和科研院所创新源头供给能力、推进规模以上工业企业创新全覆盖、增强创新平台和载体支撑、深化科技创新体制机制改革、激发人才创新创造活力、持续打造一流创新生态等方面牢牢把握创新发展主动权（《把创新放在发展的核心位置》，《河南日报》2021 年 11 月 6 日）；2022 年 3 月 7 日，《河南日报》与《南方日报》《解放日报》《浙江日报》联动，邀请四省参加全国“两会”的院士代表、委员隔空对话，围绕建设科技创新中心、以创新驱动高质量发展这一话题，从不同侧面、角度进行探讨。专家学者的快速反应、积极发声在社会各界和网络上引起热烈反响，为河南各地经济社会发展提供最新的思想成果和理论支撑。

河南省社科界组织召开了多次理论研讨会。围绕“决战全面小康，让中原更加出彩”“建设新河南、中原更出彩，喜迎党的十九大胜利召开”“认真学习深入贯彻全国两会精神，全面审视河南经济发展的时与势”“坚持新发展理念、实现高质量发展”“抗疫背景下河南经济的复苏与发展”“新时代推动中部地区高质量发展”等主题，中原创新发展论坛已经成功举办七届；围绕“以产学研结合与企业转型升级”“学研协同创新与产业转型升级”“创新驱动与转型发展”“一带一路与国际产能合作”等主题，河南创新驱动发展论坛已经成功召开五届；“建设国家创新高地，推动创新驱动高质量发展”理论研讨会也于 2021 年 10 月 29 日成功召开，来自河南省社会科学界联合会、河南省社会科学院、中国（河南）创新发展研究院、河南省宏观经济研究院、郑州大学、郑州国家中心城市研究院等智库的专家学者结合工作实际，围绕创新驱动发展战略积极建言献策，集思广益为河南创新发展共谋良策，充分展现了河南社科界、智库界的政治意识、大局意识和责任担当，发挥了智囊团作用。由中国（河南）创新发展研究院、黄河科技学院、河南省社会科学院、中共河南省委党校、河南新经济研究院等单位组织创研的《河南双创蓝皮书》已经连续多年顺利发布，围绕河南双创基地的建设与培育、营造良好双创生态环境、打造河南双创升级版、双创与高质量发展、创新创业带动就业等主题，专家学者积极建言献策，为双循环新发展格局下河南省打造中西部创新高地提供理论和智力支持，有助于社会各界及时了解河南双创工作的新进展，为河南经济社会持续向好赋能助力。

第二节　注重总体部署

河南省委、省政府坚持系统观念，注重整体统筹、协同发力，加强创新驱动发展战略整体谋划和落实，编制河南“十四五”科技创新发展规划，加大体制机制改革创新力度，统筹推进融合创新和协同创新，明确了战略实施的相关政策保障和支撑措施，这是河南省委、省政府贯彻落实党中央决策部署、推动高质量发展的积极作答。

一　加强创新驱动发展战略整体谋划和落实

2016 年 8 月 31 日，河南省委、省政府正式印发《关于贯彻落实〈国家创新驱动发展战略纲要〉的实施意见》（豫发〔2016〕26 号），明确了河南创新驱动发展的“三步走”战略目标，即到 2020 年，建成创新型省份，力争进入中部创新发展先进行列；到 2030 年，进入全国创新发展先进行列；到 2050 年，建设成为在国内外具有影响力的创新型大省，提出了推动产业技术创新、壮大创新主体、优化创新布局、实施重大科技专项、推进开放式创新、鼓励原始创新、推动创新创业、建设高水平人才队伍八项战略任务，并且从体制改革、环境营造、资源投入、组织领导等方面提出保障措施。围绕《国家创新驱动发展战略纲要》，河南建立落实工作机制，明确任务分工，推动出台一批针对性强、可操作的政策措施，形成促进创新驱动发展的体制机制和政策环境。

围绕“创新驱动、科教兴省、人才强省”战略，锚定“建设国家创新高地”这一目标，2021 年 12 月 21 日下午，中共河南省委宣传部举办“奋进新征程 中原更出彩”主题系列首场新闻发布会，向社会发布了河南省“实施创新驱动、科教兴省、人才强省战略”的目标任务和具体举措，指出从推动省科学院重建重振、建设高能级创新平台、强化企业创新主体地位、引育科技创新人才、加快高等教育发展步伐、凝练实施一流创新课题、推进科技成果中试熟化和转移转化、深化科技体制机制改革八个方面着力推进，深入实施创新驱动、科教兴省、人才强省战略，积极争创国家区域科技创新中心，为“两个确保”提供有力支撑。2021 年 12 月 26 日，河南省委、省政府印发《关于加快构建一流创新生态建设国家创新高地的意见》，提出要加快培育战略科技力量、推进关键核心技术攻关、培育壮大创新主体、加快构建人才高地、完善科技成果转移转化机制、提升创新载体发展水平、深化科技开放合作、提升科技创新治理能力、营造良好的创新创业环境、加强党对创新发展的全面领导十项具体工作，逐步实现阶段性发展目标任务，即 2021 年完成创新生态建设的顶层设计；到 2023 年国家创新高地建设要初见成效；到 2025 年国家创新高地呈现雏形；到 2035 年河南创新能力进入全国前列，国家创新高地基本建成。

二　强化规划引领

围绕创新驱动发展战略，河南制定出台了《河南省“十四五”科技创新和一流创新生态建设规划》（以下简称《规划》），明确了“十四五”时期全省科技创新和一流创新生态建设的总体思路、发展目标、主要任务和重大举措，为构建一流创新生态、建设国家创新高地制定了路线图和“施工图”。《规划》在系统梳理“十三五”科技发展重大成就、分析国内外经济发展环境的基础上，提出了河南科技创新和一流创新生态建设的“十四五”目标和 2035 年远景目标，即到“十四五”末，河南省一流创新生态基本形成，国家创新高地建设呈现雏形；到 2035 年，创新能力进入全国前列，基本建成国家创新高地，成为国家科技创新重要策源地、创新区域布局的关键节点、战略科技力量的重要组成，在全国创新版图中的战略地位全面提升。紧扣打造国家创新高地目标定位，聚焦科技创新的关键领域和重点环节，规划明确了“十四五”时期全省科技创新总体部署，即围绕着力建设国家创新高地“一个主线”，坚持国家战略科技力量培育和营造创新活力迸发的创新生态“两头抓”，强化“起高峰、夯高原、补洼地”“三个导向”，着力推进建设一流创新平台、凝练一流创新课题、培育一流创新主体、集聚一流创新团队、创设一流创新制度、厚植一流创新文化、加快科技成果转移转化、高水平建设创新载体、全面支撑引领现代化河南建设“九项任务”。《规划》是河南省建设国家创新高地的行动指南，为河南创新驱动发展提供了“行动指南”和“施工蓝图”。

三　加大体制机制改革创新力度

积极破除束缚科技创新的体制机制障碍，促进科技与经济紧密结合。

2015 年 7 月 1 日河南省发布了《中共河南省委　河南省人民政府关于深化科技体制改革推进创新驱动发展若干实施意见》(豫发〔2015〕13 号)，从促进企业成为技术创新主体，围绕产业链部署创新链，强化金融服务创新的功能，完善技术转移转化机制，增强高等学校、科研院所创新活力，创新人才队伍建设机制，推进开放式创新，推进创新改革试验区建设等方面提出了一系列“真招实招”，强化企业在创新中的主体地位，营造大众创业、万众创新的政策环境和制度环境，使创新驱动发展战略真正落地，打造促进经济增长和就业创业的新引擎，把创新驱动发展战略真正落到实处。

优化科技创新资源配置。为了解决科技投入的总量与强度不足、投入方向与结构不尽合理、科技投入机制与实施创新驱动发展的要求不相适应的发展难题，2014 年 8 月 5 日《河南省人民政府关于创新机制全方位加大科技创新投入的若干意见》(豫政〔2014〕64 号)发布，提出围绕产业链部署创新链，围绕创新链完善资金链，通过建立健全科技投入保障机制，建立完善以政府财政投入为引导，以企业投入为主体，以银行信贷和风险投资等金融资本为支撑，以民间投资为补充的多元化、多渠道、多层次的科技投入体系，建立健全适应发展社会主义市场经济要求的科技投入机制，为实施创新驱动发展战略提供有力保障。

完善河南科技奖励制度，调动广大科技人员的积极性、创造性，提升创新能力。2019 年 4 月 26 日发布了《河南省深化科技奖励制度改革方案》(豫政办〔2019〕32 号)，与此前的科技奖励制度相比，新发布的科技奖励制度完善了奖种结构，更加符合科学技术发展在基础研究、技术发明、应用研究三个阶段的规律，实行由相关部门、组织机构、专家学者提名的制度，建立定标定额的评审制度，强化奖励的激励性和荣誉性，健全科技奖励诚信制度、严惩学术不端，规范科学技术奖设置，这为加快建设创新型河南和中西部地区科技创新高地注入更大动力。

深化科研院所分类改革。《河南省人民政府办公厅关于深化河南省科学院管理体制和运行机制改革的意见》(豫政办〔2017〕35 号)提出要围绕建设成为在全国有影响力的区域科技创新中心和河南省高层次科技创新创业人才的集聚高地、科技成果转移转化的重要基地、经济社会发展的高端科技智库的目标，通过理顺管理体制、落实用人自主权、完善激励机制、健全开放合作创新机制等，不断深化管理体制和运行机制改革，充分发挥省科学院在实施创新驱动发展战略中的作用。河南省第十一次党代会提出要把重建重振省科学院作为建设国家创新高地、重要人才中心的一号工程，高起点、高标准制定总体方案，全力推进各项筹建工作，重建重振的省科学院将是以体制机制创新为根本的新型研发机构，贯通产学研用的研发实体，具有国际视野的开放式创新平台，集聚一流创新团队的人才中心，并与中原科技城建设、国家技术转移郑州中心建设“三合一”融合推进。

四　完善创新政策法规体系

根据创新驱动发展的要求，河南加强政策法规制定，研究提出政策调整和完善重点，凝练新的政策方向，制定科技立法工作计划，形成了多种政策工具有机衔接的政策法规体系。

为贯彻落实好党的十八大精神和全国科技创新大会精神，河南省委、省政府制定了《关于加快自主创新体系建设促进创新驱动发展的意见》（豫发〔2013〕7号），提出促进创新驱动发展，要以应用开发和成果转化为重点，以提高产业核心竞争力为主攻方向，以体制机制创新为突破口，以构建产业（集群）技术创新体系为着力点，以增强科技创新对经济社会科学发展的支撑引领和驱动能力为根本目的。

为了激发高校创新活力，2015年12月8日，《河南省人民政府办公厅关于进一步激发高校科技创新活力提高支撑经济社会发展能力的实施意见》（豫政办〔2015〕152号）发布，要求围绕“一个载体、四个体系”（科学发展载体，现代产业体系、现代城乡体系、自主创新体系、现代市场体系）建设，推动高校自觉适应经济发展新常态，集中高校创新力量促进大众创业、万众创新，着力提高高校服务经济社会发展的贡献度，进一步激发高校科技创新活力，加速提高其支撑经济转型、产业升级和社会发展的能力。2021年11月25日，《河南省人民政府办公厅关于提升高校科技创新能力的实施意见》（豫政办〔2021〕68号）发布，提出要实施提质增能计划、战略支撑计划、产业对接计划、团队引育计划、协同发展计划，推进产业链、供应链、创新链、要素链、制度链深度耦合，全面提升高校科技创新能力和服务经济社会发展水平，为全力建设国家创新高地、实现“两个确保”贡献力量。

为了激发全社会创新创业活力，营造良好的创新创业生态环境，2015

年 5 月 16 日，河南省人民政府发布《河南省人民政府关于发展众创空间推进大众创新创业的实施意见》（豫政〔2015〕31 号），提出了包括加快构建众创空间、大力发展科技企业孵化器、降低创新创业门槛、鼓励大学生创新创业、健全科技人员创业激励机制、提升科技型中小企业创新能力、完善创新创业公共服务平台、加强财政资金引导、构建创业投融资体系、丰富创新创业活动、强化组织领导和政策落实十一条具体意见，为河南推进大众创新创业提供了遵循。2016 年 5 月 19 日，《河南省人民政府关于大力推进大众创业万众创新的实施意见》（豫政〔2016〕31 号）发布，提出了建设创新创业先进省份的发展目标，强调要建设创新创业载体体系、壮大创新创业群体队伍、构建创新创业支撑平台、发展创新创业服务、促进体制机制创新、实施创新创业重大工程，进一步激发了全社会创新潜能和创业活力，增强了发展新动力。为了进一步优化双创生态环境、2018 年 2 月 22 日，《河南省人民政府关于强化实施创新驱动发展战略进一步推进大众创业万众创新深入发展的实施意见》（豫政〔2018〕8 号）发布，从加速科技成果转移转化、拓展创新创业融资渠道、促进实体经济转型发展、完善人才流动激励机制、创新政府管理方式等方面提出河南优化双创生态环境、增强双创发展实效的有效路径，推进大众创业万众创新深入开展，为河南加快经济结构转型和实体经济升级提供支撑。除此之外，2016 年 12 月 13 日发布了《河南省人民政府办公厅关于支持大中型工业企业开展大众创业万众创新的若干意见》（豫政办〔2016〕206 号），2017 年 2 月 10 日发布了《河南省人民政府办公厅关于支持大众创业万众创新基地建设的实施意见》（豫政办〔2017〕28 号），2017 年 8 月 19 日发布了《河南省人民政府办公厅关于创新管理优化服务培育壮大经济发展新动能加快新旧动能接续转换的实施意见》（豫政办〔2017〕93 号），2016 年 8 月 20 日发布《河南省人民政府关于促进重大科研基础设施和大型科研仪器向社会开放的实施意见》（豫政〔2016〕56 号）。

针对科技创新“基础弱”“底子薄”的现状，河南强化法制保障，把省委、省政府的战略决策以法制形式固定下来。河南省第十三届人民代表大会常务委员会第十二次会议通过了新修订的《河南省促进科技成果转化条例》，坚持贯彻落实上位法精神和彰显河南省特色、解决实际问题相结合，针对科技成果转化做了较为全面的制度设计，规范了政府在科技成果转化过程中需要履行的宏观指导、政策保障、经费安排、人才支持等多个方面的职责。目前，河南正在积极筹备《河南省创新驱动高质量发展条例》，围绕创新驱动的体系化部署确定条例框架，以法规的形式把省委、省政府关于科技创新的重大战略决策固定下来，强化导向性、创新性、可操作性，固化好的政策、深化好的措施，形成未来全省创新驱动工作的基本依据。2022年5月，省司法厅和省科技厅就《河南省创新驱动高质量发展条例（草案）》立法工作进行调研座谈，为了进一步增强立法的公开性、透明度，推进立法科学化民主化进程，草案公开向社会征求意见。同时，《河南省科学院发展促进条例》立法工作已启动，将在管理体制机制、功能定位、主要任务等方面进行改革，通过重塑研发体系，完善结果转化体系，建立高层次人才引进通道，让其成为引育一流人才、凝练一流课题、产出一流成果、创新一流制度的高能级平台，成为聚焦国家科技战略和创新驱动发展的主力军。这是确保省科学院重建重振的重要法治保障。

第三节　强化政策保障

为了破除创新驱动发展战略的制度性障碍，为实施好创新驱动发展战略营造更加宽松的体制机制环境，河南出台了一系列的产业政策、财政政策、科技政策等，为创新驱动发展战略提供政策保障。

一　强化产业政策保障

围绕不同产业的创新驱动发展，河南出台一系列产业政策，形成了良好的社会氛围和发展环境，为河南推进创新驱动发展提供政策支持。

围绕农业发展，2014年12月30日，《河南省人民政府办公厅关于深化种业体制改革提高创新能力的实施意见》（豫政办〔2014〕186号）发布，提出推动育种人才、技术、资源等创新要素依法向种子企业流动，持续提升种子科技创新能力，构建具有中原特点的现代种业体系；2020年7月13日，《河南省人民政府关于加快推进农业高质量发展建设现代农业强省的意见》（豫政〔2020〕21号）出台，指出要践行新发展理念，实施粮食生产核心区建设行动、高效种养业发展行动、绿色食品业转型升级行动、优势特色产业集群培育行动、现代农业产业园创建行动等发展举措，以“四优四化”为重点，推进河南省由农业大省向现代农业强省转变；2022 年 4 月 21 日，《“中原农谷”建设方案》（豫政〔2022〕15 号）发布，提出充分发挥河南省农业创新优势，聚焦国家种业、粮食安全重大需求，通过打造种业创新核心增长极，建设现代农业科技创新中心，推动农业科技成果转化应用，大力发展农业高新技术产业，重塑要素聚集创新环境等措施，建立更高层次、更高质量、更有效率、更可持续的粮食安全保障体系，实现更高水平的农业科技自立自强。

围绕制造业创新驱动发展，2012 年 11 月 1 日，《河南省推动科技创新培育战略性新兴产业专项工作方案》（豫政办〔2012〕151 号）发布，对推动科技创新，加快构建自主创新体系，培育战略性新兴产业，促进经济发展方式转变和产业转型升级提出了具体要求；2016 年 12 月 2 日，《河南省深化制造业与互联网融合发展实施方案》（豫政〔2016〕74 号）出台，提出推动制造业供给侧结构性改革，激发制造业“双创”活力，培育发展新模式、新业态；2018 年 4 月 18 日，《河南省支持智能制造和工业互联网发展若干政策》（豫政办〔2018〕23 号）发布，为推动制造业转型升级、提质增效提供政策支持；2021 年 12 月，《河南省钢铁行业“十四五”转型升级实施方案》（豫政办〔2021〕72 号）发布，提出大力实施创新驱动发展战略，推动绿色低碳发展，着力提升工艺装备、产品质量、资源利用和节能减排水平，努力打造现代化钢铁产业体系，实现高质量发展。

围绕服务业发展，2014 年 7 月 7 日，《河南省人民政府关于促进健康服务业发展的实施意见》（豫政〔2014〕57 号）出台，致力强化政策引导，创新体制机制，壮大医疗服务、健康养老、中医保健、健康咨询、健康旅游、健康保险等健康服务业，为促进人的全面发展创造必要条件；2016 年 1 月 27 日，《河南省人民政府关于加快科技服务业发展的若干意见》（豫政〔2016〕5 号）发布，提出要围绕产业集群完善科技服务产业链条，大力培育研发设计服务新业态，努力提升技术转移服务水平，支持创新创业孵化服务向多元化发展，大力发展科技金融服务，推动知识产权服务业发展，加快发展检验检测、科技咨询、科学技术普及等其他科技服务等措施，推动河南省科技服务业发展；2018 年 12 月 29 日，《河南省人民政府办公厅关于积极推进供应链创新与应用的实施意见》（豫政办〔2018〕75 号）发布，提出着力加快推动河南省供应链创新与应用，促进产业组织方式、商业模式和政府治理方式创新，推进供给侧结构性改革，提高全省经济发展的质量和效率。

二　强化财政政策保障

为贯彻落实河南省委、省政府“持续打造一流创新生态，全力建设国家创新高地”有关决策部署，积极发挥财政职能作用，2022 年 1 月 21 日《河南省支持科技创新发展若干财政政策措施》（豫政办〔2022〕9 号）发布，从支持对接国家战略科技力量体系、支持产业创新发展、支持科技开放合作、支持科技与金融融合、支持“双一流”创建、支持科研院所发展、支持打造一流人才政策体系、支持加快布局科技领域新基建、支持智慧岛建设、支持构建一流创新生态等方面着手，研究提出 34 条支持政策，统筹科技资源支持创新驱动发展战略实施。同时，省财政厅会同省科技厅、审计厅印发《关于进一步深化省级财政科研经费管理改革优化科研生态环境的若干意见》，提出 23 项深化河南省级财政科研经费管理改革措施，进一步下放科研经费管理权限，让科研经费更好地为科研人员的创造性活动服务。

此外，河南省财政始终坚持以人民为中心的发展思想，充分发挥财政职能作用，在加快科技创新、推进创新创业上主动作为，以积极的财政政策助力河南创新驱动发展。例如，《河南省人民政府关于深化省级财政科技计划和资金管理改革的意见》（豫政〔2015〕2 号）明确要促进科技与经济紧密结合，建立适应科技创新规律、统筹协调、职责清晰、科学规范、公开透明、监管有力的科技计划和资金管理机制。2016 年 2 月 4 日，省科技厅、省财政厅制定了《关于发展众创空间推进创新创业工作的政策措施》《关于推进金融资本与科技创新相结合的政策措施》，从构建新型创新创业综合平台、建设多层次创新创业孵化载体、发挥政府对资本市场的引导作用、完善风险投资融资体系、加快推动股权投资、鼓励创新科技信贷业务、鼓励担保机构支持创新等多个方面的政策措施出发，激发创新活力。为支持转型发展，河南发布《河南省支持转型发展攻坚战若干财政政策》（豫政办〔2017〕71 号），从支持化解过剩产能、支持工业绿色化改造、支持工业智能化改造、支持企业实施技术改造、支持首台（套）重大技术装备研发和应用、支持企业质量品牌建设、支持科学发展载体建设等措施，通过财政政策引导撬动，支持破解转型发展瓶颈制约。为加快创新载体建设，2018

年，省财政厅、省科技厅配套出台了《河南省国家自主创新示范区建设省级专项资金管理办法》（豫财科〔2018〕109 号），进一步提高了资金使用效益，通过政策先行先试加快推进郑洛新国家自主创新示范区建设。

三　强化科技政策保障

围绕科技政策保障，河南省科技厅出台了一系列的政策，为河南深入实施创新驱动发展战略提供有力的科技支撑。2016 年 12 月 24 日，《河南省促进科技成果转移转化工作实施方案》（豫政办〔2016〕216 号）印发，提出建立科技成果转化信息共享与发布体系、开展产学研协同科技成果转移行动、加快科技成果转化载体建设、完善技术转移服务体系、强化创新资源深入融合与优化配置等重点任务，加快建立技术交易服务平台，积极发展技术交易市场，完善技术转移和交易机制，尽快培育形成市场导向、企业主体、金融配套、政府服务的科技成果转化体系，促进科技成果资本化、产业化。2019 年 4 月 1 日，《河南省技术转移体系建设实施方案》（豫政〔2019〕8 号）绘制技术转移体系“两步走”蓝图，即到 2020 年，基本建成领域布局合理、功能层次明晰、技术转移链条全面、具有河南特色和优势的技术转移体系，到 2025 年，全面建成功能完善、体制健全、运行高效、特色突出的技术转移体系，形成技术、资本、信息、企业深度融合的技术转移生态系统。

此外，河南还陆续发布了一系列实施意见、方案与政策，促进水平科技成果向河南集聚转化。例如，《河南省科技企业孵化器发展三年行动计划（2015—2017 年）》（豫政办〔2014〕179 号）打造了良好孵化生态系统，促进科技型中小企业发展；《河南省研发投入提升专项行动计划（2017—2021 年）》（豫政办〔2017〕111 号）进一步加大全省研发投入，建立健全研发投入保障机制；《河南省扶持新型研发机构发展若干政策》（豫政〔2019〕25 号）为推动河南省新型研发机构健康有序发展，弥补高端创新资源供给不足提供了政策支持；《河南省新型研发机构备案和绩效评价办法（试行）》（豫科〔2019〕10 号）进一步贯彻落实了省委、省政府关于“四个一批”（创新引领型企业、人才、平台和机构）的战略部署，规范了新型研发机构备案和绩效评价工作；《河南省省级重点实验室建设与运行管理办法》和《河南省省级重点实验室评估规则》（豫科〔2019〕166 号）进一步规范和加强了省级重点实验室的建设和管理，推进全省科技创新平台建设与发展；《河南省省级重大科技专项管理办法（试行）》（豫科〔2019〕96号）进一步规范提升省级重大科技专项实施管理；《河南省科技企业孵化器管理办法》（豫科〔2019〕35号）引导了科技企业孵化器高质量发展；《河南省重大科技基础设施管理办法（暂行）》，围绕未来前沿领域、优势特色领域，超前谋划一批有规模体量、有科技含量、有发展质量的重大科技基础设施。

四 强化人才政策保障

围绕创新驱动发展，河南省大力实施人才强省战略，不断深化人才机制体制改革、搭建高水准平台、优化创新创业环境等，加快构建内陆人才高地步伐，为创新驱动发展提供人才支撑。2017年4月17日，中共河南省委、河南省人民政府发布了《关于深化人才发展体制机制改革加快人才强省建设的实施意见》（豫发〔2017〕13号），提出要健全更加灵活高效的人才管理体制、构建更具竞争力的人才集聚机制、完善经济社会发展需求导向的人才开发机制、强化促进创新创业的人才激励机制、加强党对人才工作的领导等政策措施，最大限度激发人才创新创造创业活力。

围绕“实施创新驱动、科教兴省、人才强省战略”，聚焦建设国家创新高地，河南持续深化人才发展体制机制改革，完善更积极、更开放、更有效的人才政策措施，省委人才办制定了《关于汇聚一流创新人才加快建设人才强省的若干举措》《关于进一步加强海外人才引进工作的实施方案》等，目前正在研究制定以《关于对标中原起高峰实施人才引进“八大行动”打造人才集聚新高地的工作方案》为引领的“1+20”一揽子政策措施，着力集聚顶尖人才、领军人才、青年人才和潜力人才，着力解决政策落地“最后一公里”问题，形成涵盖顶层法规文件、综合政策措施、配套实施办法、具体操作规程的“3+28”人才发展政策体系，为做好新时期人才工作提供政策保障。

为了激发高校科技创新能力，陆续发布《河南省人民政府办公厅关于深化高等学校创新创业教育改革的实施意见》（豫政办〔2016〕59号）、《河南省人民政府办公厅关于贯彻落实国办发〔2016〕37号文件精神加快我省教育发展的实施意见》（豫政办〔2017〕90号）、《关于提升高等学校科技创新能力的实施意见》（豫政办〔2021〕68 号）、《河南省进一步支持大学生创新创业若干措施》（豫政办〔2022〕1 号）等，为河南省高校科技创新工作定下新目标，制好“施工图”。

第四节　突出项目带动

河南牢牢抓住项目建设这个“牛鼻子”，推动郑洛新国家自主创新示范区提质发展，积极重建重振省科学院，扎实实施创新主体培育工程，努力构建高能级创新平台载体，以新发展理念引领重大项目建设，凝聚形成创新发展的强大合力。

一　高标准建设郑洛新国家自主创新示范区

2016 年 4 月，国务院批复同意建设郑洛新国家自主创新示范区。2016 年 5 月 26 日，中共河南省委、河南省人民政府印发《郑洛新国家自主创新示范区建设实施方案》，明确要求在科技体制改革和机制创新、科研项目和经费管理、股权激励、科技金融结合、知识产权运用与保护、人才培养与引进、科技成果转化、科技评价等方面先行先试，提出郑洛新国家自主创新示范区是总体定位为具有国际竞争力的中原创新创业中心。2016 年 8 月 31 日《中共河南省委河南省人民政府关于加快推进郑洛新国家自主创新示范区建设的若干意见》（豫发〔2016〕27 号）制定了能够有效支撑示范区发展的政策体系，包括激发创新主体活力、推进开放式创新、集聚海内外人才资源、创新科技管理体制机制、优化创新创业环境等。2020 年 7 月 31 日，河南省第十三届人民代表大会常务委员会第十九次会议审议通过了《郑洛新国家自主创新示范区条例》，从管理体制、规划建设、创新激励、开放合作、人才建设、金融支持、服务保障、法治环境、辐射带动等方面对自创区建设和管理做出规定，将行之有效的改革举措转化为制度安排，这为自创区的发展指明了方向、规划好了路线，破解制约创新的制度瓶颈。2020 年 10 月 28 日，《关于促进郑洛新国家自主创新示范区高质量发展的若干政策措施》出台了 8 部分共 20 条创新政策，赋予自创区更大自主权和决策权。郑洛新国家自主创新示范区作为河南创新驱动发展的核心载体，为河南打好创新驱动发展牌提供有效抓手。

为加快郑洛新国家自主创新示范区建设，出台了系列政策措施。例如，2016 年 12 月 28 日，《郑洛新国家自主创新示范区科技成果转化引导基金实施方案》（豫政办〔2016〕224 号）发布，充分发挥财政科技资金的引导作用，建立健全科技创业投资机制，促进科技成果转化与产业化，支持科技型中小企业发展；2018 年 4 月 18 日，《河南省人民政府办公厅关于郑洛新国家自主创新示范区核心区与省直部门建立直通车制度的实施意见》发布，促进自创区核心区（郑州、洛阳、新乡国家高新区）与省直部门建立直通车制度，进一步完善了郑洛新国家自主创新示范区的管理体制；2018 年 9 月 17 日，《国家技术标准创新基地（郑洛新）建设方案》（豫政办〔2018〕51 号）发布，按照“四个一批”和“四个融合”的要求，以增强自主创新和标准化服务能力为总体目标，将创新基地建设成为立足郑洛新国家自主创新示范区，服务全省、辐射全国的技术标准综合性科技创新服务平台和技术标准创新研究与人才聚集高地。

此外，为加快郑洛新国家自主创新示范区建设，打造具有核心竞争力产业集群，河南瞄准自创区的优势主导产业和战略新兴产业，按照“省市联动、共同实施、链条设计、示范带动”的原则，实施生物育种、通信技术、超级电容、工业 CT“四大创新引领型项目”，支持郑州大学（郑州）超算中心建设河南省超算中心，面向轨道交通装备、新能源汽车及动力电池、物联网及信息安全、大数据等优势主导产业组织实施重大科技专项。截至 2021 年底，已经成功突破核心关键技术多项，中国船舶七二五所承担的“钛合金复杂构件制造技术研究及产业化”项目，成功实现钛合金中厚板激光焊接等技术突破；洛阳金鹭硬质合金工具有限公司已突破 7 项钨产业技术创新链短板和共性问题；等等。

二　积极重建重振省科学院

2021 年 7 月 5 日，河南省委书记楼阳生莅临省科学院调研指导时提出“重建重振省科学院”。他提出要重建重振省科学院，把“十四五”作为打基础的重要时期，同郑洛新国家自主创新示范区、中原科技城建设结合起来，通盘考虑、系统研究，形成完整的创新链条。2021 年 12 月 28 日，重建重振省科学院揭牌仪式举行，这是河南建设国家创新高地的标志性工程，河南省委、省政府对重建重振省科学院进行了顶层设计，将以“四个面向”

为指导，围绕科研实体、开放平台、新型机构、创新高峰四个方面，聚焦对接国家战略和河南省重大产业需求，建设基础学部、产业学部和未来学部3个学部，融合全省创新资源，会聚全球高端人才，建设全周期、全链条、全过程的开放式创新平台。重建重振的省科学院是具有区域特色的国家战略科技力量，是河南实现“两个确保”，实施创新驱动、科教兴省、人才强省战略的先锋队，将成为河南建设国家创新高地的高峰。

三　扎实实施创新主体培育工程

2016年以来，河南积极实施创新龙头企业培育工程，制定《河南省创新龙头企业培育工程实施方案》（豫科〔2016〕84号），围绕河南省重点发展的主导产业和支柱产业，选择一批对产业发展具有龙头带动作用、创新发展能力强的创新型骨干企业，通过支持创新龙头企业建设高层次创新平台、承担重大创新任务、加强开放式创新、加强创新人才队伍建设、开展创新创业活动、加大对创新龙头企业的金融支持等政策措施，培育形成一批主业突出、行业引领能力强、具有国际先进技术水平和国际竞争力的创新龙头企业，为建设创新型河南提供有力支撑。围绕该工程，河南培育了宇通客车、中铁装备、中信重工、华兰生物等30家创新龙头企业。

为了贯彻落实创新驱动发展战略，河南实施“科技小巨人”企业培育工程，按照《河南省“科技小巨人（培育）”企业备案管理办法（试行）》（豫科〔2016〕158号）的要求，2016年河南新培育237家“科技小巨人（培育）”企业，其中5家企业发展成为“科技小巨人”企业；2017年新培育208家“科技小巨人（培育）”企业，其中34家发展成为营收超亿元的“科技小巨人”企业；2018年新培育228家“科技小巨人（培育）”企业，其中30家发展成为营收超亿元的“科技小巨人”企业。河南省科技厅引导“科技小巨人（培育）”企业持续开展创新活动，逐渐成长为“科技小巨人”企业，助力“科技小巨人”企业做大做强，逐步发展成为行业领军企业，为培育经济发展新动能提供支撑。

2019年，河南决定实施创新驱动提速增效工程，提出通过创新龙头企业提升引领工程、高新技术企业倍增工程、科技型中小企业培育工程、“中原千人计划”、“名校英才入豫”计划、“十百千”转型升级创新专项等一批项目培育一批创新引领型企业、人才、平台、机构，提升开放创新水平，为河南高质量发展提供坚实的科技支撑。截至 2020 年，河南共有 10218 家科技型中小企业评价系统入库，居中西部首位。省级以上企业技术中心 1133 个，其中国家级 97 个；省级以上重点实验室 257 个，其中国家级 16 个；国家级科技企业孵化器 50 个，国家备案众创空间 54 个，国家级众创空间 6 个，科技创新已经成为河南高质量发展的“主引擎”。

为推动产业转型升级，2019 年 1 月 31 日，按照《河南省“十百千”转型升级创新专项实施方案》（豫政办〔2019〕11 号），河南按照“目标导向、集成资源、重点突破、支撑发展”的要求，坚持树标提质，实施十项创新引领专项，突出带动提效；实施百项创新示范专项，强化整体提升；实施千项创新应用专项，在高端装备制造、新型材料、新一代信息技术、新能源及新能源汽车、现代农业、食品工业、生物医药及健康、节能环保、公共安全和应急处置九大重点领域发力，牵引带动“四个一批”（一批创新引领型企业、平台、人才、机构）提质增效，力争解决相关领域核心技术缺乏、关键装备部件依赖进口等“卡脖子”问题，打造标杆、形成示范，突出产业化目标，引领带动产业转型发展。

四 构建高能级创新平台载体

整合重塑实验室体系。河南深度对接国家战略科技体系，在优势领域创建国家实验室和国家重点实验室，嵩山、神农种业、黄河三大省级实验室相继挂牌运行，一流创新平台建设蹄疾步稳。如今嵩山实验室在理论上首次提出智能网联汽车功能安全和网络安全的一体化内生保障方法；神农种业实验室围绕作物经济性状的遗传机制解析取得进展；黄河实验室研究开发出小浪底与花园口间洪水预报及极端暴雨洪水移植分析研究系统；龙门实验室聚焦装备研发，为制造业打造更强“关节”；中原关键金属实验室，致力于让关键金属发挥关键作用。

加快各类创新平台发展。目前国家超级计算郑州中心通过验收并投入运营，计算能力居国际前列，黄河模拟器、作物分子设计育种、高性能天气预报等一批重大应用部署实施。河南首家国家野外科学观测研究站获批建设；新增国家高新技术产业化基地 4 家、国家级孵化载体 24 家；新建省重点实验室、技术创新中心、工程技术研究中心、临床医学研究中心、国际联合实验室、野外科学观测研究站等省级创新平台 499 家；新建科技企业孵化器、众创空间、星创天地等省级创业孵化载体 280 家，省级农业科技园区 14 家；新构建省产业技术创新战略联盟 25 家；新培育省级技术转移示范机构 21 家；新备案省级新型研发机构 20 家，全省总数达到 102 家。

建设重大科技基础设施。2022 年 3 月 17 日，超短超强激光实验装置落地郑州，这是河南省谋划建设的首个重大科技基础设施，该项目是具有国际领先水平的新一代中等规模大科学装置，是国际上第一个拥有产业核心功能的超强激光应用研发平台，将为河南争取实现更多“从 0 到 1”的原创性成果提供条件，助推河南实现“基础研究—技术攻关—技术应用—成果产业化”全过程无缝衔接，为河南培育壮大新兴产业、未来产业提供支撑。除此之外，河南积极开展新一代正负电子对撞机预制研究，国家超级计算郑州中心建成并投入运行，打造重大科技基础设施集群，以重大科技基础设施的建设抢占科技创新制高点。

第五节　聚焦要素支撑

创新驱动发展离不开“真金白银”的要素保障，决定创新驱动发展战略成效的关键就在于要素保障供给。多年以来，河南不断强化“人”“地”“钱”“环境”等要素保障，着力保障重大项目的要素供给，为创新驱动发展提供了强有力的支撑。

一　加大人才要素支撑

创新驱动实质上是人才驱动。聚焦高端制造、生物医药、人工智能等重点产业发展需求，河南高质量推进全民技能振兴工程项目建设，推动“职业技能提升培训+产业升级”融合发展，全面加大技工人才的供给力度，缓解技能人才短缺。为了加快实施创新驱动发展战略，河南积极实施高层次科技人才引进工程，积极引进高层次创新人才、高层次创业人才、高层次创新创业服务人才、高层次产业技术创新研发及成果产业化团队、高层次创新创业服务团队，增强经济发展内生动力和活力。为了发展壮大高层次人才队伍，河南省启动实施产业创新创业领军人才工程，面向海内外引进培育产业创新和创业领军团队、产业创新领军人才和科技创业领军人才，形成了与侧重基础研究的“中原学者”相互支撑的高端人才体系。“十三五”时期，河南高技能人才总量达 226.59 万人，通过省政府特殊津贴等人才选拔培养制度培养专业技术人才总量达 505.69 万人，通过“绿色通道”引进博士等高层次人才逾 1 万人。

二 加大资金要素支撑

为了深化创新驱动发展，河南省财政厅积极落实减税降费政策，围绕深化增值税改革，降税率、扩进项、退留抵，对小微企业税费实施普惠性减免，进一步调整支出结构、加大投入力度，主动作为，积极推进政策落地见效。为了鼓励和引导民间投资健康发展，加快贯彻落实《河南省人民政府关于创新重点领域投融资机制鼓励社会投资的实施意见》（豫政〔2011〕21 号）、《河南省人民政府办公厅关于进一步促进民间投资持续健康发展的通知》（豫政办〔2016〕109 号）、《河南省促进民间投资健康发展工作方案》（豫政办〔2016〕176）等政策，进一步规范民间投资和民营企业发展的法规政策文件，清除政策限制和障碍。为了推动民间投资大发展、大提升，河南省发展改革委开展促进民间投资健康发展专项行动，从持续推动营商环境改善、建立项目推介长效机制、加大民营企业融资支持、鼓励规范参与 PPP 项目、深化投资审批制度改革五个方面发力。围绕支持符合黄河流域生态保护和高质量发展、中部地区崛起、“一带一路”倡议等国家重大战略项目、制造业高质量发展项目、现代服务业项目、基础设施补短板项目等，河南省发展改革委、地方金融监管局、中国银行河南省分行联合建立重大项目融资对接长效机制，提高金融服务的针对性和有效性，加大对重大项目和重点企业的融资支持力度。持续完善科研经费保障机制，2016~2021 年，河南省级财政共安排专项资金 26 亿元，支持郑洛新国家自主创新示范区普惠性政策落实、重大产业发展、平台项目实施；2017~2021 年，共安排重大科技专项资金 9 亿元，支持全省科技企业实施开展原创性创新和重大关键共性技术攻关，推动企业开展研发活动。

三 持续优化创新生态

为了破除制约民间投资进入难、转型难、成本高、融资难和审批环节多、服务效率低的“痛点”“堵点”“难点”问题，河南出台了《河南省优化营商环境三年行动方案（2018—2020 年）》、《2020 年河南省营商环境整改提升总体工作方案》（豫营商〔2020〕1号）、《河南省营商环境优化提升行动方案（2020版）》（豫营商〔2020〕2号）、《关于进一步优化营商环境更好服务市场主体的实施方案》（豫政办〔2020〕44号）等政策体系和工作方案，形成全省上下优化营商环境的政策合力。2020年11月28日，河南省第十三届人民代表大会常务委员会第二十一次会议上审议通过的《河南省优化营商环境条例》，从优化市场环境、优化政务环境、优化法治环境、优化宜居宜业环境、营商环境工作监督等方面，重点针对市场主体关切的权益保护不够平衡、政务服务不够便利、监管执法不够规范、融资难融资贵等方面的短板弱项，制定了条款，从制度层面为优化营商环境提供更有力的法治保障。2022年2月23日，河南省人民政府印发《河南省“十四五”科技创新和一流创新生态建设规划》（豫政〔2021〕41号），明确了“十四五”时期全省科技创新和一流创新生态建设的总体思路、发展目标、主要任务和重大举措，这是河南建设国家创新高地的行动指南。

四　加大知识产权保护力度

2013年9月26日，《河南省人民政府关于加快实施知识产权战略的意见》（豫政〔2013〕60号）出台，提出要充分发挥知识产权制度在促进经济社会发展中的支撑作用，加快实施知识产权战略，全面提升中原经济区核心竞争力，实现创新驱动发展。2016年10月14日，《河南省建设支撑型知识产权强省试点省实施方案》（豫政〔2016〕66号）发布，提出以深化知识产权体制机制改革为突破口，以知识产权运用和保护能力建设为主线，全面提升全省创新驱动发展能力和产业核心竞争力，引领产业结构优化升级与经济发展方式转变，促进大众创业、万众创新蓬勃发展，将河南省建设成为知识产权强省，为加快中原崛起、河南振兴、富民强省提供强大支撑。2017年5月11日，《河南省人民政府关于新形势下加快知识产权强省建设的若干意见》（豫政〔2017〕17号）出台，提出以深化知识产权重点领域改革为突破，以知识产权保护和运用能力建设为主线，促进知识产权和经济社会深度融合，全面提升河南省创新驱动发展能力和产业核心竞争力。

第六节　加强监测考评

为了深入实施创新驱动发展战略，河南强化组织领导，强化工作落实，强化督导考核，发挥好考核评价“指挥棒”作用，形成利于创新、敢于创新、善于创新的良好氛围，确保各项决策部署落地生根、开花结果。

一　强化组织领导

为了深入实施创新驱动、科教兴省、人才强省战略，加快国家创新高地建设步伐，河南重塑科技创新领导体系。2021 年 9 月 22 日，河南省成立科技创新委员会，提出，河南省科技创新委员会是省委、省政府议事协调机构，河南省委书记楼阳生、省长王凯担任双主任，省委副书记孔昌生担任副主任，省委、省政府有关领导担任委员，建立党政“一把手”抓创新的工作机制，统筹协调、整体推进、督促落实全省科技创新领域重大工作，并且研究通过了《河南省科技创新委员会工作规则》《河南省科技创新委员会办公室工作细则》，优化了河南省科技创新的决策机制，提高决策能力和服务水平，为河南省推动创新驱动发展，建设国家创新高地提供了坚强的组织保障，表明河南省委、省政府对构建一流创新生态、建设国家创新高地的高度重视。按照职责分工，建立工作班子，加强协调联动，研究制定重大专项具体实施方案与政策措施，审议通过了《关于加快构建一流创新生态建设国家创新高地的意见》《实施“创新驱动、科教兴省、人才强省”战略工作方案》等文件，谋划筛选一批重大项目，进一步明确各项目标任务，分步骤、分阶段推进实施，对重点项目定期开展评估，及时高效解决工作推进中遇到的困难，确保各重大专项落到实处、见到实效，为国家创新高地建设拿出了规划图和路线图，下一步要将规划图和路线图变为施工图。

二　强化工作落实

河南各级党委、政府和相关部门认真学习了创新驱动相关文件精神，进一步加强对实施创新驱动发展战略重要性、紧迫性的认识，明确了科技创新在经济社会发展中的核心地位，组织和调动社会各方面力量，在全社会营造了支持创新、鼓励创新的良好氛围，细化工作措施，精心组织实施，确保各项工作落实到位。把科技创新摆在突出位置来抓，制定并贯彻落实创新驱动的具体实施方案，逐级明确任务和责任，确保责任具体到人，建立工作台账，严格落实责任，对任务进行再细化、再分解、再明晰，明确了时间节点，坚持任务、责任、进度、督查“四落实”，确保每项工作的序时进度和完成时限，确保行动计划各项重大专项工作落到实处。紧密结合当地实际，出台了一系列引导激励举措，研究制订了各专项行动计划，制定具有当地特色的创新驱动发展路径，涵盖创新创业人才（团队）和高层次人才引进和评审认定、“一站式”服务、本土青年英才选拔培育、英才基金设立和申请拨付管理等方面，形成了市县联动、上下贯通的创新驱动政策格局，为全省高质量发展注入源源不断的活力。

三　强化督导考核

河南把创新驱动发展重大专项实施纳入年度重点督查范围，体现在每年经济社会发展的谋划布局当中，合理设置各项任务的阶段性目标，以及创新驱动发展战略工作进度，强化督导考核，切实推动工作落实，做到同部署、同落实、同检查、同考核。建立了科学规范的考核评价体系，完善突出创新导向的评价制度，将创新驱动发展成效作为重要考核指标，逐步提高考核权重，定期对各级各部门任务推进情况进行严格考核，适时开展中期评估工作，督促各地真正将贯彻落实创新驱动发展战略融入日常、抓在经常，突出创新活动的投入和成效，切实发挥好绩效评价“指挥棒”“风向标”作用。紧盯薄弱环节，加强跟踪督查，及时通报情况，褒奖先进、问责问效，对工作推进较慢、任务落实不到的市县和部门，进行重点督导；对工作不力、成效不好的，严厉通报批评；对影响工作推进的梗阻瓶颈、制约因素，进行专题研究，找准问题症结所在，制定切实有效的措施。各市县及时建立了台账，完善考核评价机制和督查问责机制，加大对落实创新驱动发展的考核比重，进一步强化创新驱动发展的政绩导向，明确督查重点，定期开展督查，将考核结果作为领导班子和领导干部综合考核评价的重要参考，加强日常自查整改，更好地推动工作落地落实。

第四章　创新驱动发展的郑州实践

作为建设中的国家中心城市、河南省龙头，创新能力是郑州必须加快提升的核心能力，是“当好国家队、提升国际化、引领现代化河南建设”的决定性因素。多年以来，郑州市深入贯彻落实习近平总书记关于创新驱动发展战略的重要论述，自觉站位“国之大者”“省之要者”“市之重者”，加快集聚创新资源，培育创新主体，打造创新产业集群，各项指标大幅增长，科技竞争实力不断增强，创新成效显著提升，科技创新对经济社会发展的支撑作用明显。

第一节　郑州市经济社会发展概况

党的十八大以来，郑州市坚持以习近平新时代中国特色社会主义思想为指导，高举习近平新时代中国特色社会主义思想伟大旗帜，在省委、省政府的正确领导下，团结带领全市广大党员干部群众，全面贯彻新发展理念，紧紧抓住中部地区崛起、黄河流域生态保护和高质量发展等重大战略机遇，立足中原、服务全国、面向全球，加快建设国际综合交通枢纽和开放门户、国家先进制造业基地、国家历史文化名城、生态保护和高质量发展核心示范区等。郑州市相继获批建设了航空港经济综合实验区、郑洛新国家自主创新示范区、中国（河南）自由贸易试验区、下一代互联网示范城市、国家大数据综合试验区、中国制造 2025 试点示范城市、国家跨境电商综合试点城市等 10 余项“国字号”改革试验和示范任务，是国家多个战略叠加区域，也是国家明确支持建设的 9 个国家中心城市之一。2021 年，郑州市地区生产总值完成 12691 亿元，同比增长 4.7%；规模以上工业增加值同比增长 10.4%；社会消费品零售总额完成 5389.2 亿元，同比增长 6.2%；一般公共预算收入完成 1223.6 亿元，同比增长 0.3%；固定资产投资同比下降6.2%；居民人均可支配收入同比增长6%；新增各类市场主体27.71万户；全社会研发投入强度2.31%；进出口总额同比增长19.1%，占全省的71.8%；单位规上工业增加值能耗同比下降12.78%；居民消费价格指数上涨1.1个百分点。

多年以来，郑州市始终把科技创新摆在推进经济社会发展战略全局核心位置，积极实施创新驱动发展战略，先后提出把郑州建成“全国重要的区域创新中心”，“成为中原经济区的创新龙头，成为中部崛起的创新服务中心”“全国创新创业中心”“国家创新高地和重要人才中心、国家区域科技创新中心”等战略定位，制定出台了《中共郑州市委　郑州市人民政府关于提高自主创新能力加快建设创新型郑州的意见》《中共郑州市委　郑州市人民政府关于加快推进郑州国家自主创新示范区的若干政策意见》《关于全面加快科技创新推动经济高质量发展的若干意见》《郑州市制造业科技创新专项行动计划（2020—2022）》等一系列政策意见，持续培育创新主体，优化创新环境，激发创新活力，最大限度释放全社会创新创业创造动能。面向2035年中长期和“十四五”时期的发展，郑州市贯彻落实党的十九届五中全会精神，将科技创新作为国家中心城市核心功能，围绕“四个面向”，优化科技创新布局、集聚科技创新资源、完善创新生态环境，深入实施人才强市战略、科技兴市战略、创新驱动发展战略，持续提升高新人才吸引力、尖端技术研发力、创新成果转化力。以中原科技城为引领，聚合龙湖北部、智慧岛、中原科学谷三大片区打造沿黄科创带，着力把郑洛新国家自主创新示范区郑州片区打造成为中原融入全球科创网络的关键枢纽，围绕北斗5G、智能传感、信息安全、材料科学、生命科技、数字文创、鲲鹏生态体系等重点领域，强化企业创新主体作用，大力实施黄河人才计划，努力建设国家极具活力的科技创新中心。2021年，郑州高新技术企业总量增长到4130家，技术合同成交额增长到306.5亿元，万人专利发明拥有量增长到19.29件，全社会研发投入强度2.31%，引进各类人才1.8万人，主要科技指标和科技创新能力实现大幅提升，科技创新已经成为驱动郑州经济社会高质量发展的强大引擎，为推动经济社会发展做出了重要贡献。

第二节 郑州市实施创新驱动发展战略的背景及意义

创新驱动是郑州面向未来的核心战略和国家区域科技创新中心建设的原动力。实现科技创新引领发展，既是提高核心竞争力的必然选择，也是实现发展动力转换的迫切需要，更是抢占未来发展制高点的重要抓手。坚定不移走创新驱动发展道路，对于郑州高质量发展具有重要意义。

一 加快科技创新是提高核心竞争力的必然选择

创新是引领发展的第一动力，抓创新就是抓发展，谋创新就是谋未来。实施创新驱动发展战略，加快科技创新是应对发展环境变化、把握发展自主权、提高核心竞争力的必然选择，是加快转变经济发展方式、破解经济发展深层次矛盾和问题的必然选择，是更好引领经济发展、推动经济高质量发展的必然选择。经济要从高速度的发展转向高质量发展，高质量发展必然要求科技创新，所以不搞创新驱动是不行的。截至 2021 年，郑州市科技创新发展仍存在不足，突出表现在高端创新资源集聚不足，全市仅 1 所“211”大学，高层次人才相对匮乏，院士数量约为武汉的 1/3、合肥的1/6，在校研究生数量不到武汉的 1/4、西安的 1/3，引进大院名所的作用有待发挥；科技成果转化效率较低，技术合同成交额约为西安的 1/8、武汉的1/5；科技成果转化机制创新探索、突破不够，成果转化决策机制复杂、过程烦琐，收益分配、考核评价等问题仍比较突出；创新型市场主体培育不足，高新技术企业数量仅高于太原、南昌等传统工业城市，与武汉、合肥、长沙等同类城市差距较大；双创载体质量有待提升，全市 255 家双创载体中，国家级众创空间仅有 33 家，国家级孵化器仅有 19 家，孵化精准性有待加强，国家级专业化众创空间数量与先进城市存在较大差距。新时期，国际政治经济形势日趋复杂，全球竞争愈发激烈，不稳定性不确定性增加，郑州市只有充分认识新特征、把握新形势，以科技创新为引领，才能不断提高核心竞争力，为推动区域高质量发展、谱写新时代中原更出彩的绚丽篇章提供强大科技支撑。

二 加快科技创新是实现发展动力转换的迫切需要

创新驱动，是实现经济增长由粗放型向集约型转变的关键要素。长期以来，资源、资本、劳动力等要素投入支撑了郑州经济快速增长和规模扩张，但是如今继续走以要素投入为主推动发展的路子，既没有当初的条件，资源环境也难以承受。如今，新一轮科技革命和产业变革深入发展，世界正迎来以人工智能为核心引领，以数字化、网络化、智能化为标志的第四次工业革命，全球科技创新进入高度密集活跃期，云计算、大数据、区块链等技术加速向产业链各个环节渗透，改变人类生产生活方式。与此同时，我国已由高速增长阶段转向高质量发展阶段，新发展格局对科技创新、供给质量提出新要求，必须以科技创新夯实双循环发展根基，坚持以供给侧结构性改革的主线，提高供给质量和水平，以新供给创造新需求。2019 年 9 月 18 日，习近平总书记视察河南时提出“把制造业高质量发展作为主攻方向，把创新摆在发展全局的突出位置”，要求充分发挥科技创新对产业的支撑作用，推动传统产业转型升级与新兴产业发展，创造新供给，满足双循环格局下的市场需求。当前，郑州市正处于攻坚转型的紧要关口和关键时期，无论是推进供给侧结构性改革、加快转型升级，还是破解资源环境约束、实现可持续发展，都迫切需要实施创新驱动发展战略，发挥科技创新支撑引领作用，加快转换郑州发展动力，奋力推动郑州高质量跨越式发展。

三　加快科技创新是抢占未来发展制高点的重要抓手

当前，城市竞争优势越来越体现在创新能力上，谁在创新上先行一步，谁就能拥有引领发展的主动权。新一轮科技革命和产业变革，既带给郑州赶超跨越的难得历史机遇，也带来了和先进城市差距拉大的严峻挑战。作为河南省省会，郑州市在科技创新方面占据了绝对优势，集中了全省 46%的高新技术企业、55%的成果转移转化，带动了智能终端、智能装备制造、信息安全、智能传感器等领域高新技术产业快速发展。近年来郑州抢抓“互联网+”、航空经济等发展机遇，推动新技术、新模式、新产业、新业态发展，特别是加快航空枢纽和“米”字形高铁网建设，积极发展跨境电子商务贸易，在以航空经济为主体的枢纽经济领域取得了显著成效，成为全省发展和对外开放的亮丽名片，在激烈的城市竞争中抢占了一定先机。我国“十四五”规划纲要明确提出坚持创新在我国现代化建设全局中的核心地位，把科技自立自强作为国家发展的战略支撑，支持有条件的地方建设国际和区域科技创新中心。郑州市作为国家中心城市，有责任承担起支撑国家战略科技力量的重大使命与任务，如果郑州要在全省发挥更大辐射带动作用、在全国同类城市竞争中形成更多比较优势、在国际上赢得更大影响力，那么就必须把科技创新摆在核心重要位置，充分发挥在网络安全、新材料等领域的优势，开展前沿创新，确保优势领域进入并跑、领跑阶段，抢占未来发展制高点，为我国提升科技竞争力，实现科技自立自强贡献力量。可以说，在创新发展上行动快、力度大的地方，在未来城市发展中就能占得主动。

第三节　郑州市实施创新驱动发展战略的做法与成效

近年来，郑州市成功获批郑洛新国家自主创新示范区、中国（河南）自由贸易试验区、国家“双创”示范基地、国家促进科技和金融结合试点城市等，多重国家战略叠加，强化自主创新与创新政策先行先试，推动郑州市创新能力持续提升。

一　创新资源加速集聚

郑州坚持在改革中求突破、在创新中谋发展，加速集聚高端平台、高层次人才等各类创新资源，持续完善科创资源开放共享机制，区域创新能力明显提升。科教资源供给能力不断提高。截至 2021 年底，拥有郑州大学等 68 所普通高等院校，比 2015 年增加了 12 所，普通高校在校生（含本专科）127.4 万人，研究生约 5.76 万人，总量达到 133.16 万人，拥有中国电子科技集团第 27 研究所、中船重工第 713 研究所、郑州磨料磨具磨削研究所等 134 家科研院所。高端创新平台建设成效显著。2021 年，嵩山实验室、神农种业实验室、黄河实验室挂牌运行，河南省科学院重建与中原科技城、国家技术转移郑州中心建设融合并进，成功获批国家新一代人工智能创新发展试验区。截至 2021 年，郑州市累计建成各级各类研发平台 3813 个，其中国家级研发平台 56 个。高层次创新人才队伍持续壮大。郑州市以新型研发机构等载体为平台、以“智汇郑州”人才工程为抓手，不断完善“人才+项目+资本+场景”机制，集聚创新人才，引进哈尔滨工业大学、机械科学研究总院等 12 家知名高校和科研院所在郑建立新型研发机构，先后引进培育创新创业团队 127 个，依托新型研发机构聚集科研人员约 2300 人，柔性引进院士等高层次人才 59 人，培养各类技能型人才突破 10 万人，引进青年人才 10.6 万人。科技创新资源开放共享网络不断扩大。率先在全国省会城市中发布大型科学仪器设施共享促进办法，建立共享机制、设立专项促进资金，截至 2020 年底，郑州市区域内入网服务仪器已经达到 3915 台（套）。

二　创新成果不断涌现

近年来，郑州市强化财政科技投入导向作用，持续完善创新投入增长机制，创新成效稳步增强。创新投入力度明显加大。2019~2021 年，研发投入强度从 1.74%增长到 2.31%，增长幅度居国家中心城市首位，在全国 35 个大中城市排名中从第 26 位上升到第 19 位。创新成效显著提升。高新技术企业从 1323 家增长到 4130 家，增长 212.2%，全省占比 50%，在全国 35 个大中城市排名中从第 19 位上升到第 16 位；技术合同成交额从 82.3 亿元增长到 306.5 亿元，增长 272.4%，全省占比 50.3%，在全国 35 个大中城市排名中从第 27 位上升到第 19 位；万人发明专利拥有量，从 13 件增加到 19.29 件，增长 48.4%；科技创新发展指数，从第 23 位提升到第 18 位，3 年提升 5 个位次。高水平创新成果加速涌现。“十三五”期间，郑州市共获国家科学技术奖 41 项。以郑煤机、宇通客车、中铁装备为代表的行业优势企业攻克了一批关键技术，其中，郑煤机研发的薄煤层高端采煤机，整体技术指标达到国际先进水平；宇通客车自主研发的新能源客车动力系统成为行业主流系统；中铁装备发布的“龙岩号”，实现了对 TBM 传统破岩理念的革命性创新。郑州大学的“平板显示用高性能 ITO 靶材关键技术及工程化”项目获得国家技术发明二等奖，突破性地解决了高性能 ITO 靶材全流程性“卡脖子”关键技术难题，形成了完整的自主技术体系；信息工程大学的“智能化地图综合与多尺度级联更新关键技术及应用”项目获国家科技进步奖二等奖，在空间关系理论、地图综合算法和地图综合软件研发等关键点上处于国际领先地位，解决了多尺度地图数据库级联更新的“国际难题”；中铁工程装备集团的“异形全断面隧道掘进机设计制造关键技术及应用”获国家科技进步奖二等奖，填补了国内外异形掘进机技术的空白。

三　创新体系加快完善

郑州市通过大力建设新型研发机构、技术转移转化示范机构，全面推进科技成果转化。新型研发机构加快建设。郑州市积极引进中科院过程所、浙江大学、中电六所等大院名所共建新型研发机构，同时依托本地科技资源建设新型研发机构，各类新型研发机构数量达 43 家。技术转移机构规模不断扩张。推进国家技术转移郑州中心建设，引进和培育集成技术经营、技术经纪和技术投融资等服务的技术转移机构，启动建设郑州技术要素交易市场，加快集聚技术、资本、人才、服务等创新要素。截至 2020 年底，全市拥有市级及以上技术转移服务（示范机构）47 家，其中国家级技术转移示范机构 5 家，占全省总数的 83%。技术合同成交额快速增长。“十三五”期间，郑州市制定出台《郑州市促进科技成果转移转化工作实施方案》《郑州市科技成果转移转化补助实施细则》等一系列政策，加强科技成果转化和技术转移后补助。全市技术合同成交额由 2015 年底的 19.97 亿元增长至 2020 年底的 212.8 亿元，年均增长率超过 60%。创新型企业加速集聚。郑州市坚持量质并举壮大创新企业群体，不断完善新动能企业培育体系，截至 2020 年底，全市高新技术企业达 2922 家，较 2015 年底增长 5.6 倍，占全省的 46.1%；科技型企业达 7846 家，较 2015 年底增长 3.1 倍，培育出宇通客车、郑煤机、中铁装备、汉威科技、信大捷安、安图生物等一批创新龙头企业。企业技术创新主体地位不断凸显。企业研发投入持续快速增长，研发投入亿元以上企业 42 家，较 2015 年增加 23 家；全市企业研发经费、研发人员占全社会总量的比重达 80%。科技支撑产业发展能力显著增强。郑州市以科技赋能产业发展，打造电子信息、新材料、高端装备等创新型产业集群，培育形成下一代信息网络产业集群和信息技术服务产业集群两个国家级战略性新兴产业集群，产业创新能力显著增强。

四 创新创业创造活力竞相迸发

郑州市大力推动“大众创业万众创新”，高质量建设国家级和省级“双创”基地、大学生创新创业实践示范基地、小型微型企业创业创新示范基地、创业孵化园等，积极建设线上线下结合的创客空间、创新工场等新型孵化器，推动大型企业、新型研发机构建设专业化众创空间。2016 年，国务院确定的大众创业万众创新示范基地当中，郑州航空港经济综合实验区被确定为区域示范基地，依托河南汉威电子股份有限公司建设传感器专业化众创空间。2020 年底，郑州市金水区（创业就业方向）、郑州市高新技术产业开发区（融通创新方向）、洛阳市高新技术产业开发区（精益创业方向）入选国务院办公厅公布的第三批大众创业万众创新示范基地建设名单，依托郑州宇通集团有限公司建设新能源汽车国家专业化众创空间。目前，已经初步形成“众创空间—孵化器—加速器—产业园”的全链条孵化体系，截至 2021 年底，建成各类科技孵化载体 29 家，总量 284 家，面积 879 万平方米，在孵企业 13694 家。孵化服务能力和水平大幅提高，9 家科技孵化器在 2020 年国家级科技企业孵化器评价中获评优秀，数量居全国大中城市第 5 位。全市拥有郑州航空港经济综合实验区、金水区、郑州高新区等国家双创示范基地，拥有腾讯科技孵化器、启迪之星（郑州）等国家级科技企业孵化器 19 家，拥有融易众创空间、UFO 众创空间等国家级众创空间 33 家，宇通新能源汽车国家专业化众创空间是全国首家新能源汽车领域的国家专业化众创空间；拥有河南省国家大学科技园、郑州大学科技园 2 家国家大学科技园。各类孵化载体总面积达 863 万平方米，在孵企业团队近 13000 家，培育出天迈科技、捷安高科等一批上市企业，涌现出 UU 跑腿、中业科技等一批优质创新创业项目。

五　科技服务能力不断提升

郑州市坚持围绕主导产业布局“创新链”、围绕创新源谋划“产业链”、围绕科技创新项目建立“服务保障链”，完善“两金一扶”保障体系，推进“两器一园”创新创业综合体建设，健全“产学研政资介”相结合的科技自主创新体系。“十三五”期间，郑州市组织实施重大创新专项 160 项，支持资金超过 3.5 亿元，攻克一批关键技术，带动形成一批新兴优势产业。宇通新能源客车动力系统成为行业主流，销量全国行业第一；安图生物新型冠状病毒抗体检测试剂盒，获欧盟和国家药监局批复，为全国疫情防控做出郑州贡献；UU 跑腿等一批创新项目脱颖而出。全面推进“促进科技和金融结合试点”建设，建立科技贷款风险分担机制，参股成立政策性担保机构——郑州中小企业担保有限公司，设立郑洛新国家自主创新示范区成果转化引导基金，开展科技金融资助，初步构建“郑科贷+政策性担保+政府引导基金+科技金融资助”四驱联动的科技金融服务体系。创新创业赛事活动有效开展。大力打造品牌赛事活动，组织开展“郑创汇”、“强网杯”、世界传感器大会等创新创业大赛。截至 2020 年底，全市注册的各类投资机构和创业投资基金达 277 家，资金管理规模达 3378 亿元；“郑科贷”业务合作银行 14 家、担保机构 6 家，为 123 家科技型企业贷款 6.8 亿元。创新创业赛事活动有效开展。积极举办“郑创汇”、“强网杯”、世界传感器大会、中国创客领袖大会、“北斗之星”创新创业大赛、中国北斗应用大会等品牌赛事活动；承办“创响中国”、“双创活动周”、“互联网+大学生创新创业大赛”、国际虚拟现实创新大会、国际智能网联汽车大赛等活动，其中，“郑创汇”截至 2021 年已成功举办 6 届百余场大赛，上万个项目报名参赛，157 个项目获奖，133 个项目落地郑州发展。

六 创新政策体系日渐完善

郑州市持续强化政策链，充分借鉴先进区域经验，围绕企业培育、科技成果转化、双创载体、新型研发机构、科技金融等创新链关键环节，构建较为完善的多层次政策体系，出台了《郑州市高新技术企业倍增计划实施方案（2019—2021 年）》（郑政办〔2019〕30 号）、《郑州市人民政府办公厅关于印发郑州市加大全社会研发投入的若干政策措施的通知》（郑政办〔2019〕27 号）、《郑州市科技成果转移转化补助实施细则》（郑科规〔2019〕2 号）、《郑州市支持科技型企业融资发展的若干政策》（郑政办〔2019〕29 号）、《郑州市进一步加快推进创新创业载体发展的若干政策措施》（郑政办〔2019〕28 号）等系列政策，科技创新政策体系日渐完善。积极开展政策先行先试。在同类城市中率先出台新型产业用地政策并开展试点，为科技创新提供空间保障；制定出台《郑州高新技术产业开发区暂行规定》（郑州市人民政府令第 231 号），赋予高新区更大的行政自主权，探索自创区管理体制及人事薪酬改革。加快推进科技体制改革。优化调整科技计划体系框架，实施“重大科技专项、重点研发与推广、技术创新引导、创新体系建设、创新创业资助”五大类科技计划。改革财政科技经费使用方式，推动支持对象由企业的单个项目向企业的综合研发转变，支持范围由竞争性的择优选拔向满足基本条件的普惠制转变。

七 科技创新布局持续优化

郑州市以自创区带动全市创新发展，积极谋划打造“一廊、两翼、四区、多点”的科技创新驱动发展空间格局，依托沿黄生态走廊将自创区核心区、金水科教园区等串联打造沿黄科创带，加快建设中原科技城、鲲鹏小镇等一批重大项目，集聚高端创新资源，不断提升各区域创新能力。郑州高新区创新引领作用凸显。郑州高新技术产业开发区发挥科技资源集聚优势，以“四个一批”为抓手，着力集聚高端科创资源，持续强化科技创新支撑能力，2020 年全社会研发投入强度达 8.5%，高新技术企业数量占全市总数的比例超过 38%，高层次人才数量居全市之首。规划建设中原科技城。拿出全市最优资源打造科技创新加速发展的重要载体，面向未来形成新的创新发展引擎。金水区探索科技成果转化新机制。金水区首创政府优先使用、全市重点推广、省内交流展示、全国宣传推介“四部曲”举措，推动科技成果转化。重点县（市）创新功能不断优化。荥阳市、巩义市、新郑市等产业强县，围绕重点产业领域开展创新，积极推动企业与高校、科研院所开展产学研合作，提升产业竞争力，巩义与 90 余所高等院校、科研院所开展多种形式产学研合作，新郑成功与中科院、工程院、西南大学、南开大学等高校、科研院所建立常态化的院地合作机制，是河南省唯一的创新型县（市）。

八　科技创新载体不断优化

2016 年，郑洛新国家自主创新示范区获国务院批准设立，成为引领郑州乃至河南省科技创新发展的重大战略载体和增长极。河南省和郑州市对郑洛新国家自主创新示范区发展高度重视，并将其作为河南省和郑州市发展的重要机遇，举全省、全市之力加快推进落实。在郑洛新国家自主创新示范区建设实施过程中，河南省、郑州市加强顶层设计，针对郑洛新国家自主创新示范区以及郑州片区在规划建设、集聚科技创新资源、激发创新活力、推动开放式创新、优化创新发展环境、科技创新体制机制探索等方面出台各类指导意见、实施方案和政策保障，启动建设了智能传感器、智能装备等关键创新与转化平台，实施大数据与人工智能等自创区产业集群专项，并在 2020 年颁布实施《郑洛新国家自主创新示范区条例》，为自创区科学、规范、有序发展提供了法制保障。除此以外，近年来，国家大数据综合试验区、中国（河南）自由贸易试验区郑州片区、中国（郑州）跨境电子商务综合试验区等战略平台获批，郑州国家级互联网骨干直联点开通运行、跻身全国十大通信网络交换枢纽，郑州市获批国家促进科技和金融结合试点城市，郑州市国家高新区被认定为国家首批科技服务业试点区域，国家超级计算郑州中心、国家技术转移郑州中心等重要平台获批建设并已经投入运营，国家专利导航产业发展实验区、国家知识产权创意产业试点园区建设等平台建设持续推进，同时，郑州市突出政策引导，筑巢引凤大力发展众创空间、科技企业孵化器等创新创业孵化载体，促进载体提质升级，为科技企业、创业团队和创客提供了低成本、便利化、全要素、开放式孵化发展平台，全市创新创业载体实现量质齐升，培育出一大批优质科创项目，成为全省最具活力的创新高地。

九　开放创新双驱动战略不断深化

面对创新、开放方面的短板，郑州市深入实施开放创新双驱动战略，为河南省建设中西部科技创新高地、内陆开放高地提供引领和重要支撑。郑州市坚持以开放促创新、以创新促发展，以开放拓平台、引要素，以创新添动力、强支撑，研究出台了一系列支持开放创新载体平台建设和新兴业态发展的政策措施，对外开放水平和创新能力持续提升。积极融入国家"一带一路"倡议，郑州市成为丝绸之路经济带重要节点城市。近年来，郑州市依托郑州航空港经济综合实验区，围绕新一代智能终端、电子核心基础部件、智能装备制造、航空及冷链物流等新兴产业集群，加快推进智能终端产业全产业链集群发展，国家通用航空产业综合示范区建设，推动飞机租赁业发展取得突破。2014 年 5 月，习近平总书记调研郑州跨境电子商务试点时鼓励郑州向"买全球、卖全球"目标迈进。郑州市牢记习近平总书记嘱托，大力推进郑州跨境电子商务试点建设。2016 年，中国（郑州）跨境电子商务综合试验区成功获批。郑州跨境电商以 EWTO 核心功能集聚区建设为引领，探索国际跨境电商行业规则制定，深化跨境电商平台体系建设，构建完整的跨境电商生态链和产业链。郑州跨境电商"1210"监管模式得到世界海关组织认可，已逐步推广至 100 多个国家和地区。首创的"跨境电商零售进口退货中心仓模式"入选全国自贸试验区第六批改革试点经验，被国务院印发推广；"网购保税+线下自提"跨境电商商业模式也已在部分省区市复制推广。2020 年，郑州市跨境电商交易额 133 亿美元，多年保持在全国前列。2017 年起，连续五年举办全球跨境电商大会，成为国际跨境电子商务规则创新和交流的重要平台。

十　社会民生保障水平稳步提升

“智慧郑州”加速建设。重点推进“城市大脑”等项目建设，提升城市治理水平。“十三五”期间基本完成城市大脑一期建设，搭建了城市级六大基础平台，并依托基础平台建设了“1+18”数字化疫情防控体系保障抗疫胜利；逐步实现政务服务、交通数字化，90%以上的政务服务事项可网上办，超过500项事项已实现零跑腿、零材料、网上办；建成交通智慧中心，可对1000余条道路断面进行实时监测，在国内率先利用智能排班技术编制公交作业方案，减少乘客等候时间。加强社会民生领域的科技创新。聚焦人口健康、生物制药、医疗器械、节能环保、公共安全等重点方向，组织实施重大科技专项28项，获得授权专利811项，其中发明专利52项；培养引进高级人才74人，开发新产品32个，形成技术标准32项；培育省级、市级工程技术研究中心和重点实验室132家，建立河南省临床医学研究中心7个，组建省级产业技术创新战略联盟11家，推进全民健康、资源环境、公共安全等民生重点领域科技创新能力提升。郑州轻大产业技术研究院有限公司研发的可再生植物蛋白无甲醛胶粘剂技术达到国际先进水平。科技创新助力乡村振兴。累计选派133名科技特派员深入生产一线指导培训，推动农业与科技紧密结合；农业领域，拥有市级以上农业科技创新平台192个，组织实施重大科技专项21个，获得发明专利58项，授权专利244项，开发新品种、新技术60个，形成一批高质量创新成果。河南丰德康种业培育的优质强筋小麦“丰德存麦5号”突破高产新纪录，平均亩产778.9公斤，产量水平较普通小麦增产率达10%，解决了高产不优质、优质不高产的矛盾；好想你健康食品自主研发的高品质果蔬真空冷冻干燥技术填补了国内空白，达到国内领先水平。

第四节　郑州市实施创新驱动发展战略的经验与启示

郑州深入实施创新驱动发展战略成效显著，创新发展新动能加速聚集，对推动高质量发展的支撑引领作用持续提升，关键在于郑州始终坚持加强组织学习，坚持健全工作机制，坚持完善创新驱动发展政策，坚持企业创新主体地位，坚持培育研发创新平台，坚持人才是第一资源，坚持产学研相结合，坚持营造科技创新环境，坚持不断深化改革，助推郑州高质量发展。

一　坚持加强组织学习

郑州市委、市政府高度重视科技创新工作，始终坚持把创新摆在现代化建设全局中的核心位置，深入学习贯彻习近平总书记关于河南及郑州重要讲话指示精神，落实省委、市委工作会议部署，通过党委中心组“带头学”、印发专项通知“组织学”、联系实际工作“结合学”，深入研讨交流，领会精神实质，统一思想认识。全市各级领导干部充分发挥示范作用，带头学深悟透“两个确保”“十大战略”等新表述、新部署的精神实质，全面把握省委提出的“两个确保”目标和“十大战略”举措，深入贯彻落实省委、省政府对郑州提出的“国家队”、国际化、出重彩、成高峰、打造“四个高地”系列重要要求，精准把握战略机遇，推动创新驱动发展战略规划与省市发展要求更加匹配，推动学习贯彻工作走深走实，切实发挥好全省经济发展“领头羊”作用。

迅速行动全面部署，掀起学习宣传贯彻热潮。全市各级人大常委会领导同志带头宣讲，加强与各级党委宣传部门的沟通联系，发挥党报党刊优势，运用宣传报道、基层宣讲、理论学习等多种方式，结合实际工作进行深入解读，做好会议精神的深度解读和贯彻落实情况的跟踪报告。围绕贯彻落实会议精神，精心设置选题，积极开展调查研究，推出一批有理论高度和实践价值的调研成果，切实引导广大人民群众把思想和行动统一到省委决策部署上来，以新状态、新风貌、新突破迈步新征程、展现新作为、做出新贡献。充分利用人大机关网站、报刊以及微博、微信、移动客户端等人大新闻舆论阵地，开展系列报道和深度报道，及时刊发学习贯彻的经验做法，为实施好创新驱动发展战略营造良好氛围。

二　坚持健全工作机制

郑州各级党委、政府始终把科技创新摆在发展全局突出位置，遵循中央为郑州发展指明的方向和省委提出的具体要求，运用好省委、省政府为郑州发展创造的有利条件，落实好各级各部门支持郑州创新驱动发展的各项政策措施，将科技创新放在全局中优先谋划、优先落实，列入重要日程。

加强对科技工作的领导，从上到下建立严格责任制，县（市）区、开发区政府主要负责人作为第一责任人抓好科技创新第一动力，确保责任到人，市委、市政府对目标任务每半年进行一次系统督查，形成分工明确、各司其职、密切配合的工作机制。

郑州市科技领导小组和郑州市科技创新委员会充分发挥了作用，抓好重大事项的总体设计、统筹协调和整体推进，构建了具体化、规范化、制度化的科技创新工作协调推进机制，完善了跨部门、跨领域沟通协商机制，建立健全了联席会议、季度例会、领导联系高端人才等工作机制，深入研究全社会研发投入统计、高新技术企业培育、科技型企业备案、技术合同登记及加计扣除政策落实等重点创新问题，统筹全市创新驱动发展战略实施、协调指导高新技术产业发展和科技园区建设，定期听取县（市）区、开发区科技工作进展，破解创新难题，加强协调督查，及时研究解决工作中存在的问题。

各级各部门牢固树立了“一盘棋”思想，完善科技创新工作制度机制，建立常态化报告工作制度，组建专家委员会，健全完善科技创新考核指标体系、奖惩激励机制，形成上下协同、整体联动的良好格局。县（市）区、开发区结合各区域实际，分析区域创新短板，找准切入点、突破口，加强科技管理机构和队伍建设，强化科技创新政策的落实，探索科技创新工作的新举措、新办法、新模式，最大限度激发创新创造活力，将创新驱动发展战略引向实处。全市各有关部门按照职能分工，发挥优势特色，围绕“主体、平台、人才”三个重点环节，细化分解发展目标和重点任务，结合实际制定具体实施方案，谋划实施一批重大专项，开展科技创新工作专题调研，切实加大资金投入、政策支持和条件保障力度，积极落实促进创新创业的各项政策措施，全面激发创新活力，全力打造国家创新高地。

建立市、县两级创新型城市建设评估评价指标体系以及目标任务考核机制，加大创新驱动发展指标的权重，将全社会研发投入强度、万人发明专利拥有量、高新技术企业数量、创新创业综合体建设、高层次科技人才引进和育培等科技创新能力指标纳入经济社会发展指标体系，列入政府目标序列和领导干部绩效考核，定期对目标任务进行统计和通报。加强对县（市）区、开发区创新驱动发展的工作考核，调动各方面积极性。

三　坚持完善创新驱动发展政策

郑州市建立完善了强化创新驱动发展的政策体系，围绕创新主体培育、创新载体建设、创新人才支撑、创新环境优化等多个方面修订和出台多个专项政策。

围绕创新主体培育，发布了《郑州市支持科技型企业发展若干政策》（郑政〔2013〕17号），通过建立健全科技型企业培育成长指标监控体系，进一步加大重大科技专项支持力度，发挥科技型中小企业创新基金的政策性引导作用，加快培育创新型企业等措施，为助推科技型企业快速成长，发展壮大高新技术产业，促进经济发展方式转变提供政策保证。发布《郑州市支持科技型企业融资发展的若干政策》（郑政办〔2019〕29号），针对科技型企业高投入、成长快、轻资产的特点，通过优化科技贷款风险补偿机制，鼓励合作金融机构发放纯信用贷款，搭建科技型企业融资链条，降低科技型企业贷款融资成本，支持科技型企业股权融资，鼓励投资机构对科技型企业进行投资，加大对科技型企业在资本市场融资的支持力度，建立宽容失败、责任豁免机制等措施缓解其融资难、融资贵问题，推动科技与金融深度融合。

围绕创新载体建设，发布了《中共郑州市委　郑州市人民政府关于加快推进郑州国家自主创新示范区建设的若干政策意见》（郑政〔2016〕12号），通过激发创新主体活力、建设转型升级引领区，推进开放式创新、建设开放合作先导区，集聚海内外人才资源、建设人才管理改革试验区，创新科技管理体制机制、建设科技改革先行区，优化创新创业环境、建设创新创业生态区，全面推进郑州国家自主创新示范区建设，带动郑州加快实现创新驱动发展。发布了《郑州市人民政府关于加快发展众创空间推进大众创新创业的实施意见》（郑政〔2015〕30号），提出通过众创空间倍增工程、创客育引工程、创新创业服务提升工程、技术成果转化工程、科技金融助推工程、创业生态优化工程，实现聚集创业群体、聚合创新资源、聚焦新兴产业、聚变发展引擎，构建引领新兴产业发展方向的众创空间，优化创新创业生态系统。

围绕创新人才支撑，发布了《中共郑州市委　郑州市人民政府关于引进培育创新创业领军人才（团队）的意见》（郑发〔2015〕9号）提出以引进培育科技创新创业领军人才（团队）为重点，通过实施重点人才引进培育计划、搭建人才创新创业平台、优化服务体系建设等措施，打造有利于人才集聚、创新创业的发展环境，发挥高层次人才对郑州都市区建设的引领支撑作用，为郑州都市区建设提供坚实的人才智力支撑。发布了《中共郑州市委 郑州市人民政府关于实施“智汇郑州”人才工程 加快推进国家中心城市建设的意见》（郑发〔2017〕23号），提出通过实施“智汇郑州”人才工程，到2020年，引进培育5～10个顶尖创新创业团队，聚集100名国内外顶尖人才、3000名重点产业急需紧缺人才、2000名社会事业领域领军和专业骨干人才，新增40000名高技能人才，每年吸引20万名高校毕业生在郑创新创业。使全市人才队伍规模结构更加合理，人才引领创新、支撑发展的局面更加生动，全社会识才、爱才、敬才、用才的氛围更加浓厚，形成与建设国家中心城市相适应的科学规范、开放包容、运行高效的人才发展治理体系，构建人才城市发展共同体。

围绕创新环境优化，更好地为郑州国家中心城市建设和经济高质量发展提供强大科技动力，出台了《中共郑州市委　郑州市人民政府关于全面加快科技创新推动经济高质量发展的若干意见》（郑发〔2019〕4号），构建全社会研发投入增长机制，强化企业技术创新主体地位，汇聚科技创新要素，深化科技体制改革，推动科技成果转化，落实知识产权强市战略等一系列政策措施，完善国家中心城市创新功能，激活国家自主创新示范区动能，打造郑州科技创新名片，为郑州经济高质量发展赋能。

四　坚持企业创新主体地位

近年来，郑州市突出企业创新主体地位，加快培育创新生态链，汇集改革动力、激发人才活力，加强专利权、商标权、版权等要素市场和产权市场法治建设。建立完善强化科技创新驱动、推动经济高质量发展的“1+N”政策体系，加大企业创新政策激励力度，大力培育高新技术企业、科技型企业，积极引进培育“雏鹰”企业、“瞪羚”企业、“独角兽”企业。改革财政涉企科技经费使用方式，从竞争性点对点支持转变为后补助支持，从择优选拔转变为条件审查，“十三五”期间享受研发费用补助的企业数量增加近4倍，全市财政科技资金从1.9亿元增加到2020年的9.7亿元，带动全社会研发投入增加到236.7亿元，研发投入1亿元以上的企业39家、超10亿元的企业4家。

着力培育扶持一批创新引领型企业。华为鲲鹏生态创新中心全面落地实施，新华三智慧计算终端全球总部基地、中国长城（郑州）自主创新基地等重大项目开工建设，阿里巴巴、海康威视等企业到郑州开设分公司。全国首个千亿（元）级科技服务企业启迪科服总部落地郑州。实施高新技术企业倍增计划，“十三五”期间连续5年高企年增速超过40%。实施创新引领型产业集群专项，截至2021年底带动科技型企业增长到7846家。“十三五”期间累计引进培育各类新型研发机构43个。

针对郑州高水平科技创新和教育资源缺乏的短板，河南省、郑州市大力支持以郑州大学为代表的高等院校发展。2017年，郑州大学入选国家“双一流”大学建设名单，受国家支持建设世界一流大学。截至2020年底，郑州大学拥有两院院士、学部委员16人，海外院士4人，国家“百千万人才工程”人选24人，世界一流学科建设学科3个，国家重点学科2个，国家重点培育学科4个。2020年，郑州大学获批建设省部共建食管癌防治国家重点实验室，实现河南省“双一流”高校国家重点实验室建设零的突破。河南农业大学牵头的河南粮食作物协同创新中心成为国家首批协同创新中心。除此之外，河南省、郑州市积极与中科院、清华大学、西安交通大学、浙江大学、中国人民大学等国内顶级高校、科研院所建立合作关系，通过联合建设新型研究机构、开设分校区、技术转让、联合攻关等方式实现科技创新资源转移和创新成果转化。

五　坚持培育研发创新平台

创新平台是集聚高端创新要素的“强磁场”，多年来，郑州市坚持把引平台、引机构作为落实创新驱动发展战略的重要抓手，加速推进一流创新平台建设，有效弥补了郑州市高端创新要素不足的短板，已经成为推动全市创新发展的重要基础。

以数字郑州建设为科技创新总引擎。随着国家自主创新示范区、中国（河南）自贸区、中国（郑州）跨境电子商务综合试验区、国家大数据综合试验区等国家战略规划、平台相继落地郑州，郑州坚持把“数字郑州”建设作为科技创新的先导工程、基础工程、骨干工程，作为提升创新能力的总引擎，主动对接国家战略科技力量体系调整，以“互联网+督查”为抓手实现政令"一键智达"、监督"一览无余"、绩效"自动生成"，以市域社会治理一体化建设为抓手形成全域覆盖、上下联动的网格化、网络化、智能化、现代化社会治理体系，以工业互联网平台建设为抓手推进产业数字化、数字产业化，不断增强创新发展的数字牵引力。在数字经济驱动下，郑州积极推进数字郑州赋能传统产业转型升级实现高质量发展，先后制定实施了制造业数字化转型三年行动计划、加快工业互联网发展三年行动计划等系列规划，以智能化"换道"、以数字化"领跑"，努力实现"郑州制造"向"郑州智造"转变，为郑州经济注入强大新动能。

以中原科技城建设为创新主平台。郑州抢抓河南省委推进建设中原科技城、重振重建省科学院的机遇，按照省委实现"两个确保"实施"十大战略"的重大决策和市委打造"四个高地"战略部署，对标国际水准、国内一流，从"建好中原科技城、搭建科研大平台、创设创新体制、政产学研用一条龙、全省统筹一盘棋"5个方面做了系统部署，高水平设计、高起点规划、高标准建设总面积260平方公里的中原科技城，将其作为"一号工程"、全国一流的科创要素承接平台，完善基础配套，打造最优环境、提供最优服务，积极引进哈尔滨工业大学郑州研究院、北理工郑州智能科技研究院等一批研发机构，推进华为、上汽、宇通客车、海康威视、大华等一批标志性项目落地，打造覆盖科技创新研发、孵化、中试、转化的全周期、全链条、全过程的开放式创新平台，构建"研发在郑州、孵化在周边、转化在全省"科技研发及成果转化格局，形成"城中有院、院中有城"的互联互融发展局面，带动了全市科技创新水平的明显提升。

以鲲鹏软件小镇为郑开科创走廊的战略节点。鲲鹏软件小镇坚持组团式发展，通过建设与招商并驾齐行，构建科技创新生态、搭建科技创新服务体系，强化产业、公共服务和生态环境支撑，推动生产、生活、生态"三生融合"发展，其中，生产方面以数字经济产业为主，打造集工作、培训和商务办公为一体的现代产业创新社区，生活方面以品质活力空间承载宜居功能，打造社区服务"最后一公里"，生态方面以公园城市理念构建生态格局，打造集生态、景观、水系于一体的景观空间，将为郑州建设国家中心城市"高地"上起"高峰"贡献有力支撑。

建设高水平研发平台。近年来郑州市不断完善研发平台建设培育体系，全国第7家超算中心、国家技术转移郑州中心落地建设并投入运营，获批组建食管癌防治国家重点实验室等 15 个国家级研发平台。引进建设一批创新引领型机构。加强院地合作，中国科学院过程所、微电子所、计算所等在郑州设立分所；加强校地合作，浙江大学、大连理工大学等高校在郑州建立新型研发机构，加强军地合作，联合解放军信息工程大学组建信大先进技术研究院，打通了军民科技成果双向转移转化通道。郑州正在串联高新区、金水科教园区、中原科技城、鲲鹏软件小镇和智慧岛，打造沿黄科创走廊，推进黄河实验室、嵩山实验室谋划建设，对接哈尔滨工业大学、机械科学研究总院，逐步形成了“以企业为主体、以市场为导向、产学研深度融合”的多层次研发平台，充分发挥科技创新平台引领作用，在建设国家创新高地中起高峰、出重彩。

六　坚持人才是第一资源

郑州高度重视人才工作，坚持“人才是第一资源”，全面实施人才强市战略，先后实施了“1125 聚才计划”、“智汇郑州”人才工程、“黄河人才计划”，为郑州加快打造人才集聚、创新创业的发展环境，激发社会活力，推动经济社会高质量发展提供了人才保证。

2015 年郑州出台《中共郑州市委 郑州市人民政府关于引进培育创新创业领军人才（团队）的意见》（郑发〔2015〕9 号）、《郑州市引进培育创新创业领军人才（团队）“智汇郑州 · 1125 聚才计划”实施办法（暂行）》（郑办〔2015〕18 号）等“1+7”文件，围绕郑州市重点发展的电子信息、汽车与装备制造、现代商贸物流、文化创意旅游和新材料、生物制药、铝及铝精深加工、现代食品加工、现代金融、高技术服务等“4+6”战略主导优势产业，以及互联网技术、大数据技术、智能化制造等战略性新兴产业发展方向，通过创新创业人才引进、专项资金管理、科技创业企业家培育、激励分配机制以及引进人才服务保障等，力争重点引进 1000 名掌握核心技术资源、具有较强创新创业能力的领军人才和高层次创新创业紧缺人才，100 个领军型科技创业创新团队；培养 200 个具有国际化视野和持续创新能力，拥有核心自主知识产权的科技创业企业家；会聚 50 名以上“两院”院士、国家“千人计划”等国内顶尖专家型人才，增强了人才政策吸引力。

2017 年 11 月，郑州实施“智汇郑州”人才工程，出台实施了《中共郑州市委 郑州市人民政府关于实施“智汇郑州”人才工程　加快推进国家中心城市建设的意见》（郑发〔2017〕23号），并且建立包括《郑州市人才分类认定实施细则（暂行）》《郑州市重点产业人才支撑计划实施细则（暂行）》《郑州市青年人才储备计划实施细则（暂行）》《郑州市人才工作目标责任制考核办法》等22个配套政策，形成“1+N”人才政策体系，实施顶尖人才（团队）引领计划、重点产业人才支撑计划、社会事业人才荟萃计划、优秀企业家领航计划、高技能人才振兴计划、海外高层次人才集聚计划等，全面建立人才服务绿色通道，在居留签证、子女入学、医疗保障等方面提供便捷、高效的服务，为高层次人才专门建立人才专员服务制度，解决人才的后顾之忧，真正打造“人才之家”。

2020年郑州推出“3.0版”郑州人才新政，即《中共郑州市委 郑州市人民政府关于实施“黄河人才计划”加快建设人才强市的意见》（郑发〔2020〕14号）为主的系列文件，从人才激励政策、创新平台建设、人才引育工作机制、人才服务体系、人才工作组织保障等环节出发，完善了人才政策体系，并配套出台了《郑州市高层次人才分类认定实施细则》《郑州市创新创业团队项目资助实施细则》《郑州市人才住房保障服务事项办理指南》等9个配套文件，实施海内外高端人才支持专项、科技领军人才支持专项、产业骨干人才支持专项、青年人才支持专项、名师名医名家支持专项，针对高层次人才在项目引进、人才资助、生活保障等方面推出“全国最优”综合政策，旨在以更大决心、更大力量、更精准措施实施人才强市战略。

七　坚持产学研相结合

高校是原始创新的重要策源地，科研院所是技术创新的重要基地，企业是把科技成果转化为现实生产力的主体。为充分激发产学研创新活力，持续为企业解决科研问题，郑州市把加强产学研合作作为提升产业创新能力的重要途径，不断创新工作模式，坚持产业导向，聚焦战略新兴和优势主导产业，坚持引进人才与引进项目相结合，依托“万人助万企”活动平台，集聚创新龙头企业、高校、科研院所、新型研发机构等科创资源，打造产学研需求链条，努力实现企业研发机构与高校、科研院所“一对一”对接，帮助企业解决存在的问题和困难。

金水区着力构建“产学研用金、才政介美云”十联动的创新创业生态系统，紧抓郑州建立市区联动和建设大院名所工作体系的“窗口期”，瞄准大院名所和高校引培借智，成功引进中科院过程所落户金水科教园区，建立郑州中科新兴产业技术研究院，与中电网络通信集团共建安全应急服务科技创新研究院，积极对接嵩山实验室内生安全、黄河实验室遥感图像处理研究分支机构，促进重大科技创新资源在金水布局。充分发挥金水辖区高校院所、研发机构作用，构建工程技术研究中心—重点实验室—新型研发机构三级产学研平台体系，利用数字众筹与共享模式搭建虚拟创新平台，吸引世界顶尖的人工智能与大数据创新科研机构、企业和科学家团队形成“无限制”“云创业圈”。依托科教园区、自贸区、创意园区、科技园区四大产业主平台，金水区实施创新创业大孵化器战略，建设“众创空间+孵化器+加速器+科技金融”全链条科技企业孵化育成体系。

高新区管委会与猪八戒网共同打造协同创新资源开放共享平台，该平台是国内首个聚焦区域产业和企业创新，以创新资源共享和科技要素交易为核心，以“平台模式+市场化机制”运行，线上线下融合运营的一站式创新服务平台，为区域科创要素市场化配置及企业科技创新提供全面服务夯实了基础。组建了“国家高效精密磨具产业技术创新战略联盟”“河南省超硬材料及制品产业技术创新战略联盟”，整合行业产学研用资源，培育优化产业发展生态。建立了国家磨料磨具质量检验监督中心、超硬材料生产力促进中心、全国磨料磨具标准化技术委员会、河南省超硬材料产业链公共服务平台等计量检测分析机构，全国超硬材料行业协会、全国磨料磨具行业情报网、中国超硬材料网、爱锐网、河南工业大学超硬材料数据库等网络平台，形成了完善的成果转化、生产经营和企业创业扶持等公共服务体系。

中原区坚持科技创新在现代化城区建设中的核心地位，围绕未来新兴产业布局，加强与清华大学、中科院、腾讯等高校、科研机构、企业、产业发展联盟对接合作，形成未来产业策源地，围绕企业转型升级，加强与国内拥有先进技术的知名企业、高校院所、高端人才深度合作，支撑产业链补链、延链、固链，围绕招商引资，整合符合中原区主导产业以及未来新兴产业发展方向的企业、人才、高校院所、科研机构的优势资源，推进企业、项目走进中原、落地中原，围绕平台建设，抓好中央文化区北区、须水河产业片区、芝麻街 1958 双创园、贾鲁河产业片区等产业平台建设，高质量推进黄河·智谷中原总部港、中原小微产业园建设，打造产业生态，围绕激发创新活力，充分发挥中机六院、河南省电力勘测设计院等科技创新企业龙头带动作用，提升区域整体创新能力和核心竞争力。

八　坚持营造科技创新环境

打造创新创业营商环境新高地，郑州以市场主体需求为导向，聚焦政务环境、市场环境、法治环境、宜居宜业环境，对标国内国际一流水平，通过实施六个方面共 40 项具体措施，切实提升企业和群众满意度，激发市场活力和社会创造力，破解生产经营中的堵点、痛点，努力打造市场化、法治化、国际化的一流营商环境。在 2020 年度国家营商环境评价中，郑州成为全国进步最快的城市之一，“获得电力”“办理破产”2 项评价指标进入全国标杆城市行列。2021 年 5 月，郑州在全国优化营商环境经验交流现场会做典型发言。

营造有利于创新的制度环境，郑州不断建立完善有利于创新的评价机制和规章制度，优化以开放、激励、宽容为导向的人才培养使用制度、考核评价制度、财务审核制度、科研管理制度等，完善鼓励创新、宽容失败、勇于探索、尽职免责的容错纠错机制，落实国家、省关于促进科技成果转化与收益分配的政策，依法支持重大科技基础设施、国家实验室、国家技术创新中心等重大创新平台及重大创新项目的落地建设，进一步强化政策、资金、机构、人才等集聚效应，营造有利于创新创造的制度环境。

营造敬才爱才的社会环境，郑州广开进贤之路，在全社会大力倡导见贤思齐、求贤若渴的良好风尚，将人才优先发展放在更重要的位置来抓，把各方面优秀人才吸引过来，集聚起来；营造有利于人才发展的政策环境，贯彻实施人才强省战略，加大高层次专业技术人才支持培养力度，创新柔性引才方式，鼓励高校、科研院所建立“人才驿站”，建立未来产业、战略新兴产业等专业的人才库和专家库；营造鼓励创新的环境，倡导体现鼓励创新、宽容失败的科研精神，引导社会舆论，引导积极、宽容的民众心态和社会氛围，充分信任、大胆使用人才，加强对知识产权、创新成果转化收益等创新创业成果的维护；营造人才集聚的工作环境，积极建造干事创业人才需要的科研实验平台、技术攻关平台、成果转化平台等载体，为人才干事创业提供舞台。

营造极具活力的创新文化氛围，从历史文化中挖掘创新因子，树立创新思想引领城市建设的新理念，弘扬“博大、开放、创新、和谐”郑州城市精神，弘扬“包容、多元、融通、开放”的创新文化，弘扬“勇于试错、积极创新、爱国奋斗”的企业家精神，培育全社会创新意识，激发创新文化共鸣，树立创新为荣的价值观，加强宣传和舆论引导，擦亮“活力郑州”创新创业品牌，塑造勇攀高峰、敢为人先的创新自信，使创新创业理念成为郑州各级领导干部的自觉共识和全社会的共同取向。

九 坚持不断深化改革

郑州坚持以机制改革推动创新发展，实施科技体制改革攻坚行动，健全投、保、贷、补一体化科技金融服务体系，深入开展“万人助万企”活动，不断优化创新生态，让勇于创新、尊重创新、参与创新成为全社会的共同追求，让创新活力在郑州蓬勃竞发。

深入推进行政审批制度改革，金水区着力打造“金小二”服务品牌，组建“金小二”帮办代办队伍，推行“1+X”并联审批，建立“一件事”专区，为创新创业者提供“企业开办”套餐，以最高的效率、最好的环境、最惠的政策、最优的服务吸引创新资源集聚发展；郑东新区推动人才服务“一件事”闭环、审批服务“一枚章”落地、社会化服务“一扇门”覆盖、要素保障“一条龙”供给、工作推进“一体化”联动，构建一流创新生态；经开区从“企业开办一件事”一日办结、“互联网+政务服务”，到“标准地”供地模式等工作的推进，着力打造营商环境“经开品牌”，已经被列为全省典型经验。

开展新型产业用地政策试点，在全省率先推出新型产业用地（M0）试点，允许在拟定范围内试行工业用地兼容商业用地新政策，探索实施“工业定制地”出让，推行带设计方案出让，探索“拿地即开工”，新增新型工业用地（M1A）支持新兴产业，有效降低了科技型企业用地成本，为新型产业和创意产业的发展突破了用地束缚。建立“20+N 企业创新积分”指标体系，持续推动企业创新积分与相关科技政策相衔接，根据积分结果精准量化支持科技企业发展，着力解决积分企业融资难、融资贵问题，引导创新要素向科技型中小企业集聚，形成基于企业创新能力量化评价、精准支持企业创新的新型政策工具，有效发现、培育和支持一批研发能力强、成长潜力大的科技企业，目前已经入选科技部第二批国家高新区企业创新积分试点。

深化管理体制与人事薪酬制度改革，通过“赋权、改制、考核、激励”四步联动，优化组织架构，打破编制身份限制，构建相对全面、科学的绩效考核体系，加大力度为科技人员“松绑减负放权”，激发了干事创业活力。深化职务科技成果所有权改革，落实科研人员发明成果转化创业、科技成果收益分配、股权期权激励等政策，探索实行“揭榜挂帅”“赛马择优”“绩效考核”等科技项目管理和组织方式，赋予科研人员更大的技术路线决策权，推动科研机构与企业双向交流，形成了以企业为主体、以市场为导向、以产学研深度融合为支撑的科技创新体系。

第五章　创新驱动发展的洛阳探索

创新驱动发展战略是党中央在新发展阶段立足全局、面向全球、聚焦关键、带动整体的国家重大发展战略，是全党全社会推动以科技创新为核心的全面创新的行动指南。河南省第十一次党代会明确提出要锚定“两个确保”、全面实施“十大战略”，把“创新驱动、科教兴省、人才强省”战略摆在首位，吹响了以创新驱动高质量发展的前进号角。洛阳市位于河南省西部，横跨黄河中下游南北两岸，是国家区域性中心城市、中原城市群副中心城市。近年来，洛阳把持续推进创新驱动发展战略作为应变局、育新机、开新局的关键举措，围绕扬优势、固基础、补短板，在强化创新龙头引领、集聚创新主体、构建创新网络、优化创新生态和服务等方面取得实实在在的成效，推动习近平总书记调研指导河南时代重要讲话精神“落地生根、开花结果”，探索出一系列具有洛阳特色的创新发展新路子。

第一节　洛阳经济社会发展概况

一　洛阳概况

洛阳因地处洛河之阳而得名，现辖7县7区、2个国家级开发区，总面积1.52万平方公里，全市常住人口705.67万人，其中城镇人口458.53万人，城镇化率64.98%。历史积淀深厚。作为国务院首批公布的国家历史文化名城之一，洛阳是中华文明的重要发祥、发展之地，历史上夏商周汉等十三个朝代曾经在此建都，同时是丝绸之路的东方起点之一、隋唐大运河的中部航运中心，是中国5000多年文明史、4000多年城市史、1500多年建都史的典型城市代表。截至2021年，洛阳拥有世界文化遗产共3项6处、具有全国重点文物保护单位称号的古迹共有51处。工业基础坚实。从历史上看，新中国把洛阳作为重点建设的传统工业基地，“一五”时期将 7 项国家重点项目在此布局，占全国重点项目总数的 5%。截至 2021 年底，洛阳规模以上工业企业共有 1821 家，其中 11 家企业主营业务收入超百亿元、2 家企业主营业务收入突破了 300 亿元，并在现有优质企业的引领带动下，形成先进装备制造、新材料 2 个千亿（元）级产业集群和石油化工 1 个准千亿（元）级产业集群。科研实力较强。洛阳是我国重要的科技研发基地，郑洛新国家自主创新示范区、国家高新技术开发区均在此进行战略布局，并孕育建成包括 97 个国家级创新平台的各类创新平台 2380 个、吸引各类创新型人才 53 万余人，其中“两院”院士 5 名、省级院士工作站 16 家，得益于坚实的创新基础支撑，洛阳在创新材料、航空航天等高科技领域居全国先进水平。开放水平较高。洛阳作为“一带一路”中部地区的重要起点城市，地理优势突出，中国（河南）自由贸易试验区洛阳片区、洛阳综合保税区、跨境电商综合试验区建设全面提速。目前，与洛阳建立贸易伙伴关系的国家和地区已经超过了 183 个，在洛投资兴业的世界 500 强、国内 500 强企业分别达到 31 家、72 家。自然资源丰富。洛阳境内山环水绕，牡丹名甲天下，森林覆盖率达 45.8%，4A 级及以上景区 32 家。洛阳境内已探明矿产资源 77 种，其中钼矿储量居全国首位，为世界三大钼矿之一。洛阳作为陇海、焦柳、郑西高铁三大铁路干线和连霍、二广、宁洛等高速公路的交会点，航空客货交通物流空间巨大。2021 年，洛阳机场国内通航城市达到 30 个，旅客吞吐量突破 150 万人次，同时洛阳市内地铁网建设全面铺开，城市交通物流枢纽功能持续强化。

二　洛阳经济社会发展

面对错综复杂的外部环境、艰巨繁重的改革发展稳定任务，特别是新冠肺炎疫情的严重冲击，在以习近平同志为核心的党中央、坚强领导下，洛阳全市上下以习近平新时代中国特色社会主义思想为指导，坚决贯彻党中央国务院一系列重大决策部署，认真落实省委、省政府支持洛阳加快建设中原城市群副中心城市、规划建设洛阳都市圈的决策部署，全面推进“9+2”工作布局，中原城市群副中心城市建设全面提速，洛阳在全国、全省发展大局中的地位更加凸显，经济社会发展迈出新步伐、取得新成效。

（一）综合实力大幅跃升

“十三五”期间，洛阳全市经济总量稳步增长，先后突破了4000亿元、5000亿元大关，年均增速7.1%，综合实力在全国地级以上城市排名升至第45位，上升了4个位次，主要经济指标增速持续高于全国、全省平均水平，稳居全省第一方阵。其中，规模以上工业增加值年均增速7.5%，分别高于全国、全省平均水平2个和1.3个百分点；固定资产投资年均增速10.6%，分别高于全国、全省平均水平4.7个和1.7个百分点；全社会研发投入强度由“十二五”末的1.74%提高至2020年的2.8%，分别高于全国、全省平均水平0.4个和1.16个百分点，稳居全省第一；科技进步对经济增长贡献率由“十二五”末的55%提高至2020年的63%。2021年，全市生产总值实现5447.1亿元，同比增长4.8%，经济总量在全国地级以上城市排名保持前45位。财政收入有所提升，一般公共预算收入完成397.9亿元，同比增长4.8%。“降成本”成果显著，规模以上工业企业实现利润总额285.3亿元，同比增长34.4%。人民收入大幅度提高，居民人均可支配收入达30219元，同比增长7.6%。2022年第一季度，全市生产总值实现1348.5亿元，同比增长4.7%，经济总量在全国地级以上城市排名保持前45位。居民人均可支配收入达8585元，同比增长6.2%。全年居民消费价格较上年上涨1.1%，涨幅比上年缩小1.6个百分点。其中，消费品价格上涨0.9%，服务价格上涨1.4%。全年城镇新增就业人员11.4万人，失业人员实现再就业2.3万人，困难人员实现就业0.9万人，年末城镇登记失业率3.93%。全年农村劳动力转移就业130.3万人。

（二）动能转换全面提速

“调”是路径、是突破口，“转”是动力、是大方向。洛阳立足新时期高质量发展的时代要求，充分发挥疫情对经济社会发展的倒逼作用，大力推进经济转型、动能转换。洛阳立足本地特色、发挥自身优势，瞄准制造业高质量发展的主攻方向，坚持“双轮驱动”、推动“双高引领”，产业链水平不断提高，产业链和价值链同步向高端跃进。工业格局革故鼎新，中航613所电子电源、中航光电技术产业基地（二期）等项目建设全面铺开。洛阳在持续发挥优势主导产业带动作用的同时，大力培育壮大现代化高端新兴产业，传统工业基地正加速转型成为河南新时代的“工业先锋”。发展动力转换提速，洛阳紧紧抓住当前新一代的科技创新浪潮，对当地企业实施高端化、智能化、绿色化、服务化改造，推动全域产业转型升级再提速。创新创业载体平台支撑作用持续增强，吸引一大批包括格力智能制造产业基地中央空调项目在洛阳投资建厂，推动银隆新能源产业园专用车、客车批量生产，截至 2021 年已有超过千家企业进驻大数据产业园；实施“6+X”先进制造业园区建设行动，已形成 3 个千亿（元）级产业集群。体制机制改革潜能充分发挥，全面深化改革纵深推进，以供给侧结构性改革为引领持续推进全面深化改革，其中国有企业改革、商事制度改革、创新生态环境建设等重点难点领域改革走在全国、全省前列。科技创新对区域发展的溢出效应不断增强，吸引农机装备创新中心等国家级创新平台在洛阳落地实施。

（三）城乡区域更趋协调

富民是洛阳推进乡村建设的重要出发点。洛阳狠抓产业核心、巩固拓展脱贫攻坚成果、谨防农民返贫底线，以“三清两建”、乡贤返乡、乡村运营、集镇建设、“三变改革”为突破口全面推进乡村治理、发展乡村产业、加快乡村建设、促进城乡融合、激发发展活力。抓牢党的领导这个“牛鼻子”，保障城乡统筹工作落实落细，在促进农业提质增效的同时，实现乡村宜居宜业、农民富裕富足。坚持以人为核心的新型城镇化推进原则，坚持以工业反哺农业、以城市带动乡村，牢固树立城乡一体化发展、合理合法高效经营土地的理念，打通城乡要素双向流动之间的断点和堵点，提升中心集镇对周边地区的吸引力和承载力，实现农村从分散转向集聚发展，推动城镇发展“四级联动”，在巩固脱贫成果的基础上扎实推进乡村振兴，2021 年常住人口城镇化率提高至 64.98%。基础设施建设不断完善，中心城区快速路网架构以及和组团县联通的快速路网基本建成，铁路、公路、水运、航空、内河综合交通枢纽建设全面推进。加快城乡公共服务设施一体化进程，突出集镇的核心功能，加快完善物流、网络、污水处理等基础设施，升级文化传播、教育医疗等公共服务，使集镇成为沟通连接城市和乡村、疏散县（区）市服务农民的关键节点、落脚点和区域中心。

（四）文化优势日益凸显

洛阳持续推进文化遗产保护工作，文物保护“洛阳模式”走在全国前列，成功举办全国石窟寺保护与考古工作会议，二里头夏都遗址博物馆、隋唐洛阳城国家历史文化公园、“黄河文化主地标城市”等文化项目加快建设。文旅融合深入推进，洛阳作为全国首批文化和旅游消费示范城市、国家级河洛文化生态保护实验区，国际会议和活动的影响力不断提高，国际文化旅游名城和国际人文交往中心成为洛阳宣传中原文化和合作交流的亮丽名片。公共文化服务不断优化，2021 年末全市共有艺术表演团体 152 个，文化馆 17 个，公共图书馆 18 个，博物馆 102 个；2021 年末 1 千瓦以上电视发射台和转播台 10 座；全市广播人口覆盖率 98.59%，电视人口覆盖率 98.95%；市级电视台周播出时间 375.52 小时，市级广播电台日播出时间 60.81 小时。文旅产业带动全局作用极大提升，随着洛阳成功创建国家文化旅游产业融合发展示范区，全域内文化和相关产业融合发展所形成的新业态、新模式和新产品不断涌现；文化旅游产业链条不断拉长，产业链、供应链、价值链三链融合，打造了一批“洛阳味道”“洛阳礼物”“洛阳节目”等具有广泛影响力的文化产品。深化文化产业体制改革，主动承接部分省级权限，加快重点国有景区管理体制改革步伐，以体制机制的创新不断激发文旅发展的新活力。

（五）基础支撑更加坚实

洛阳市高速、快速、立交等交通基础设施建设实现历史性突破，加快建设“十”字形高铁枢纽，高速公路网形成“三纵三横三环”的崭新格局，机场改扩建二期工程基本建成，成为第一个进入“地铁时代”的中西部地区非省会城市，公园、景观走廊、城市书房等成为城市建设新名片，提升了洛阳的美誉度，高质量网络基础设施、集中供热等公共服务的覆盖率大幅提升，加快推进老旧小区和城中村改造，城市综合承载力和服务力显著增强。通过保障引黄入洛、故县水库引水工程如期完工，加快前坪水库下闸蓄水、小浪底南岸灌区、西霞院灌区等重大水利工程的实施进度，不断夯实城市的水源供给基础设施。加快完善主要旅游线路周边的综合交通体系、文化旅游基础设施建设，建立健全统一的旅游产品和服务质量标准，加快规范各类旅游经营企业的商业行为，推进了文化旅游的智能化、人性化转型，实现文化旅游产业的创新发展新局面。通过强化与周边区域协同合作，洛阳都市圈区域旅游一体化发展不断加快，共建互联网、共办商展、共推节日、共同推介，提升全域旅游文化产业的整体实力。

（六）民生福祉全面增进

党的十八大以来，洛阳牢牢把握稳中求进的工作总基调，将经济增长与民生改善一体谋划、一体推进，人民收入不断增加、生活水平大幅提升。截至 2021 年，全年全市居民人均可支配收入 30219 元，比上年增长 7.6%；居民人均消费支出 21563 元，同比增长 13.4%。按常住地分，城镇居民人均可支配收入 42076 元，同比增长 7.1%；城镇居民人均消费支出 28615 元，增长 12.9%。农村居民人均可支配收入 17253 元，同比增长 8.5%；农村居民人均消费支出 13851 元，同比增长 14.4%。全市民生支出稳步增长，占一般公共预算支出比例稳定在 76%以上。坚持稳就业是第一民生的方针不动摇，2021 年城镇累计新增就业 61.34 万人。“全面改薄”、义务教育基本均衡发展实现全市覆盖。提速“健康洛阳”建设，实现全市基本公共卫生服务覆盖率近 98%。致力保基本，在推动就业创业、提升教育水平、建设健康洛阳三个方面齐发力，帮助大学生、退役军人等重点群体实现多渠道就业，法治洛阳、平安洛阳建设取得重要成效。2021 年新建小游园 40 个、洛阳乐道 300 公里，打造 20 座示范性城市书房，新建、改扩建 90 个乐养居，进一步完善“15 分钟公共服务圈”。

第二节　洛阳实施创新驱动发展战略的背景和意义

新时代创新已成为重塑全球和区域竞争格局、推动经济高质量发展的核心力量。着眼全球“全国”全省发展大势，把握经济社会发展阶段性特征，立足洛阳特色，大力实施创新驱动发展战略，加快对科技创新谋篇布局是新时代洛阳贯彻落实省委、省政府重大战略部署、奋进现代化建设新征程的必然要求，对保障和扩大就业，加快新旧动能转换，持续推进洛阳发展战略布局，加快建设现代化洛阳创新体系，建强副中心、形成增长极，在现代化建设新征程中重振洛阳辉煌增势赋能具有重大的现实意义。

一　洛阳实施创新驱动发展战略的重大意义

实施创新驱动战略，走好以创新引领发展之路，既是大势所趋，也是洛阳的发展所需、潜力所在。洛阳正处在转型发展的关键期，产业结构需要调整、发展动能需要转换、体制瓶颈需要破解、城市功能需要提升，只有创新才能解决好制约洛阳发展的深层次问题。特别是面对构建新发展格局这一机遇性、竞争性、重塑性变革，洛阳比以往任何时期都更需要创新、更依赖创新，只有把创新摆在发展的逻辑起点、现代化建设的核心位置，始终坚持以创新引领发展主战略，突出以科技创新引领产业升级，聚焦产业发展推动科技创新和成果转化，真正把创新落到产业上，才能加快推进产业转型驱动高质量发展，抢占未来发展制高点，在新一轮区域经济版图重构中重塑洛阳发展新优势。只有把创新摆在发展全局的核心位置，以创建国家区域科技创新中心、国家科技成果转化示范区为牵引，坚定不移走以创新引领发展之路，深入研究、科学谋划、主动作为，才能把洛阳打造成聚合各类创新资源的“强磁场”，建设成更高水平的国家创新型城市。

二　洛阳实施创新驱动发展战略面临新形势、新机遇

新时代洛阳市站在现代化建设新的历史起点上，统筹科技创新和产业升级，实现打造国家创新高地、全国重要先进制造业基地等发展目标面临重大机遇和挑战。从国际层面来看，新一轮科技革命和产业变革加速重构全球创新版图，科技创新进入空前密集活跃期，渗透性、扩散性、颠覆性等特征正在重塑经济发展方式。世界百年变局叠加世纪疫情冲击，逆全球化、单边主义、保护主义等威胁不断，围绕科技创新的国际战略博弈更加激烈，立体纵深竞争态势正在形成。为应对经济运行面临的下行压力，迫切需要加快高水平科技自立自强，必须在发展方向、目标、路径上坚持向科技创新要方法、要答案，以科技的主动赢得发展的主动。

从国家层面来看，我国由高速增长阶段迈向高质量发展阶段，经济发展保持全球领先地位，已成为具有全球重要影响力的科技大国，但与新形势、新要求相比，科技创新能力还有待提高。党的十九届六中全会提出，坚持实施创新驱动发展战略，把科技自立自强作为国家发展的战略支撑，强化国家战略科技力量，加快建设创新型国家和世界科技强国。为应对经

济发展需求收缩、供给冲击、预期转弱三重压力和推动高质量发展、构建新发展格局的需求，要始终把科技创新作为推动工作的逻辑起点，以更大力度确保科技方针落实到创新链条的每一个环节，以高水平科技自立自强塑造发展新优势。

从区域层面来看，科技创新成为推动区域发展的核心动力。新一轮区域经济版图重构的根本动力在创新。合肥争创国家科技创新中心，打造具有影响力的科创名城；成都以天府新区、东部新区、西部（成都）科学城“两区一城”为创新主阵地，打造具有全国影响力的科技创新中心；南京以引领性国家创新型城市建设为抓手，争创综合性国家科学中心和区域科技创新中心；西安建设具有国际竞争力的丝路科创中心，争创国家区域科技创新中心；郑州以加快中原科技城和省科学院融合发展为“一号工程”，要在打造创新高地、创新策源地和人才高地上走在前列、做出示范，让科技创新成为郑州发展的最强音、主旋律；宁波打造新材料、工业互联网、关键核心基础部件三大科创高地，加快建设高水平创新型城市；佛山围绕佛山国家高新区、佛中人才创新灯塔产业园、三龙湾科技城“一区一园一城”布局，建设全国制造业高质量发展示范区和具有国际影响力的先进制造业创新高地，打造科技体制机制改革“领头羊”；徐州建设高水平国家创新型城市和国家可持续发展议程创新示范区示范标杆；襄阳以建设区域科技创新中心为主线，全面提升对“襄十随神”城市群引领带动作用。依靠科技创新引领经济社会高质量发展成为各地区抢占发展先机的根本途径，城市间科技竞争加剧、争相打造区域创新发展新引擎，扭住科技创新的“风口”、产业发展的“风口”成为洛阳实现高质量发展的必然选择。

从省级层面来看，河南坚持走创新驱动高质量发展之路。中部地区处在新旧动能转换的重要时期，科技创新进入由积势蓄势到实现跃升的关键阶段。省委、省政府以前瞻30年的眼光想问题、做决策、抓发展，把创新摆在发展的逻辑起点、现代化河南建设的核心位置，把“创新驱动、科教兴省、人才强省”摆在“十大战略”之首，把构建一流创新生态、建设国家创新高地放在构建新发展格局的关键位置谋篇布局，为确保高质量建设现代化河南、高水平实现现代化河南提供有力科技支撑。聚焦全省加快建设国家创新高地的战略定位和洛阳市“建强副中心、形成增长极、重振洛阳辉煌”的总体目标，必须精准把握创新发展赛道的新态势、新变化和国内区域科技竞争新格局，突出以科技创新引领产业升级，在新一轮区域经济版图重构中重塑洛阳新优势。

综合研判，“十四五”时期是洛阳转型发展的关键期、释放创新潜能的重要窗口期，必须坚持把创新放在引领洛阳高质量现代化建设全局的核心位置，坚持以科技创新引领产业升级，创新平台搭建、创新主体壮大、创新人才会聚、创新生态构建，紧抓构建新发展格局战略机遇、新时代推动中部地区高质量发展政策机遇、黄河流域生态保护和高质量发展历史机遇，走好从科技强到产业强、经济强的高质量发展新路，让创新成为最鲜明的城市特质。

三 洛阳实施创新驱动发展战略的基础优势

洛阳一直以来都是极具创新活力的城市，经过长期积累，全市各类创新资源较为丰富，大院、大所、大企业众多，优质创新人才竞相会聚，产学研融合发展空间巨大，推动创新发展是洛阳的优势所在、潜力所在。截至 2021 年底，在创新平台方面，全市共有国家级创新平台 97 个，占全省的近 1/3；建设运营新型研发机构 17 家，其中 13 家备案为省级，5 家入选省重大新型研发机构；省级产业研究院 4 家、中试基地 3 个，各类创新平台达到 2380 个。在创新主体方面，全市高新技术企业达 903 家，13 家企业入围首批省“瞪羚”企业，25 家企业成为省创新龙头企业，占全省的 21.6%，入选省级以上“专精特新”中小企业 60 家。在创新人才方面，全市现有本土“两院”院士 5 名（石化工程公司陈俊武、黎明院李俊贤、“612 所”樊会涛、军事科学院工程防护研究所顾金才、军事科学院工程防护研究所任辉启），柔性引进“两院”院士 16 名、“中原学者”13 名、“中原英才计划”人才 27 名、“河洛英才计划”人才（团队）35 个。在科技研发方面，全市研发投入强度达 2.97%、稳居全省第一，51 项成果获得国家科学技术奖励，入围省“揭榜挂帅”项目 2 个，攻关“卡脖子”项目 7 个，“天宫”、“蛟龙”、“天眼”、大飞机、国产航母等大国重器闪耀“洛阳创新力量”，盾构机、特种机器人、高速连接器、钢轨铣磨车等多项“洛阳制造”填补国内空白。洛阳市先后荣膺国家创新型城市、国家先进装备制造业标准化试点、国家知识产权运营服务体系建设重点城市等称号，3 次被国务院表彰为工业稳增长和转型升级成效明显市。

第三节　洛阳实施创新驱动发展战略的做法和成效

习近平总书记强调：创新是引领发展的第一动力。洛阳坚持深入贯彻习近平总书记视察河南重要讲话重要指示和关于创新的重要论述，认真落实省委“十大战略”，聚焦“建强副中心、形成增长极”，持续深入全面实施创新驱动发展战略，突出以科技创新引领产业升级，推进区域科技资源开放共享，围绕创新项目建设和场域载体培育，构建全域创新空间布局，着力集聚创新资源，不断激发创新活力，持续激活洛阳发展关键引擎，推动新旧动能转换取得实实在在的成效，创新型城市发展格局正在加速形成。

一　洛阳实施创新驱动发展战略的主要做法

近年来，洛阳市围绕发挥优势打好创新驱动发展牌和实现科技创新能力更强奋斗目标，以郑洛新自创区洛阳片区建设为龙头，不断强化人才支撑，着力实施“双倍增”计划，打通“四个通道”、促进“四链融合”，现代创新体系整体效能日益显现，创新驱动发展动力、活力和效率得到极大提升。

（一）强化龙头引领，实现创新动力由薄弱向强劲转变

洛阳不断强化国家自创区、自贸试验区、高新区的新旧动能加速转换动力源作用，最大限度地放大三者聚合发展效应，推动改革、开放、创新“三大动力”联动作用，下大力气推动以上“三区”发展空间、体制机制、功能设置、政策实施深度融合，着力培养一流创新主体、打造高能级创新载体、深化科技体制机制改革，在推动“三区”聚合发展的同时支持各自“裂变”发展，不断为洛阳现代化建设输送发展活力。立足国家战略布局和区域创新需求，洛阳加快建设一系列高能级创新平台载体，创新生态环境不断优化，省级以上创新平台载体累计达到 564 家。大力实施“放管服”改革，行政效能大幅提升，“三十五证合一”“先照后证”“简易注销”便民便企综合改革全面推进，“负面清单式服务”“互联网+政务服务”全市覆盖，推动了格力、银隆等一批大项目快速落地。大力开展体制机制创新和政策先行先试，以上率下，完善工作机制，政府创新行政生态进一步优化。

洛阳省级创新龙头企业和省级重大新型研发机构占全省总数量的比重不断提升，“龙头效应”日益凸显。

（二）集聚创新主体，实现由单一化向多元化转变

企业是科学技术创新的核心主力，高新技术企业是科技创新成果集中爆发的市场主体。近年来，洛阳出台了一系列创新专项支持政策，着力完善企业培育体系，着力培育一大批创新能力强、管理科学规范的企业主体，同时不断健全科技型企业梯次培育机制，拓宽高端创新资源加速集聚的空间范围。充分调动小型市场主体特别是在关键环节、特殊领域“专精特新”中小企业的带动积极性，充分发挥政府专项政策引导和服务举措的引领作用，把“万人助万企”“企业倍增计划”的服务主体范围拓展到高成长性中小企业。坚持以市场化运营机制为导向推进企业孵化育成通过科技、产业、金融赋能，为企业创新创业提供全链条的孵化服务与全生命周期的资源支持，打通从研发到中试放大，到产业化的全流程。到2021年底，洛阳自创区科技型中小企业总量占洛阳市同类企业的比重在60%以上；2021年新认定“隐形冠军”企业7家。人才基础资源支撑作用不断强化，洛阳通过不断完善人才引进政策，强化招才引智工作，实施“河洛英才计划”等人才引进措施，强化产业、企业高端人才支撑，加快建成中西部地区人才高地，截至2021年累计引进院士、长江学者40多名。抓好创新资本运作，引导支持洛阳优秀创新企业争取科技部科技创新重大项目、中科院“弘光专项”等资金支持，积极对接洛阳市支持政策，先后获得“河洛英才计划”1000万元配套资金、洛阳市科技型中小企业“春笋”计划惠企补贴等一系列政策性资金支持。积极对接券商，加快股权改革，鼓励优质创新企业上市融资。截至2021年底，洛阳拥有各类创新主体3647家、创新平台2705个，分别是“十二五”末的2.7倍和2.79倍。

（三）构建创新网络，实现创新资源由分散向集聚转变

近年来，围绕洛阳都市圈建设，洛阳市加快构建、优化区域创新网络，扩大高端人才、核心技术、优质金融资本等要素自由流动聚合空间，强化创新资源互联互通，逐步推动实现创新要素“1+1>2”的效应，打造跨区域创新发展新格局。围绕自创区产业发展和创新需求，在财政支持、法律保

障、高端人才引进、金融支持等方面提供相应的政策支撑，加快建设“周山高新+N”的“一区多园”平台，聚合优势企业、社会团体、大型科研院所优质创新资源，在优化营商环境、改善创新创业生态环境、龙头项目带动建设等方面聚力加力，辐射带动洛阳都市圈产业园区创新驱动高质量发展。政府引领功能极大提高，科技成果转化渠道得到有效拓展，完善展示大院、大所、大企业、人才团队创新成果的公共平台，科技成果转化“最后一公里”充分畅通。着力集聚区域创新发展要素、整合创新资源，推动区域经济和科技创新一体化发展，以高新区周山科创谷为核心枢纽，前瞻性部署建设“洛阳高新—孟津—孟州—济源”科创走廊，加快推进在济源虎岭高新区设立洛阳高新区科创飞地，加强与郑州都市圈、西安都市圈科技创新共建共享，形成全域联动融合创新空间格局。

（四）优化创新生态，实现创新活力由不足向充沛转变

创新生态是创新主体之间及与适合创新活动生长的社会经济制度环境之间的动态演化过程和随之形成的合作共生的开放、复杂的生态系统。优质的创新生态环境，是推动创新源泉充分涌流的关键力量。近年来，洛阳以构建现代创新体系为统揽，抢抓郑洛新国家自主创新示范区、国家小微企业创业创新基地城市示范建设机遇，通过完善支撑政策、创新体制机制、集聚各类创新资源，推动良好的创业创新生态环境再升级，实现全市“双创”活力和动力持续提升。以产业、高校、科研院所、社会团体和政府部门为科技成果转化过程中的重要节点，推动创新链、产业链、资金链、政策链“四链融合”，打破科技成果转化过程中的体制机制障碍，打通科技成果转化“最后一公里”过程中的堵点。因地制宜出台50余项针对性、突破性强的创新政策，完善创新政策链，不断丰富完善现代创新体系“1+3+N”政策体系，以政策支持高质量推动为创新驱动发展的高质量。推出“科技贷”“科技创新券”“天使基金”等科技金融创新产品，拓宽科技型企业融资渠道，有效破解了科技型中小企业融资难、融资贵等难题，推动了科技型企业发展和科技创新水平的提高。打造洛阳都市圈科技金融创新中心，推动区域联动支撑创新发展，探索建立洛阳都市圈“科技创新券”互认机制，推动洛阳与平顶山、三门峡、济源等周边地市“科技创新券”互认机制管理，支持区域间“科技创新券”互用互认试点建设。完善提升“项目+

人才+团队+基地”合作模式，与国内外高校、科研院所联合建立国际科技合作基地，探索开展国际人才引进、管理体制机制试点，面向全国引进并建设院士工作站、创新领军人才和科学家工作室、“河洛英才计划”人才团队等创新团队。重点高效运营科技产品（金融）大市场、科技中介服务平台，畅通政府产业创新机构沟通渠道、军队社会企业创新成果对接转化、市场化运作和人才培育引进管理成长“四个通道”，加快推进产业链、创新链、资金链、政策链“四链融合”。

（五）优化创新服务，实现基础服务向增值服务转变

洛阳紧盯产业发展，持续优化企业创新服务体系。构建创新创业“一条龙”服务体系，在制定并完善各类服务标准的同时，设立孵化首席服务官，形成以创业导师为核心、以创业辅导员为支撑、以企业联络员为协调的创新创业孵化服务体系，实现创业导师创新创业大讲堂、讲座等创业培训活动常态化，提升创业辅导的针对性和科学性，分门别类地为各类创业者提供创业项目论证、政府政策咨询和管理决策等方面内容的辅导，提高对企业、团体和个人创新辅导的成功率。创新金融支撑创新的形式，针对洛阳航空航天、智能装备、新能源、新材料等战略性新兴产业的个性化金融需求，设立“科技创业种子资金”，鼓励有资格的企业以债权或股权的形式满足企业初创期资金需求。强化政府对金融政策的宣传、辅导和培训，积极协助有需要的企业申请大众创业扶持资金、玉洛汇计划扶持资金、小额担保贷款等政府资金扶持。通过与高校及科研院所合作，搭建技术转移和技术服务平台，先后推动洛阳奥博特智能装备有限公司与洛阳兰迪玻璃机器股份有限公司、洛阳罗伊机械有限公司与河南科技大学等单位在搬运机器人、钨钼深加工技术等方面开展技术合作，解决了企业在研发过程中遇到的技术难题。围绕人才引进、培训、沟通和管理四大模块搭建人力资源共享服务平台，化解企业人才供需不平衡难题。政府搭台，积极对接相关用人单位和高校，以线上线下相结合的方式组织校园推介会、人才招聘会，拓宽人才流动渠道。在全球范围内拓展企业创新孵化发展空间，实现由区域性向全球联动转变。洛阳加快在海外科技发展先进地区成立“中国侨联新侨创新创业基地”海外分支机构，成立企业合作服务交流中心，通过举办直通海外的创新创业大赛等交流活动，为跨国双向孵化搭建平台，

打造洛阳“引进来”与“走出去”的国际交流合作平台和招才引智“海外飞地”，实现国内外创新人才、优质资本、前沿技术、大型项目等资源在洛阳加速聚集。以强化与市侨联和省侨联的联系为抓手，打通留学人员实业报国和海外高端人才回流的通道。成功引入一大批具有先进科技创新能力的高层次领军人才和团队，第三代超高速光学相干层析（OCT）3D 成像系统、自体组织再生中心等世界一流项目落户洛阳。

（六）升级发展理念，实现企业培育向产业培育转变

战略性新兴产业是新一轮科技革命和产业转型的指挥棒。2021 年，洛阳大力发展航空航天、新材料、人工智能和高端装备等战略性新兴产业，紧抓科技创新密集型产业、高端文旅文创产业等新业态、新模式，以智慧岛创新社区为重要阵地，提供从初始创新、产业转化到消费者体验的全链条服务，实现传统产业的再升级、风口产业再扩大，培育壮大一批有实力、有规模、有前景的创新型战略性新兴产业，不断优化现代产业体系，激发全市高质量发展新动能。坚持科技创新和产业升级相结合，坚持产业创新的落脚点和出发点，聚焦人工智能、低碳环保、新材料新能源等新兴产业领域关键环节，下大力气做好建链、延链、补链文章，通过不断提升产业链的完整度来带动实现产业竞争力的大幅度跃升。创新招商方式，立足洛阳优势和特色，成立以政府、企业和社会团体为主要成员的产业发展促进会，围绕龙头企业供需上下游产业特色制定产业链图谱，定向锁定关联企业，实现以主导产业为抓手实施产业链招商，打通主导产业上下游企业发展交流合作渠道。绘制企业产品、上下游企业以及销售渠道等情况示意图，以市场需求为线索，定向开展个性化的招商引资活动，实现从“引进企业”向“引进产业”的形式转变，形成高管理质量、高科技创新和高保密要求的重点产业培育、管理和发展格局，在补充完善生物医药、航空航天和人工智能等产业板块的同时，形成个性化、智能化、绿色化、差异化竞争的产业培育新格局。

二　洛阳实施创新驱动发展战略的主要成效

近年来，洛阳市围绕发挥优势打好创新驱动发展牌和实现科技创新能力更强奋斗目标，坚持强化郑洛新国家自主创新示范区洛阳片区的龙头带

动功能，聚焦招才引智，奋力实施“双倍增”，打通“四个通道”、促进“四链融合”，现代化创新体系整体效能日益显现，创新驱动经济社会高质量发展的动力、活力和效率得到极大提升。

（一）创新驱动发展成效显著

“十三五”期间，洛阳全市经济总量稳步增长，突破5000亿元大关，年均增速7.1%，在全国地级以上城市排名由“十二五”末的第49位攀升至第45位，上升4个位次，关键经济指标增速连续多年高于全国、全省平均水平，处在全省前列。其中规模以上工业增加值年均增速7.5%，分别高于全国、全省平均水平2个和1.3个百分点。固定资产投资年均增速10.6%，分别高于全国、全省平均水平4.7个和1.7个百分点。科技进步对经济增长贡献率由“十二五”末的55%提高至2020年的63%。2021年，全市生产总值实现5447.1亿元，同比增长4.8%，经济总量在全国地级以上城市排名保持前45位。一般公共预算收入完成397.9亿元，同比增长4.8%。规模以上工业企业实现利润总额285.3亿元，同比增长34.4%。居民人均可支配收入达30219元，同比增长7.6%。2022年第一季度，全市生产总值实现1348.5亿元，同比增长4.7%，经济总量在全国地级以上城市排名保持前45位。社会收入有效提升，其中一般公共预算收入完成117.3亿元，同比增长11.7%，规模以上工业增加值同比增长7.2%，固定资产投资同比增长11.2%，居民人均可支配收入达8585元，同比增长6.2%。

（二）创新资源聚合效应凸显

洛阳市坚持把规上工业企业研发活动全覆盖与培育壮大创新主体有机结合起来，构建完善“小升高、高升规、规变强”创新主体培育体系，加强高新技术企业培育库市县联动建设，广泛开展企业“四有”活动，落实完善研发费用加计扣除、研发投入财政后补助等创新激励政策，不断提高企业创新能力和核心竞争力。“十三五”期间，全市创新主体从1673家增至2026家，高新技术企业从201家增至755家，较“十二五”末增长276%；国家科技型中小企业总数达到1880家，占全省的16%；省级创新龙头企业20家，占全省的20%；建龙微纳成为全省第一家“科创板”上市企业。创新平台提质扩量，联手中科院、清华大学等建成14家新型研发机构，其中省级 11 家、省重大 5 家，孵化引进企业 200 余家；创新平台（载体）从 1130 个增至 1977 个，其中国家级 93 个、省级 643 个，国家农机装备创新中心等“国字号”平台落地。创新人才广泛汇聚，通过“河洛英才计划”落地创新创业人才（团队）35 个，引进高层次人才 350 名，其中“两院”院士 11 名，培育河南省“中原学者”4 名、中原科技（产业）创新（创业）领军人才 18 名，选树“河洛大工匠”29 名、“河洛工匠”205 名，培养“中原大工匠”4 名。洛阳成为全国唯一一家 5 次承办中国创新创业大赛行业全国赛的城市，累计吸引北京、深圳等地 38 个企业（团队）落地创业。创新企业集群逐步形成。2021 年，全市高新技术企业总数达 903 家，较 2015 年增长 3.61 倍；入围首批省“瞪羚”企业 13 家，培育省创新龙头企业 25 家，占全省的 21.6%；入库国家科技型中小企业 2228 家，占全省的 14.7%。

（三）创新创业环境持续优化

洛阳市大力支持鼓励创新的政策导向愈加鲜明，形成“1+3+N”政策体系，以政策红利激发创新创业活力。推进科技创新领域“放管服效”改革，外国人来华工作许可、省级产业技术创新战略联盟 2 项省级管理权限下放业务承接到位。建立“1+11+N”科技金融体系，设立科技支行 9 家，在全省率先推出“科技贷”“科技创新券”，与平顶山开展“科技创新券”互认互用，累计为企业贷款授信超过 5 亿元、发放“科技创新券”3.02 亿元，引导全社会研发投入 14.83 亿元；推动“科技贷”“成果贷”联动试点，是全省唯一实施探索科技成果风险补偿新模式的地区。知识产权主要指标稳居全省前列，2020 年万人发明专利拥有量 11.67 件、知识产权质押融资 4.28 亿元，商标权质押融资实现全省零的突破。推动创新成果落地转化，全市各级技术转移示范机构 52 家，其中国家级 1 家、省级 27 家、市级 24 家，技术合同登记站实现县区全覆盖。高效运营科技中介超市、洛阳科技（金融）大市场，广泛开展“科创成果直通车”系列活动，入选国家知识产权运营服务体系建设重点城市。

（四）创新平台建设提质增效

以创新平台倍增行动为抓手，围绕重点产业布局建设一批高能级创新平台，洛阳全市目前创新平台总数达到2380个，其中国家级97个、总数居全省前列。农机装备领域唯一的国家制造业创新中心落户洛阳，先进耐火材料、拖拉机动力系统国家重点实验室的重组建设方案上报国务院国资委；普莱柯生物安全三级实验室获批建设，龙门实验室揭牌运行，全省首家省级重点实验室分实验室——河南省成像与智能处理重点实验室分实验室等获批建设；洛阳理工学院大学科技园跻身国家级大学科技园，洛阳高新区留学生创业园、863创智广场、炎黄科技园晋级国家级科技企业孵化器。多方筹备合力建设新型研发机构。通过强化与中国科学院、清华大学、上海交通大学、大连理工大学交流合作，成功建立高能级新型研发机构，其中11个研发机构备案为省级，5个研发机构入选省重大新型研发机构目录。自创区改革"试验田"作用得到充分发挥，顶层设计不断完善，先行先试政策红利得到充分利用，科技管理体制改革不断引向纵深，成为洛阳市实施创新驱动发展战略的先进示范。比如，完善人才、项目评定标准体系，组建洛阳自创区工程系列高级职称评审委员会，成为河南最早获得评审权的地区之一；河南科技大学入选河南省首批"河南省赋予科研人员职务科技成果所有权或长期使用权改革试点单位"；破除科技创新工作中的体制机制障碍，创新科技管理组织模式，创造性地提出并制定"揭榜挂帅"等解决重大科技创新项目攻关的团队选择问题，调动一切可以利用的社会力量突破当地重点产业行业发展关键环节亟须解决的"卡脖子"难题；站位国家战略和区域发展两个大局，主动作为，以服务和融入国家战略为切入点，积极建设国家区域科技创新中心，更多更好地利用国家层面的政策红利，加快实现创新政策在洛阳先行先试，落地生根；集全市之力，持续推动洛阳形成"主副引领、两轴支撑、多极驱动、全域协同"的创新发展局面。

（五）自创区龙头作用显著增强

洛阳大力开展体制机制创新和政策先行先试，加速"三区融合"发展，形成"科技+服务"的政务服务新模式，在全国高新区中率先开展工程系列机械、化工专业高级职称评审，构建《关于加快推进洛阳国家自主创新示范区建设的若干意见》提出的"1+3+N"政策体系。在全省率先完成高新区扩区35.5平方公里，"一区多园"扩容到11个科技园区，洛阳高新区与济源虎岭高新区共建伙伴园区。实施郑洛新国家自创区创新引领型产业集群专项，形成先进装备制造、钛钼钨金属材料等产业集群。区内高新技术企业达488家，占全市的64.6%；国家科技型中小企业1125家，占全市的59.8%；省级以上创新平台达559家，占全市的76%。双创工作成效明显，入选国家第三批双创示范基地（精益创业方向）、国家首批百城百园行动实施主体。制定出台《洛阳市重大科技创新专项管理办法（试行）》《洛阳市揭榜挂帅重大科技创新项目管理办法（试行）》，聚焦产业链中高端、关键环节“卡脖子”难题，统筹实施揭榜挂帅、重大科技专项等100余项，承担中央引导地方科技发展项目20余项，实施两批次自创区产业集聚专项课题18项，推动开发战略性新产品140项、关键技术和新工艺700余项。全市共获国家科技奖21项、省科技进步奖91项，“洛阳创新”建功大飞机、北斗系统、“天宫”等大国重器。

（六）高端创新人才不断集聚

大力实施“河洛英才计划”，加强领军型、高层次型、紧缺型人才（团队）引育，着力建设一支种类齐全、素质优良、梯队衔接的创新创业人才队伍。累计引育“河洛英才计划”人才（团队）35个、引进各类人才984人，成功引进中科院自动化所、中科院计算所、清华大学、深圳光启等国内知名高校、科研院所来洛建设新型研发机构17家。建立院士工作站11个、博士后科研工作站31个（含分站）、省级博士后创新实践基地15个。成功培育“中原学者”13名，组建中原学者科学家工作室3家，培育中原科技（产业）创新（创业）领军人才24名。推进规上工业企业研发平台全覆盖，全市各类创新服务平台达到1977个，是“十三五”初的2.04倍。洛阳成立了在全国农机行业唯一的国家级制造业创新中心，国内首台纯电动无人拖拉机、5G+氢燃料电动拖拉机树立了智能农机行业新标杆。建设新型研发机构，强化了与中国科学院、清华大学、北京交通大学、大连理工大学等优质科研院所和高校合作并建设运营新型研发机构，其中11个研发机构备案为省级，其中5个入选省级重大新型研发机构。

（七）科技体制改革稳步推进

修订《洛阳市应用技术研究与开发资金管理使用办法》，在全省率先实现包含设备费在内的科技项目直接费用调剂权全部下放项目承担单位；赋予项目承担单位在不降低研究目标的前提下自主调整项目研究方案和技术路线的权力，最大限度调动科研单位的积极性、主动性。建立以用人单位为主体的人才评价体系，深化科技成果所有权、处置权和收益权“三权分置”改革，支持高校、科研院所赋予科研人员不低于80%的科技成果所有权和成果转化收益权，充分调动创新人才积极性，河南科技大学获批省赋予科研人员职务科技成果所有权或长期使用权改革试点。连续多年承办举办中国创新创业大赛先进制造行业总决赛、创业之星大赛、清华校友“三创”大赛、中国·河南开放创新暨跨国技术转移大会洛阳专场活动等活动，落地优质项目105个。

（八）科技金融发展取得突破

积极探索财政科技资金投入方式改革创新，因地制宜对企业等创新主体提供风险管理、奖励补贴支撑、投资决策服务等科技金融支持产品，推出了科技“创新券”“科技贷”“科技创新券”“天使投资基金”等科技金融产品；强化政府引导支撑作用，坚持财政资金引导产业创新，充分利用地方和国家各大银行信贷投放对创业投资的支撑作用，尊重民间投资的辅助功能，统筹间接融资与直接融资两种方式，支持鼓励有条件的优质企业通过各类金融市场上市融资，实现市场、企业、政府和社会通力协作、金融联动融合发展的崭新模式。目前，洛阳已设立包括“洛阳嵩山科技创新股权投资基金”“智能装备产业投资基金”在内的7支各类创业创新投资基金，基金总规模超过500亿元；推动“科技贷”与10家银行签署合作协议，银行授信额度不断提高，达到7.9亿元。在一系列金融创新产品服务的帮助下，洛阳企业通过“科技贷”降低融资成本达到50%以上，获贷企业同期销售收入平均增长20%以上，洛阳在破解科技型中小企业融资难、融资贵方面进行了有益探索和尝试。

第四节　洛阳实施创新驱动发展战略的经验与启示

洛阳市坚定不移实施创新驱动发展战略，坚持以创新引领经济社会全方面高质量发展，在创新发展实践中逐步深化了认识、总结了经验、形成了启示，主要有以下七个方面。

一　实施创新驱动发展战略，必须围绕“风口”产业抓创新

新一轮区域经济版图正在加速重构，其本质特征是变革、根本动力是创新、决定因素是产业，要想赢得竞争优势，就必须大力发展“风口”产业、必须围绕“风口”产业强化科技创新。洛阳市综合分析产业发展趋势和自身产业基础，系统梳理产业链、供应链，确定了新能源电池、电子化工、光电元器件、农机装备、航空装备、高端轴承、耐火材料、电子显示材料、生物疫苗、人工智能 10 个重点发展的“风口”产业集群，并围绕产业集群布局创新平台、制定产业政策，集中力量开展科研攻关，完善配套科技创新体系，推动各类创新资源向优势传统产业和新型战略型“风口”产业集聚，在推动传统产业提质增效的同时，有力推动了传统产业向“风口”产业转型。实践证明，只有把产业落到“风口”上、把创新落到产业上，以技术突破带动“风口”产业发展，才能真正找准科技创新的着力点，才能不断塑造产业发展新优势。

二　实施创新驱动发展战略，必须打造具有较强引领性的创新空间

一个城市的竞争力往往取决于城市的聚合能力，特别是对创新资源的聚合能力。坚持以科技创新引领产业升级，需要把科技、产业和城市发展有机融合起来，规划建设具有引领性、代表性、支撑性的创新空间。洛阳市坚持前瞻 30 年、谋划 15 年、做实近 5 年，着眼调整优化全市域创新生产力布局，着力抓好“一核两基地”规划建设。“一核”就是以郑洛新国家自创区洛阳片区为核心，“两基地”就是高标准规划建设伊滨科技城、加快重塑重振洛阳高新区，着力打造引领带动全市创新发展的动力源。目前，自创区已经成为全市资源最密集、创新最活跃、成果最丰硕的创新策源地，伊滨科技城总体发展规划正在加紧编制完善，洛阳高新区正在实施重塑性改革，引领带动全市创新发展取得显著成效。实践证明，只有强化前瞻思维，谋划打造重大创新空间，才能不断优化全市域创新生产力布局，更好地促进各类创新资源集聚汇聚，真正形成吸引各类创新要素的“强磁场”。

三　实施创新驱动发展战略，必须以创新平台建设为突破口

平台、人才、资本是创新发展最为关键的要素，建好创新平台可以有效对接和整合更多创新人才、创新资本。凡是创新活力较强的城市，都有一大批创新平台作为支撑。洛阳市坚持把建好创新平台作为推动科技创新的关键抓手，加快打造高能级创新平台矩阵，围绕构建产学研一体化创新体系，高起点重塑重构实验室体系，统筹推进产业研究院、中试基地、孵化平台建设；围绕发展中小微科创企业，规划建设了一批科技产业社区；围绕拓展创新资源空间范围，加快在国内外创新先进地区建设“飞地孵化器”。2021 年以来，全市创新平台建设提质增效，新增各类创新平台 412 个，形成了各类创新资源的集聚地。实践证明，抓创新必须把抓平台摆在重要位置，建好创新平台才能更好地聚人才、聚资本，创新发展才能真正抓到点子上。

四　实施创新驱动发展战略，必须以实用为导向大力引育创新人才

青年人是最具创新意识和创新能力的群体，一个城市要实现创新发展，就必须聚集大量的人才，特别是青年人才，否则城市就没有竞争力。洛阳市结合青年友好型城市、创新型平台城市建设，着力构建“以用为本、市场导向”的人才引育机制，紧盯“风口”产业发展，精准引育急需紧缺人才；突出用人单位主体地位，探索实行免评选“直通车”等人才评价方式，构建“谁用人、谁评价”的市场化人才评价机制，将政策奖补对象由人才转向用人单位；探索异地用才新模式，引导支持有条件的企业跨区域设立研发中心；加快建设青年友好型城市，提供“集成化”政策服务、“一站式”生活服务、“全链条”金融服务等，解决人才后顾之忧。实践证明，引育创新人才必须转变人才引育模式，围绕人才引育、评价、激励等关键环节，将人才认定主体由政府部门转向用人单位，精准制定人才政策，实现人尽其才、才尽其用、用尽其能。

五　实施创新驱动发展战略，必须千方百计强化资本运作

一个地方的经济发展水平在很大程度上取决于资本运作水平，抓科技

创新必须抓金融保障，为科技创新提供更多“金融活水”。洛阳市注重发挥政府科创引导基金作用，统筹抓好“募、投、管、退”等环节，做好“引投结合”，通过“引导基金+天使基金”扶持初创期企业，通过“引导基金+市场化基金+投贷联动”扶持快速成长期企业，通过发行企业债券、推动上市融资扶持成熟壮大期企业，全市研发投入强度连续 3 年居全省第一位。实践证明，抓好科技产业资本运作至关重要，必须完善以政府科创引导基金为牵引的科技产业投融资体系，紧盯各类“风口”企业不同发展阶段的个性化融资需求，提升多层次资本市场对科技创新的服务能力，强化政府资金的引领示范作用，以优质政策引导社会资本参与科技创新、产业转型。

六　实施创新驱动战略，必须培育壮大优质创新主体

企业是创新的主体，推动创新发展离不开大量的创新型企业作为支撑。洛阳市聚焦全面落实高新技术企业倍增计划，积极承接高新技术企业评审省级权限，建立高新技术企业培育库并对入库企业实行动态管理、跟踪服务，2021 年全市高新技术企业达 903 家；持续实施高成长性企业培育行动，遴选一批创新能力强、市场前景好、发展速度快的高成长性企业作为试点企业，加大政府产业投资支持和引导力度，87 家试点企业 2021 年主营业务收入同比增长 18.5%，其中 9 家实现倍增发展；加强科技型初创企业孵化育成，完善对孵化载体的奖励措施，营造一流的创新“小生态”，着力孵化汇聚大量的创新型小微企业。实践证明，抓创新必须抓企业，只有让企业成为科技创新的主体，孵化、培育、壮大、汇聚大量的创新型企业，才能激发创新发展源源不断的动力、活力。

七　实施创新驱动发展战略，必须深化创新体制改革

深化创新体制改革能最大限度盘活资源，激发创新潜能，进而推动科技成果转移转化，为产业链、供应链提供有力支撑。洛阳市以推进创新发展综合配套改革为抓手，落实企业研发费用加计扣除等支持政策，建立年度研发投入“十强十快”企业奖补等激励机制，充分调动各类企业特别是民营企业的创新积极性；支持高校、科研院所深化运行管理、科研管理和人事薪酬管理机制改革，与企业、协会合作建设新型研发机构，引进专业化技术转移机构，加速科技成果就地就近转化；深化科技成果所有权、处

置权和收益权“三权分置”改革，让创新人才得到更多“真金白银”的回报。全市科技创新和成果转化质量不断提升，2021 年技术合同成交额占地区生产总值的比重达 1.55%，高于全省平均水平 0.52 个百分点。实践证明，促进创新发展必须深化创新体制改革，围绕调动创新积极性打通体制机制“梗阻”、补齐政策制度短板，着力营造有利于科技创新和成果转化的良好生态。

第六章　创新驱动发展的新乡模式

新乡是豫北地区重要中心城市。多年来，新乡始终将创新作为发展第一动力，坚决贯彻中央、省决策部署，深入实施创新驱动发展战略，以国家创新型城市建设为契机，以郑洛新国家自主创新示范区建设为抓手，依托丰富的科教资源，不断增强创新能力，加速创新要素集聚，强化创新主体培育，促进创新生态优化，促进科技进步与经济社会发展紧密结合，创新驱动活力持续迸发，科技创新成果不断涌现，科技竞争力不断增强，为新乡经济社会高质量发展注入了强劲动力。

第一节　新乡市经济社会发展基本情况

近年来，面对错综复杂的外部环境和艰巨繁重的改革发展稳定任务，特别是重大洪涝灾害和新冠肺炎疫情叠加给全市经济发展带来的严重冲击，新乡市始终坚持以习近平新时代中国特色社会主义思想为指导，坚决贯彻中央、省决策部署，统筹推进防汛救灾、灾后重建、疫情防控和经济社会发展，奋力拼搏、攻坚克难，经济社会各项事业在逆境中稳步推进，经济韧性不断增强、转型升级不断深化、社会民生稳步改善，在全省发展大局中的地位和作用更加凸显。

2021 年，新乡全市生产总值 3232.5 亿元，居全省第 6 位，比上年增长 6.6%，高于全省平均水平 0.3 个百分点，其中市本级 1032.7 亿元，占全市的 31.9%；规模以上工业增加值同比增长 8.3%，高于全省平均水平 2 个百分点；固定资产投资同比增长 12.1%，高于全省平均水平 7.6 个百分点；社会消费品零售总额同比增长 9.3%，高于全省平均水平 1 个百分点；一般公共预算收入 208.3 亿元，居全省第 4 位，同比增长 9.7%，高于全省平均水平 5.4 个百分点，其中市本级 63.8 亿元，占全市的 30.6%。2021 年末，全市常住人口 617.1 万人，其中城镇常住人口 360.3 万人，乡村常住人口 256.8 万人；常住人口城镇化率为 58.39%，较上年末提高 0.81 个百分点。全年人均地区生产总值 5.2 万元，比上年增长 7.2%。

一 创新驱动活力迸发

新乡市坚持把科技创新作为高质量发展的第一动力源，以载体、主体、平台、项目、人才、机制等要素为抓手，加快构建现代创新体系，努力打造国家创新高地，科技创新成果不断涌现，创新驱动活力持续迸发。2021 年，新乡成功入选国家创新型城市建设名单，总体科技创新实力居全省第三位。自创区引领作用不断增强。在全省率先推进高新区“全员聘任、绩效考核、薪酬激励”管理体制改革、率先推进政策创新，作为自创区核心的新乡高新区，发展量连续 3 年（2018~2020 年）居河南省自创区考核首位，全国综合排名达第 68 位，较自创区获批前提升 24 个位次。研发投入持续增长。2021 年新乡全市财政科技支出达到 13.57 亿元，同比增长 34.6%，是同期一般公共预算财政支出增幅（7.1%）的 4.9 倍；2015 年以来，年均增速 27.4%，是同期财政支出增速（8.5%）的 3.2 倍，占一般财政支出比例从 1.02%提升到 2.68%；推进高新技术企业税率优惠和研发费用加计扣除协同管理，2021 年全市预计享受高新技术企业所得税减免 3.05 亿元，研发费用加计扣除 4.12 亿元；完成技术合同成交额 36 亿元，同比增长 30%。2021 年全社会研究与试验发展（R&D）经费投入强度达到 2.29%，居全省第三位，连续多年位居全省前列。产教融合释放发展新动力。新乡科教资源丰富，拥有河南师范大学、新乡医学院、河南科技学院等 12 所高校，是中西部地区高校数量最多的非省会城市，拥有国家级科研院所 4 家，随着政产学研融合不断深入，科技成果向生产力加速转化。

二 产业转型步伐加快

新乡依托丰富的科教资源和创新资源，不断推动产业结构优化升级，着力构建现代产业体系，加快构建“542”先进制造业体系，推进制造业高端化、智能化、服务化、绿色化、集群化发展，做优做强支柱产业，改造提升传统产业，大力培育战略性新兴产业，依托在基因工程、氢能与储能等方面先发优势，前瞻布局未来产业，壮大现代服务业，推进农业提质增效，产业转型步伐不断加快。第一，制造业发展提质。新乡市规模以上工业企业达到 1617 家。培育国家级技术创新示范企业 3 家；培育制造业单项冠军企业 3 家，居全省第 4 位。上市企业总数达到 7 家，新三板挂牌企业 29 家，华兰疫苗成就全省 2022 年上市第一股，实现直接融资 23.99 亿元。新乡高技术产业增加值增长 23.7%，高于规模以上工业增加值增速 15.4 个百分点；战略性新兴产业增长 13.9%，占规模以上工业的 23%。第二，现代农业基础巩固。中原农谷启动建设，延津县、平原示范区获批国家现代农业产业园，延津丰产示范方刷新全国冬小麦单产最高纪录，全年实现粮食总产 86 亿斤，在全省粮食安全责任考核中居第 1 名。第三，现代服务业提档升级。成功列入国家骨干冷链物流基地，南太行旅游度假区获批国家体育旅游示范基地，八里沟获批国家 5A 级旅游景区；市融资担保公司揭牌成立，平安银行获批开业，新乡农商银行获批筹建。电子商务交易额 215 亿元，同比增长 24%。成功举办黄河保护与文化发展论坛、“直通 WTT 大满贯·世乒赛”暨奥运模拟赛、首届中国新乡（南太行）体育文化旅游产业交流大会等重大活动。

三　城乡发展提质提效

新乡统筹推进疫情防控和灾后重建各项工作，不断提升基础支撑能力，推动城乡协调发展。一是城市功能不断完善，2021 年新乡中心城区开工 287 个提质项目，完成投资 110 亿元；打通 10 条“断头路”，改造提升 16 条道路；建成公园游园 15 个，新增绿化面积 50 万平方米；完成 4.7 万户老旧小区改造；全面启动平原科教城规划建设，新签约高校 3 所；长垣市入围全国综合实力百强县。二是基础设施建设提速，交通设施项目完成投资 108 亿元，首次突破百亿元大关；新晋高速平原段、G107 新乡境改建工程贯通，菏宝高速辉县站开通；长修高速、G230 封丘开封黄河大桥及连接线项目开工建设；郑济铁路新乡段进入联调联试阶段；总投资 126 亿元的九峰山抽水蓄能电站列入国家规划，装机规模居全省首位。新建 5G 基站 2675 个，实现乡镇以上全覆盖。三是乡村振兴稳步推进，投入产业帮扶资金 6.3 亿元，新增产业帮扶项目 207 个，带动 20.8 万脱贫户和监测对象稳定增收；消除返贫致贫风险 1.28 万人，确保了不发生规模性返贫；黄河滩区迁建安置区全部建成，16 万滩区群众分房到户；新创建省级“千万工程”示范村 60

个，改建无害化卫生厕所 7.5 万户；新改建农村公路 257 公里，20 户以上自然村全部通硬化路。

四 民生福祉全面改善

新乡牢牢扭住保障和改善民生这一着力点，持续增进人民福祉，民生保障水平不断提高。一是加强基本民生保障。2021 年新乡民生支出 362 亿元，城镇新增就业 9.06 万人，新增农村劳动力转移就业 4.3 万人；提高养老保险待遇和低保补助标准，发放救助补助资金 4.38 亿元，保障城乡低保对象 12.7 万人；建成棚改安置房 2840 套，公租房 3700 套；养老服务床位达到 3.3 万张。二是大力发展社会事业。新建改扩建幼儿园 10 所，增加学位 2040 个；520 所中小学校食堂完成“互联网+明厨亮灶”建设任务；高考一本上线率稳居全省第一方阵。零售药店医保支付系统实现市县互通，紧密型县域医共体建成，中心医院东院区竣工开诊，4 所县级医院升级为三级医院。三是改善城乡生态环境。新建污雨水管网 22.8 公里，消除黑臭水体 17 条；排查治理河湖“四乱”问题 211 个，57 个入河排污口整治到位；建成投运生活垃圾焚烧发电项目 2 个，新增日处理能力 2200 吨；《新乡市北部矿山生态保护与修复条例》正式实施，历史遗留矿山修复治理完成率 98%；完成造林 17.5 万亩；PM10、PM2.5 平均浓度分别为 93μg/m^3、47μg/m^3，优良天数 226 天，均完成省定目标任务。

第二节 新乡市实施创新驱动发展战略的背景及意义

当前，世界百年变局和世纪疫情交织，国内外发展环境深刻变化，我国经济发展面临诸多矛盾相互叠加的严峻挑战，也面临发展大有作为的重大机遇。面对实现“两个一百年”奋斗目标的历史任务和要求，立足全局、面向未来，新乡市加快实施创新驱动发展战略，不仅是承接国家使命和实施国家战略的必然选择，是落实省委、省政府创新高地建设的重要基石，也是推进新乡经济社会高质量发展的唯一路径。

一 是承接国家使命和实施国家战略的必然选择

党的十八大以来，我国坚持实施创新驱动发展战略，走中国特色自主创新道路，不断推动以科技创新为核心的全面创新，激发全社会创新创业潜能，科技创新对经济增长的贡献日益显著，为顺利实现新旧动能接续转换提供了有力支撑，已成为我国国民经济持续健康发展的重要推动力。党的十九届五中全会指出，坚持创新在我国现代化建设全局中的核心地位，把科技自立自强作为国家发展的战略支撑，这是着眼国内国际两个大局和构建新发展格局的关键所在。近年来，习近平总书记先后四次亲临河南视察，发表重要讲话，做出“四个着力”“四张牌”“三个转变”等重要指示，强调要以构建自主创新体系为主导推进创新驱动发展，寄予河南“奋勇争先、更加出彩”的殷殷嘱托，而“争先”“出彩”都离不开科技创新。同时，粮食生产核心区、中原经济区、国家自主创新示范区、黄河流域生态保护与高质量发展、创新型城市等一系列国家战略在河南、在新乡不断叠加，共同构成了引领带动经济社会发展的战略组合，战略叠加效应不断发挥作用，为新乡发展提供了千载难逢的机遇。面对这不可多得、稍纵即逝的战略机遇期，新乡必须坚持以科技创新强大的生命力和推动力，打造高质量发展的核心竞争力，面向国家重大需求，瞄准重要科学技术和“卡脖子”难题，与国家的科技计划、攻关计划相对接，找准经济发展定位，汇聚创新动能，实现新的突破和跨越，成为国家、省战略科技力量的重要组成部分，如此才能更好地承接国家使命、服务国家战略。

二　是落实省委、省政府创新高地建设的重要基石

近年来，河南省委、省政府高度重视科技创新工作，把创新摆在全省发展的逻辑起点、现代化建设的核心位置，以前瞻 30 年的眼光想问题、做决策、抓发展，河南省第十一次党代会提出“两个确保”奋斗目标，做出实施“十大战略”部署，并将“创新驱动、科教兴省、人才强省战略”列为“十大战略”之首，提出“建设国家创新高地”新目标，强调“不进则退、慢进亦退、不创新必退”，主动对接国家战略科技力量体系，高规格成立科技创新委员会，系统谋划、高位推进科技创新工作，释放出坚定走以创新驱动高质量发展“华山一条路”的强烈信号，树立了大力推动科技创新的鲜明导向。新乡作为豫北重镇、郑州都市圈核心圈层，更要把创新摆在发展全局的重要位置，聚焦战略、服务河南，充分发挥新乡区位、农业、工业、自然环境等方面的独特优势，积极主动面向全省产业结构调整和经

济转型升级思考和谋划自己的创新使命与担当，促进相关领域技术变革及新产业诞生，为河南省经济社会高质量发展提供有力的科技支撑，为河南实现“两个确保”夯实基础。

三　是新乡推进经济社会高质量发展的唯一路径

当前，我国已进入高质量发展阶段，宏观经济增速趋缓，随着新发展格局的不断形成，新乡经济运行的外部环境和内部条件都发生了重大变化。新乡市面临着前所未有的机遇与挑战并存的复杂形势，经济发展的传统优势减弱，而新的发展动能尚在培育之中，深层次问题仍未完全破解，且标兵渐远、追兵渐近的区域竞争日趋激烈，新乡承受着“不进则退、慢进亦退”的巨大压力。在新一轮科技革命和产业变革加速演进的大背景下，创新已成为决定区域核心竞争力的关键因素，是走好经济高质量发展之路的动力源。只有立足创新，培育新的经济增长点，打造发展新动能，才能在竞争中赢得主动、赢得先机，才能保持经济长期可持续发展。因此，更应该深刻把握时代特征，以新发展理念应对新形势，从经济社会发展的迫切需求和长远需求出发，充分发挥好创新在世界百年未有之大变局中的关键变量作用，与国家、省战略科技力量紧密对接，全面实施创新驱动发展战略，举全市之力打造创新驱动发展的大平台，在转变发展方式上动真格，在推动产业组织创新上谋实效，挖掘优势，突出特色，着力探索特色产业和特色发展模式，打通创新与产业发展的“通道”，促进产业技术创新和全社会创新创造，才能走出具有时代特征、地方特色的新乡发展新路，推动新乡经济高质量发展。

第三节　新乡市实施创新驱动发展战略的做法与成效

近年来，新乡始终把郑洛新国家自创区建设作为全市高质量发展的重要抓手，将创新作为引领发展的第一动力，深入实施创新驱动战略，强化创新平台打造，加强创新主体培育，加快创新成果转移转化，促进创新产业发展，优化创新生态建设，创新驱动发展取得了显著成效。

一　抢抓政策发展机遇，强化创新平台打造

面对河南重塑实验室体系、建设“中原农谷”、重建重振省科学院和

“双一流”学科建设等重大机遇，新乡着眼大局、立足实际、先谋快动，积极对接国家、省战略科技力量，把加强科技创新平台建设作为深入实施创新驱动发展战略、提升企业自主创新能力、增强产业核心竞争力的重要抓手，不断完善科技创新服务体系，提升科技创新服务水平。

一是抢抓国家、省重塑实验室体系机遇。建设省级实验室是构建河南省科创体系的重要组成部分，是河南打造国家创新高地的重要战略抓手。河南省抢抓国家优化区域创新布局机遇，不断推动省级实验室体系重构重塑，2021 年相继揭牌运营了嵩山实验室、神农种业实验室、黄河实验室 3 家省实验室。面对河南省重构重塑实验室体系建设机遇，新乡深入实施研发平台体系锻造工程，加快推进创新平台建设运营，已建立省级重点实验室 23 家，覆盖领域包括生物医药、化工、农业、机械、电子信息等，成为新乡开展高水平应用基础研究的科技创新基地；建立新型研发机构 29 家，先后争取 4 家省产业研究院和 3 家省中试基地，均居全省第 2 位。正在全力支持河南师范大学争创细胞分化调控与靶向药物国家重点实验室；依托河南师范大学等高校在人才、创新、技术、学科各方面的优势资源，整合华兰生物等资源，引进林圣彩院士等高端人才，筹建太行实验室；省生物育种产业共性关键技术创新及转化平台初步建成，华兰疫苗建成全国首家人用疫苗企业端 P3 实验室，华大基因华中中心生物医学基因库、茵特赛尔综合细胞库及区域性细胞制备中心、华隆人类干细胞资源库等创新资源基础设施布局建设，逐步构建起生物医药产业创新极。

二是抢抓“中原农谷”建设机遇。国以农为本，农以种为先。习近平总书记强调，粮食安全是“国之大者”，种子是我国粮食安全的关键。聚焦国家种业、粮食安全重大科技需求，建设中原农谷，既为切实解决民族种业问题提供有力支撑，又将助力河南尽快建成国内一流农业科技创新高地，促进河南从农业大省向农业强省转变。新乡作为豫北粮仓，是全国重要的商品粮基地和优质小麦生产基地，拥有较好的农业基础、产业基础和雄厚的农业科研力量，“中原农谷”的落户为新乡带来了重大的历史机遇。新乡认真落实省政府出台的《“中原农谷”建设方案》，聚力打造“四大中心、两个示范区”，围绕种业、功能食品、现代农业全产业链智能化发展等重点领域，推行“管委会+公司”管理模式，高质量编制农谷建设规划，制订年度工作计划，谋划建立“中原农谷”项目储备库，推动更多涉农研发机构、企业、金融资本、高端人才等集聚，促进农业科技创新，打造现代种业高地，为建设新乡现代农业强市奠定坚实基础。加快“一核三区”建设，加快推进国家生物育种产业创新中心和神农种业实验室总部建设，培育和打造未来引领我国种子产业发展的战略科技力量，助力解决种业领域“卡脖子”技术问题，实现种业科技自立自强、种源自主可控，从源头上保障国家粮食安全。启动河南省区域性种质资源保护利用库建设。

三是抢抓省科学院重建重振和“双一流”学科建设机遇。建设国家创新高地，河南必须补齐科技创新和高等教育两大短板。河南省委、省政府前瞻30年谋划重建重振省科学院工作，谋划推动河南高校“双一流”建设，并将其作为河南提升创新能力和核心竞争力，加快建设国家创新高地、全国重要人才中心的一项重大举措。新乡抓住省科学院重建重振和“双一流”学科建设机遇，围绕办学空间、公共设施、人才政策、医疗教育等构建全方位政策服务体系，促进校地、院地合作走深走实；整合资源优势，探索科研院所、高等院校和地方政府创新要素集聚合作新模式，充分利用中电科22所和河南师范大学的科技优势、人才优势和国际合作优势，联合共建“两室一院一平台”，即中原数字技术重点实验室、深部地下多物理场探测技术重点实验室，电波研究院，地下空间多物理场综合实验平台，积极谋划实施“两室一装置”科研项目，积极融入省科学院体系，对接中原科技城建设，形成“高校即实验室、城市即孵化器、企业即创新场”的创新发展新格局。加快高校科研机构创新发展，提升科技研发自主创新能力。支持高校布局、学科学院和专业设置的优化调整，打造“学院、学科研究室、产业研究院”共同体。

二 加强创新主体培育，增强企业创新能力

近年来，新乡充分发挥企业创新主体作用，强化企业创新意识，贯通产学研用，构建以企业为主体、以市场为导向、产学研用协同的技术创新体系，以项目为引领，着力突破重大关键技术，强化梯次培育，不断调动企业创新积极性，增强企业创新动力。

一是贯通产学研用，提升企业创新能力。为切实服务企业科技创新发展，培育高质量的市场主体，新乡市建立规上工业企业研发活动全覆盖工作专班，通过精准服务，梳理企业技术需求，深入实施规上工业企业研发

活动全覆盖，引导企业加大研发创新力度。注重基础研究和应用研究融通发展，促进创新链、产业链深度融合，推动“基础研究—技术攻关—技术应用—成果产业化”有机衔接，打造全生命周期的创新生态。不断完善产学研用协同创新机制，加强企业、高校、科研院所一体化发展，积极搭建企业与高校、科研院所“一对一”对接平台，建立校地合作产学研联盟，开展“企业进高校”“高校进企业”活动，在更深的层次上和更广泛的范围内统筹创新资源，推动科技创新上游、中游、下游协同集成，提高科研成果转化效率。河南师范大学的核苷（系列）技术成果打破了国外对核苷市场的垄断，已经建成了国内品种最多最全、能够大批量生产核苷产品的国家高技术产业化示范工程基地，其助力拓新生化公司上市两级跳，分别于 2017 年在新三板上市，2021 年在创业板上市，并带动了一批产业集聚，形成了新乡校企合作的“拓新模式”。河南科技学院充分发挥高校服务“三农”优势，支撑百农种业公司育成“百农 207”，“百农 207”抗灾能力强、广适优质、稳产高产，年推广面积 2000 万亩以上，成为河南和黄淮南片麦区第一大品种和全国种植面积最大的小麦品种。

二是着力项目引领，突破重大关键技术。关键核心技术是“国之重器”，是衡量一个地区乃至一个国家科技水平、创新能力的重要指标。近年来，新乡结合自身产业优势，瞄准前沿科技，探索产业发展新趋势，依托重大课题攻关项目，开展重大关键技术攻关活动，助力企业突破一批核心关键技术及“卡脖子”技术，促进科技成果转化、产业项目落地，有力支撑了新乡市主导优势产业转型升级和战略性新兴产业培育发展。2016 年以来，新乡实施省、市科技重大专项等各类创新项目 100 余项，累计研发省首台（套）重大技术装备产品 123 台（套），居全省首位。在省重大科技专项支持下，科隆新能源高镍动力锂电材料进入国际领先的新能源汽车厂商供应链体系，产品批量供应比亚迪、L&F、TESKO 等国内外行业知名企业；新太行电源先后为空间卫星、运载火箭、大运飞机、蛟龙深潜器等国家重点工程配套动力电源系统；豫新汽车热管理公司积极布局动力电池热管理系统研发攻关，掌握了国内领先的高精度点阵和大幅面高效液冷冷板技术；豫氢装备公司研制出省内首台超过百千瓦的燃料电池电堆模块产品，性能和功率密度达到国内先进水平，为北京冬奥会建设首座加氢站；驼人集团研发的新型全方位功能型头面部防护装置、医用级抗菌抗病毒口罩等一系列产品第一时间支援抗疫前线；中电科 22 所为神舟飞船提供了高精度定向定位设备。2020 年起，新乡市依托高博会，启动实施“揭榜挂帅”项目，聚焦产业痛点和重点企业发展需求，充分利用全球科技资源，加大对制约新乡产业发展的“卡脖子”技术、关键共性技术、迭代性技术等难题的科技攻关力度，推动先进科技成果在新乡转化，签约揭榜项目 10 个，成功促成本地企业与西安交通大学、上海医药工业研究院、哈尔滨工业大学（深圳）、中建材苏州防水研究院有限公司等 10 家知名高校、科研院所和企业签订技术合作协议，协议金额约 4 亿元。新飞制冷公司与西安交通大学联合，成功研发全球首台民用-86℃深低温冰箱，填补了国内该项技术的空白；河南芯睿电子科技有限公司与西安电子科技大学合作的“高效率碳化硅功率器件关键技术研发项目”也取得了阶段性突破。

三是强化梯次培育，壮大科创企业群体。开展梯队培育，对处在发展不同阶段的企业精准施策，既能发挥领头企业的引领作用，又能促进尚处发展早期同时极具发展潜力与成长性的“专精特新”小型企业发展，形成大中小企业融通发展、相互补位、共同做强的格局。近年来，新乡全面实施科技型企业梯队培育发展计划，围绕正在实施的科技创新创业孵化工程、科技型中小企业培育工程、高新技术企业引领工程、“瞪羚”企业树标工程、创新龙头企业带动工程、高新技术产业集群发展工程“六个工程”，建立健全“普转科、小升高、高变强”的科技型企业培育机制，出台一系列税费支持政策，鼓励引导个体工商户向企业转型，加大小微企业“升规入库”支持力度，建立“小升规”企业培育库，实行“服务+培育+入库”一体化推进机制，实施“一对一”精准对接服务；推动规上企业股份制改造，筛选上市后备企业，加大在企业改制、政策培训、综合金融等方面的服务力度；推动企业上市融资，对在境内上市的企业予以奖励。大力培育优质企业，加快形成龙头企业“顶天立地”、中小微企业“铺天盖地”的梯次发展格局，促进经济提质扩量。当前，全市高新技术企业、科技型中小企业分别达 542 家、865 家，均居全省第 3 位；国家级专精特新“科技小巨人”企业 36 家、省级专精特新中小企业 106 家，均居全省第 2 位。成功培育全省首家“独角兽”企业华兰疫苗、拓新生化等 3 家高企实现创业板上市，天力锂能上市已经成功过会；新航、卫华、心连心 3 家企业主营业务收入超百亿元，30 家企业规模超 10 亿元。科技型企业梯次培育体系的不断完善，推动了全市科技型企业群体规模的持续壮大，全面提升了新乡的创新活力和创新能力。

三　打破供需藩篱，加速创新成果转移转化

科技成果从实验室走向产业化，转化为现实生产力，是推动经济高质量发展的重要支撑。新乡坚持需求导向、问题导向、效果导向和市场导向，通过政策引导、模式创新、开放合作、搭建平台、人才培养，不断加快创新成果的转移转化，加快建设科技成果转移转化的改革先行区和集聚区。

一是强化政策引导。成果贵在转化，合理的收益分配方式有利于成果转化和科研团队建设。为破解创新人才引进、科技成果就地转化等堵点、痛点和难点问题，新乡市实施科技成果权属改革，出台促进科技成果在新转化“八条措施”，聚焦“成果确认、协议用权、利益分配、股权代持、源头供给、重大转化、创新创业、容错机制”成果转化全链条 8 个环节，大胆突破股权赋予路径，引导高校、科研院所、国有企业采取代持科研团队股权的方法赋予科研人员科技成果股权或期权，实现由“分粮”向“分田”转变，第一轮共征集成果转化 9 家试点单位、53 项科技成果。“八条措施”的出台，在个人所得税激励和股权代持等方面进行了创新，明确为科研人员再“松绑”，不仅激发和调动了科技成果完成人或者团队促进成果转化的积极性和创造性，使科研人员有较高的获得感，还能促进校方和科研团队的协同发展，推动科技成果在新转化。农灌所作为试点单位之一，在“八条措施”出台后，对其灌溉技术、知识产权整体“打包”进行成果价值评估，采用技术入股方式，与北大荒集团、辉县市政府、市国资集团合作注册成立了新乡灌排装备科技有限公司，推动灌溉产业园实体运行，助力成果转移转化。

二是加强模式创新。由于企业、高校和科研院所的运行机制和评价机制各异，部分有价值的创新成果无法在企业与高校、科研机构之间流动，造成了创新链的断裂，严重制约了创新的效益。对此，新乡坚持市场需求导向，围绕企业、高校、科研院所之间存在需求不匹配、信息不对称以及体制制约等问题，积极探索校地、院地合作新模式，有效解决了科技成果供给侧与需求侧不匹配的问题，形成创新合力，积极推进河南电池研究院、天博物联网研究院体制机制改革，打造新乡版“四不像”，畅通“研发—转

化—产业—再研发”路径，有效促进科技成果商品化、产业化，推进创新链、产业链融合，实现以研发带动产业、以产业反哺研发，让更多创新成果完成从科学研究、实验开发、推广应用的“三级跳”最终转化为现实生产力。

三是加大开放合作力度。自主创新与扩大开放是相辅相成的，加大开放合作力度，加快融入全球创新网络，有助于利用全球范围内各类创新要素的互动、整合与协同作用，借助“外脑”提高创新效率，加快各领域科技创新，以实现更高层次的自主创新。新乡一直以来坚持开放式创新，充分发挥高校、科研院所、科技型企业优势，积极打造城市开放创新名片，连续举办 4 届高校院所（河南）科技成果博览会，面向全球开展“揭榜制”的科技攻关，宣传新乡科技创新、人才引进、招商引资政策，着力打造具有国际水准的河南对外开放合作高端平台，累计邀请高校和科研院所 556 家（次），科创企业 400 余家，参会嘉宾 3800 余人次，其中诺贝尔奖得主 4 人次、国内外院士 178 人次，实现成果转化、技术转移 959 项，签约总投资 2429 亿元，向国内外引进高层次人才，全职引进中科院“百人计划”余国营教授（任河南师范大学生命科学院院长），引进同济大学张存满教授（氢燃料电池）、清华大学邱新平教授（硅/碳复合负极材料）、哈尔滨工业大学刘兴军教授（铝基复合粉体制氢）等一批高水平科研人才；联合诺奖得主谢尔登-格拉肖教授设立河南省首家诺奖得主工作室。高博会作为一个聚集人才、资金、项目等国内外创新资源，畅通政产学研金深度融合通道的大平台，促进了科技与金融、产业与院所、军工与民用、地方与国家间的沟通交流，紧密对接地方产业、技术和创新需求，助推郑洛新国家自创区成为中部地区重要的科技创新中心和科技成果转化基地。

四是加强平台搭建和人才培养。当前，在科技成果转化的专业服务体系方面，专门的专业服务机构和人才还比较匮乏。新乡通过推进中试基地建设、搭建科技服务综合平台、加强技术转移人才培养，不断完善科技服务体系。其一，积极推进中试基地建设。中试基地定位于创新链中下游，是打通实验室和产业化之间的重要通道，促进科研与产业紧密衔接，对连接创新链与产业链、促进科研成果产业化起到至关重要的作用。为了推动科研成果加速转化为现实生产力，实现“科技成果有承接，企业需求有源头”，新乡提前谋划，以自身产业优势为基础，面向国内外科技发展前沿和重点产业发展的迫切要求，高位推动中试基地建设，成功推动河南省新能源电池中试基地、河南省微电子中试基地和河南省医用防护用品中试基地通过省级中试基地公示认定，形成“基础研究—技术攻关—技术应用—成果产业化”全链条的闭环，打造中试基地培育库，鼓励高校、科研院所、龙头企业、各类开发区等平台和载体积极融入中试基地建设。其二，搭建高规格科技服务综合平台。郑洛新国家自创区（新乡）科技大市场，是集展示、交易、服务、共享、分流等于一体的综合服务平台，采用线上和线下平台相结合，开展技术对接，为当地创新资源提供高层次、综合性的一站式“大管家”式服务，打通科技成果转化“最后一公里”，有助于解决科技成果转化过程中的堵点难点，促进产业链与创新链的深度融合，打造高效完善的科技成果转化生态。其三，加强技术转移人才培养。专业化成果的转化需要兼具成果转化以及法律、财务、市场等专业能力的复合型人才。由于新乡的专业性科技成果转化人才供给尚不能满足科技成果转化的巨大需求，为进一步推动技术转移管理和服务人才的培育，破解技术转移人才匮乏的问题，2021 年，新乡开设河南省技术经纪人新乡培训班，驻新高校、科研院所、科技型企业和科技中介服务机构等共计 253 人参加了培训，不断壮大专业化、职业化转移人才队伍，为促进更多的成果转化落地提供人才支撑。

四　聚焦重点产业，促进产业链创新链融合

新乡坚持以创新引领产业发展，聚焦生物医药、新能源、数字经济等重点产业，围绕产业链布局创新链，围绕创新链延长产业链，围绕产业链、创新链配套金融链，不断提升产业发展现代化水平。近年来，全市高新技术产业增加值年均增速达 11%以上，2021 年全市高新技术产业增加值占规模以上工业增加值的比重提升到 57.6%，高出全省平均水平 12 个百分点。

一是持续壮大生物与医药产业。生物与医药产业是新乡的战略性新兴产业，产业基础雄厚，特色突出，优势显著，形成了门类齐全的产业格局。随着新一轮科技革命与产业兴起，面对创新能力薄弱、产业化率偏低以及医药产业竞争加剧等挑战，新乡抢抓国家及河南省实施创新驱动战略机遇，不断完善政产学研用协同创新体系，大力推动医药企业与高等院校合作，启动生物医药产业共性关键技术创新与转化平台建设，成立生物医药产业

技术研究院，积极促进科研成果就地转化成生产力，为生物医药产业发展提供了坚实的政策、人才和技术支持。2018年，新乡制定了生物医药产业转型升级行动计划，积极借鉴参考其他地市经验，制定并出台了当时“国内最优”的生物医药产业奖励政策，促进了生物医药产业的迅速发展。截至2021年新乡生物与新医药产业拥有各类国家级研发平台7家、省级研发平台43家、高新技术企业42家、行业研发人员5000余人。现有规上生物与新医药企业113家，拥有华兰生物、华兰疫苗、拓新药业3家生物医药上市公司。生物医药产业持续壮大，新乡市生物医药产业集群作为首批河南省战略性新兴产业集群之一，成功入围国家创新型产业集群试点，血液制品占据国内市场主导地位，流感疫苗、核苷产品市场占有率居全国第一，建成国内最大的单克隆药物生产基地，建设全球一流的一站式外包工厂。2022年，新乡出台了生物与新医药产业集群建设方案，将进一步扶持培育和引进“专精特新”企业，提升优质生物与新医药企业集中度。

二是加快新能源产业布局。新乡电池产业发展历史久、产业基础好、产业链完整，在人才及研发等方面都具有一定优势，被誉为“中国电池工业之都”。新乡坚持绿色低碳发展方针，抢抓国家支持新能源产业发展新机遇，发挥动力电池制造优势，强化技术创新，加快布局先导产业，把发展氢能与燃料电池作为推动新乡市高速发展与产业结构调整的示范工程，出台氢能与燃料电池产业发展规划和实施意见，建成全省首个氢燃料电池工程研究中心、首条自动化氢燃料电堆生产线，2022年冬奥会上的首座加氢站，九成以上设备是“新乡造”。率先出台加氢站运营和燃料电池汽车运营管理办法，正在全力打造氢能重卡应用场景，推动氢能产业发展壮大。

三是推动数字经济快速发展。当前，人类社会发展已经进入数字经济发展时代，能不能抓住数字经济机遇，是决定能否实现高质量发展的一个关键。新乡积极把数字化发展与科技创新紧密结合起来，对传统产业加大数字化赋能力度，推动全社会数字化转型，在产业数字化过程中培育数字化产业，不断提高企业和产业的竞争力。新乡抢抓信息技术应用创新产业发展先机，成立基金支持数字经济发展，与现代信息产业相关领军企业开展合作，在新乡成立子公司，形成了“1+1+N+M”的模式，加快推进产业数字化、数字产业化。与中电科22所合作，打造中原数字技术实验室，成立数智谷公司，以推动数字经济发展、城市数字治理、科技创新和制造业转型升级为目标，以新一代信息技术研发及产业化应用为主要方向，打造区域产业协同创新创业平台、科技成果转移转化平台、产业人才培养基地和产业发展智库。成功研发新一代数据要素市场平台“数据要素确权与可信流通平台（河南根中心）”，发放全国首张数据要素登记证书，完成全国首笔碳数据确权交易。全面推进产业数字化。建设工业互联网标识解析（新乡）综合型二级节点，服务中誉鼎力、威猛振动开展装备预测性维护，助力心连心、银金达建设行业工业互联网平台，支持白鹭化纤打造安全生产监管系统，助力传统优势产业应用创新，为探索数字化战略转型、推动数字经济发展、实现高质量建设现代化河南提供有力支撑。成功举办“新乡市 5G+智慧全域旅游博览会”“2022 全国网上年货节·新乡站”活动。不断提升数字治理能力，以大数据为核心，率先探索了自动识别、精准采集数据、保畅保通的“无形卡口”系统，筑牢疫情防控数字防线。不断优化数字生态，加快企业“上云”“上平台”步伐，推动智能化转型，累计上云企业 7686 家；推进数智谷建设，解决数字经济和数字政府建设这两大难题，让“数据多跑腿、群众少跑腿”。

五 强化创新生态建设，促进创新要素集聚

创新的力量来源于优良的生态。新乡坚持把优化创新生态作为一项基础性战略性工程来抓，通过加速“三化三制”改革，优化知识产权生态，建设双创载体，强化创新体制机制保障，优化营商环境，培育创新文化等一系列举措，使得新乡创新生态持续优化，创新要素不断汇聚，创新力量逐渐壮大。

一是加速“三化三制”改革。经过多年发展，开发区已经成为新乡产业最集中和经济最活跃的平台，但目前开发区已经由功能区变为行政区，普遍存在产业结构不够优、质量效益不够高、体制机制不够活、整体层级亟待提升等短板和问题。推进开发区聚焦主责主业，从本质上回归其经济属性，能够进一步激发开发区经济发展活力。新乡坚持“去行政化、去社会化”方向，不断推进开发区科学整合，扎实做好规划基础工作，强化开发区经济发展主责主业，全市 13 家开发区全部制定了“三化三制”方案，12 家已实现“管委会+公司”管理模式，11 家已剥离社会管理职能。坚持专业化定位，优化产业布局，编制园区产业发展规划，推进市场化方式建

设万华生命科学城、氢能产业园、光电产业园等专业化科技园区，初步形成“一园一业”的产业布局。

二是突出人才引育。人才是创新的核心要素，创新驱动的实质是人才驱动，近年来，新乡深入实施人才强市战略，持续把人才工作放在突出位置，搭建人才支撑平台，优化人才发展生态，拓展人才培养空间，加速引进高水平人才，全力打造人才的“强磁场”，为全市经济社会快速发展提供了坚强的智力支撑和人才保障。其一，深化人才体制机制改革。新乡坚持引育结合、刚柔并举，完善“全职+柔性”“人才+项目”引才机制、完善科研人员薪酬和岗位管理制度、建立联系服务专家制度，全方位培养、引进、用好人才，激发创新人才活力，建设一支适应新乡高质量发展需要的高水平、多层次人才队伍。其二，提升人才招引政策吸引力，不断加大人才引进力度。出台《“牧野英才”“名校英才”“牧野工匠”三年行动计划》，3 年来共招揽各类人才 272 人，奖补资金 6000 余万元；深入实施“牧野英才 2. 0 计划”，培育“中原学者”5 人，科技领军人才 18 人；大力实施高端海外人才引进专项行动，获批国家、省级引智项目 30 余项，引进专家 200 余人次，居全省第 2 位。贯彻落实《河南省重点企业引进人才工作细则》，聚焦新乡“542”先进制造业体系，以产业发展和企业需求为导向，加强重点企业急需紧缺人才的引进、培养和使用。2022 年 4 月出台《新乡市实施创新驱动科教兴市人才强市发展战略工作方案》，以进一步优化人才生态，集聚高层次创新人才。其三，支持各类平台引进高层次人才。成立由“一地、六校、四所”组成的新乡人才战略联盟，实施人才联络回归行动，推动地方、高校、科研院所资源共享、人才共育、合作共赢。借助招才引智创新发展大会、高博会等平台，引进各类人才。其四，加快人才社区建设。储备位置优越土地约 700 亩，2022 年 6 月，成立新乡市人才集团，启动新乡人才社区项目，配建学术研讨中心、图书馆、老人日间照料中心、线上会议中心等设施，满足各类人才群体的个性化需求，让人才安心创业，安居乐业。

三是优化营商环境。好的营商环境就是生产力，也是竞争力。新乡持续深化改革，加强对企业的精细化管理和便利化服务，持续推进营商环境尤其是创新环境的优化，充分激发创新第一动力。其一，优化知识产权生态。加强知识产权保护是激励创新、推进高质量对外开放的重大举措，也是优化营商环境、提升区域核心竞争力的主要着力点。新乡充分发挥中国（新乡）知识产权保护中心和新能源汽车零部件产业知识产权运营中心（国家级）作用，提升新乡知识产权创造质量、运用水平和保护效果，2021 年全市专利授权 1.4 万余个、有效发明专利累计 3600 余件，分居全省第 2 位、第 3 位。着力优化知识产权生态环境，大力倡导创新文化，加强知识产权宣传普及，推进以“尊重知识、崇尚创新、诚信守法”为核心的知识产权文化建设，提升公众知识产权意识，激发全社会创新活力，营造良好氛围。其二，培育创新文化。积极在全社会营造崇尚创新、尊重劳动、尊重知识、尊重人才、尊重创造的浓厚氛围，弘扬科学家精神、劳模精神和工匠精神，培育以科技创新、万众创业为特征的“双创”文化。举办创新创业大赛，动员有潜力的企业参赛路演，将孵化载体内企业报名指标纳入载体评价中，汇集一切创新资源搭建好大赛平台，为科技企业创造更多融资路演机会。组织召开参赛企业专项辅导培训会，采用线上+线下模式为企业提供支持辅导。成立优化营商环境工作专班，并印发了《2020 年新乡市营商环境评价创新创业活跃度指标任务分工》，经省第三方评估，新乡市科技局承担的创新创业活跃度指标在全省排名第二。

四是建设“双创”载体。新乡不断加快科技企业孵化载体建设，做好孵化器、众创空间等孵化载体的建设培育工作，完成科技企业孵化载体月报审核、季报检测、年度统计工作。建成省级以上科技孵化载体 16 家，其中，科隆集团动力电池专业化众创空间入选第三批国家专业化众创空间示范名单，标志着新乡在国家级专业化众创空间建设中取得了突破。此外，新乡正在对照龙子湖智慧岛标准模式，依托市区内高校密集区域和平原科教城，谋划布局“智慧岛”双创载体。截至 2021 年底，各类孵化器在孵企业 820 家，当年累计毕业企业数量 93 家，众创空间 18 家（不含长垣），其中市本级辖区内 16 家，国家级 1 家、省级 6 家、市级 9 家。截至 2021 年底，各类众创空间当年服务的创业团队 274 家，当年获得技术支撑服务的团队和企业数 75 家。

五是加大金融支持力度。针对科技型中小企业资金需求，新乡充分运用“科技贷”“专利贷”等产品政策，建立贷款绿色审批通道，专项额度、专项审批，为科技型企业优先提供金融保障，以解决科技型中小企业实物资产少与创新发展资金需求大的矛盾，使有技术、有市场、管理好、团队好的企业，尤其是在“卡脖子”关键技术攻关中发挥作用的中小企业能够得到精准支持。其一，一是加大科技金融政策宣传力度，深入推广河南省“科技贷”政策。积极组织开展省“科技贷”政策宣讲和银企对接服务，畅通融资渠道，2020 年，新乡地区各类科技贷金额 10325 万元。2022 年以来，新乡地区科技贷放款额达到 9700 万元，同时为了降低融资成本，市科技局、市财政局共同出台《新乡市 2020—2021 年度“科技贷”贴息补助实施方案》，拟对 2020~2021 年度获得“科技贷”支持的企业利息补贴 300 万元。其二，建立政、银、企长期稳定的信息沟通机制，加快推进全市科技金融服务体系建设。与建设银行新乡分行签订战略合作协议，为新乡科技企业提供层次多元、方便快捷的融资渠道和更加精准、更高质量的金融服务，每年拟对新乡科技型企业授信不低于 20 亿元。其三，构建政府引导、多方参与的多元化投入机制，组建新乡国资集团，为科技创新资金提供保障。

第四节　新乡市实施创新驱动发展战略的经验与启示

近年来，新乡市以建设创新型城市为目标，深入实施创新驱动发展战略，推进经济结构战略性调整，加速科技成果转化，增强企业自主创新能力，多项科技工作走在全省前列，取得了一定的成绩，也积累了宝贵的经验。实践表明，加强组织领导、强化顶层设计、完善政策引导、深化体制改革、突出模式创新、注重开放合作等是新乡创新驱动发展取得成效的重要因素。

一　加强组织领导，凝聚强大合力

新乡科技创新工作取得的成就和进步，首先得益于省、市各级领导的高度关注和大力支持。2016 年郑洛新国家自主创新示范区获批后，第一时间成立自创区建设领导小组，2019 年又将之列为市委议事协调机构，贯通市委、市政府齐抓共管的渠道，形成顶层领导的合力。同时，坚持专门设立自创办秘书科，明确专人专责，保障工作进展。2021 年，在河南省科技创新委员会成立后，第一时间成立市科技创新委员会，以双主任的领导形式，进一步凝聚市委、市政府科技工作的合力。此外，新乡市科技、发改、工信、财政、统计、税务等各部门之间的联动协作，形成了有效工作合力，是新乡实现创新驱动发展的重要支撑点。

二　强化顶层设计，明确发展路径

新乡市始终坚持系统观念，积极主动融入国家、省发展战略，不断明确大战略、大体系、大规划，推进创新驱动发展顶层设计，明确发展目标、做出战略规划、确立发展路径。紧密衔接国家、省重点发展方向，将中原经济区、郑州都市圈、粮食生产核心区、乡村振兴、国家自创区、自贸区发展等国家战略，与河南省“十大战略”紧密结合，融合新乡发展实际，前瞻性确定南向发展大方向，明确“一轴两翼一组团”空间发展布局；先后出台了《郑洛新国家自主创新示范区新乡片区发展规划纲要（2017—2025）》（新政办〔2018〕1号）、《新乡市“十四五”创新驱动、科教兴市、人才强市发展战略实施方案》、《新乡市“十四五”知识产权战略工作的实施意见》（新政〔2022〕2号）、《新乡市全民科学素质行动规划纲要实施方案（2021—2025年）》（新政〔2022〕30号）、《新乡市加快传统产业提质发展行动方案》、《新乡市加快新兴产业重点培育行动方案》、《新乡市加快未来产业谋篇布局行动方案》（新政办〔2022〕16号）、《新乡市人民政府办公室关于新乡市千亿产业集群培育工程的实施意见》、《新乡市人民政府办公室关于印发新乡市推进产业研究院建设实施方案新乡市产业研究院管理办法（试行）的通知》、《新乡“牧野英才2.0”三年行动计划（试行）的通知》、《新乡市重点企业引入人才工作方案》等有关科技创新、产业发展、人才引进的纲领性文件，明确了科技创新工作的主攻方向。

三　完善政策引导，打破创新桎梏

随着科技政策与科技创新的交融日益广泛深入，政策对创新的引导和推动作用愈发明显，新乡市通过积极推进创新政策先行先试，强化政策引导，不断释放政策红利，推动科技创新体系不断完善、提升和有效运转，为科技创新的长远发展提供了保障。2020年，针对创新主体培育等关键问题，从支持高新技术企业发展壮大、支持科技型中小企业快速发展、推进高水平新型研发机构建设等方面，制定实施了《关于高质量推进新乡国家自主创新示范区建设先行先试的若干政策》。自政策实施以来，自创区内科技型中小企业从2019年的228家增至2021年的521家，占全市科技型中小企业的比例从50%提升至60%；3家高新技术企业顺利在主板上市，数量是之前全市上市企业总和；中科院计算所、中纺院、华大基因等域外机构先后落地，全市新型研发机构建设达到29家。出台的“成果八条”，突破股权赋予路径，拓展融资模式，构筑“4+N”的可复制模式，即“技术入股、政府平台、下游企业、应用市场+各种社会资本”，汇聚多方力量共同推进重大科技成果落地转移转化。创新政策的出台有效解决了创新人才引进、创新成果就地转化等问题，进一步激发了创新发展的新活力、新动能。

四　深化体制改革，释放创新活力

实施创新驱动发展战略，必须要解放思想、改变观念，破除一切制约创新的思想障碍和制度藩篱，最大限度解放和激发创新活力。新乡市积极发挥“船小好调头”的优势，以“敢碰硬、勇突破”的担当实干，大胆推进改革攻坚，努力破除体制机制障碍，有效激发了科技创新的活力和动力。一是率先实施开发区管理体制改革。2017年，新乡市在全省率先启动了高新区人事体制机制改革，实施全员聘任制、绩效考核制、薪酬激励制，逐步建立健全“管委会（党工委）+公司”组织架构体系，将原有35个机构整合精简成“10+1+1”架构，实现全面“瘦身强体”；连续5年开展双向选聘，人事管理由“身份管理”转变为“岗位管理”，实现“干部能上能下、能进能出”；实施强调结果运用的绩效考核体系，同级别实际工资最高和最低相差2.5倍，形成“人人扛指标、人人有压力”，不断优化政务服务和营商环境，初步实现“审批最少、流程最优、体制最顺、机制最活、效率最高、服务最好”，充分释放了高新区的创新创业活力，相关做法经省委改革办肯定后在全省推广应用。此外，根据实际需求，加大放权赋权力度，向高新区、经开区下放市级经济管理权限，因地制宜、应赋则赋。可以看到，通过“去行政化”和“去社会化”的体制机制改革，构建精简高效的管理体制和灵活顺畅的运行机制，切实发挥龙头企业和主导产业的引领作用，进一步激发了开发区改革的创新活力和强劲动力。二是数字赋能优化营商环境。新乡深入贯彻落实中央“国家大数据战略”和省委“数字化转型战略”，抢抓大数据时代的重大机遇，2021年，新乡运用“数治”思维建成全省唯一的市级大数据综合服务监管平台，全面推动数据资源“一网通享”、服务事项“一网通办”、执法监管“一网统管”，打造出“一码惠企”

“预约办理”“项目全生命周期监管”“渣土车全流程监管”等创新品牌，实现了制度和流程再造，政务服务水平大幅提升，营商环境显著改善。目前，2112项审批事项实现“一网通办”，197项事项实现“跨省通办”；上线“一件事一次办”服务22项；“一码惠企”实现“码上办理”“码上融资”“码上兑付”等六大功能；创新开展“1110模式”等，推动企业开办再提速，2021年市场主体突破48万户，居豫北六市第1位、全省第6位。

五 突出模式创新，倒逼资源聚集

灵活利用各种合作模式，撬动各方资源，汇集域内外创新要素，是新乡推进创新能力提升的重要方式。一是创新融资模式，全方位导入产业、人才、资金、平台资源。强化市场意识，组建资产规模超千亿元的新乡国资集团，获得了基金、融资担保、商业保理、融资租赁等金融牌照，立足服务实体经济，组建一系列多元化融资机构，推动资源变资产、资产变资本、资本变资金，撬动国电投、中铁建、华润等央企布局战略新兴产业和未来产业；以投带引、以引促投，发挥基金引导作用，引进雪人股份、上海骥翀等科技企业，撬动国电投、中铁建、华润等央企布局战略新兴产业和未来产业。根据当前形势发展需要，积极探索出招商引资“三家、三联动”模式，即“领导+企业家”“领导+科学家”“领导+金融家”，实现点对点、一对一、专业化招商，取得显著效果。二是构筑应用场景，以场景应用倒逼技术创新。着眼氢能未来产业，打造氢能重卡应用场景，制定了《新乡市燃料电池汽车示范应用工作方案》，出台了《新乡市加氢站运营管理办法》《新乡市燃料电池汽车运营管理办法》，谋划布局建设5座加氢站，全力推进重卡、渣土车、环卫车等重型车辆改造运营，倒逼氢能产业技术创新；立足现代农业发展，联合农灌所和北大荒集团，落地建设50万亩高标准粮食生产基地和高水平现代化农业示范园区，搭建数字化农业生产服务平台，推动中国农科院育种、灌溉、机械化种植、粮食收储等农业生产全链条先进技术落地。三是加快构建创新联合体，推动各类主体融通创新，形成科技创新的强大合力。科技创新普遍具有高风险和前期收益大的特征，仅凭单个企业或者单个科研院所的力量难以实现，并且创新成果的溢出效应会降低创新主体的创新积极性，因此，应通过资源整合、全局谋划，构建以领军企业为主导的创新联合体，采用跨组织创新、协同创新、创新网络等新的创新模式，将分散的创新资源和要素有效组织起来，整合产业链上下游企业的创新资源、协调各主体的创新行为等，提升整个产业链的创新能力和竞争力，形成推进科技创新的强大合力。新乡不断推进产业研究院建设，以产业研究院为载体和引领，积极打造创新联合体，截至2022年3月已拥有4家省产业研究院，一端连接高校、科研院所，一端连接上下游企业，形成了良性、共享、互利的创新生态。

六 注重开放合作，促进创新协同

坚持开放合作理念，搭建开放合作平台，拓展开放合作路径，加速各类优质创新资源向新乡集聚，是新乡市打造国家创新高地的关键之举。不拒众流，方为江海。“神舟”、“天宫”、“蛟龙”、“天问一号”、护航北斗、测量珠峰等一系列重大科技成果展示出了“新乡智慧”，而新乡创新发展动能的不断迸发，不仅在于对内修炼内功，培育创新主体、优化创新生态，还在于善于借用外力，持续扩大开放，加强对外的交流合作，推进全方位、开放式创新。新乡通过深化校校（所）合作，总结和推广“拓新模式”，发挥“成果八条”政策作用，引导高校、科研机构积极破除观念围墙、校园围墙和体制围墙，走出校门办大学，进一步畅通科技成果转化途径。积极发挥市委组织部牵头的校地合作产学研联盟作用，制定《关于加强校地合作 校校合作 助推新乡经济社会高质量发展的工作方案》，创新合作机制，推动学分互认、教师共享、仪器共用、成果共转，加速高校创新资源与地方产业的结合。新乡市政府与河南师范大学、中电科22所三方联合，共建电波研究院，实施“人员共聘制”，利用河南师范大学学科资源为中电科22所培育人才，利用中电科22所国际合作优势为河南师范大学引进领军人才，共同为地方科技创新和产业发展提供服务。新乡充分发挥高博会“强磁场”作用，鼓励支持国内外知名科研机构、高校、科技企业前来设立或共建研发平台、技术转移机构、科技企业孵化器等，高博会不仅成为新乡的又一张亮丽名片，还促进了国内外高校、科研院所等各类创新主体的协同互动，以及创新成果的加速转化。通过大力开展“一招四引”工作，瞄准发展急需创新要素，面向全省、全国乃至全球范围引资、引智、引金、引企，加大对聚才平台的政策扶持力度，吸引技术、人才、资金加速向新乡集聚，补齐创新资源短板，推动各类高端要素在新乡竞相集聚、加速裂变。

Ⅲ 成就与经验篇

第七章　河南创新驱动发展的辉煌成就

近年来，河南深入贯彻习近平总书记视察河南重要讲话重要指示，坚定不移实施创新驱动发展战略，以增强自主创新能力为核心，围绕国家战略布局和全省创新需求，创新工作实现了量质齐升，综合功能效应持续彰显。这为河南加快国家创新高地建设提供了良好的基础和条件。

第一节　创新实力显著增强

河南坚持“唯有创新、才有出路”，把增强创新能力作为提高区域竞争力的有效手段，作为推动发展方式转变、实现“两个确保”的战略性举措，坚持向创新要动力、向创新要活力，多措并举，创新实力得到显著提升。

一　综合创新实力显著增强

近年来，全省认真贯彻落实习近平总书记关于科技创新的重要论述和视察河南重要讲话重要指示，全面落实中央和省委、省政府关于创新的各项决策部署，深入实施创新驱动、科教兴省、人才强省战略，全省创新实力稳步提升。综合指标来看，《中国区域创新能力评价报告2020》显示，2020年河南创新能力综合效用值由持续多年的第15位上升至第13位；《中国区域科技创新评价报告2020》显示，2020年河南综合指标全国排名达到历史最高位次，综合科技创新水平指数继上年首次进入全国前20位后，由第19位上升至第17位。重点指标来看，多项指标提升明显。《中国区域科技创新评价报告2020》显示，河南研发人员数居全国第5位、研发经费支出居全国第6位、研发经费投入强度居全国第13位；高新技术产业化水平居全国第8位、中部地区首位；全省地方财政科技支出、高技术产品出口额、研发人员数、科技企业孵化器数量及在孵企业等主要指标均进入全国前10位。《中国区域创新能力评价报告2020》显示，2020年河南企业创新从第19位上升至第14位，创新绩效、创新环境分别居第6位和第11位，高技术产业新产品销售收入占主营业务收入的比重居全国第2位，规模以上工业企业国内技术合同成交额增速达178%，居全国第9位。

二　创新投入显著增加

创新资源投入是创新驱动的起始环节，创新资源投入水平的高低也决定了创新成果的产出水平及创新对经济、社会、民生、产业等发展的驱动作用。近年来，河南省按照"政府引导、企业为主、省市联动、部门协同"的总体思路，充分发挥财政科技投入的引导激励作用和市场配置各类创新要素的决定性作用，激励企业加大科技投入，引导社会资源投入创新，推动形成多渠道、全方位的科技创新平台投入体系。一是财政投入明显增多。"十三五"期间，河南财政支持创新的力度不断增大，2019年突破200亿元。2020年，全省财政科技支出达到254.28亿元，是2016年的2.65倍，年均增长27.54%，撬动全省研发经费投入达到901.27亿元。河南省财政科技支出占比也逐年提升，由2016年的1.29%提高到2020年的2.45%，财政投入对推动全省综合科技创新水平能力的提升发挥了重要作用。二是研发费用支出明显提升。2016年以来，河南省加大研发费用投入力度，研发经费投入增长迅速，研发投入强度持续提高，两者保持了刚性增长，创新驱动成效显著。"十三五"期间，河南省全社会研发投入由2016年的494.2亿元增加到了2020年的901.3亿元，增长了82.4%，年均增长率16.2%；河南省研发经费投入强度也在逐年增加，由2016年的1.23%增加到2020年的1.64%（见图7-1）。

三　创新主体实力显著增强

企业是市场竞争的主体，是自主创新的发动机、主力军。近年来，河南深入实施高新技术企业倍增工程，2020年全省高新技术企业和科技型中小企业的数量分别达到6324家和11826家，居全国第5位、中部地区首位。2016年以来，河南深入实施创新龙头企业提升引领、以高新技术企业倍增和"科技小巨人"企业培育三大重点工程，加快构建以创新龙头企业为引领、以高新技术企业为助推、中小企业协同发展的全产业链创新型企业集群。一是实施创新龙头企业提升引领工程。聚焦创新龙头企业，实施省重

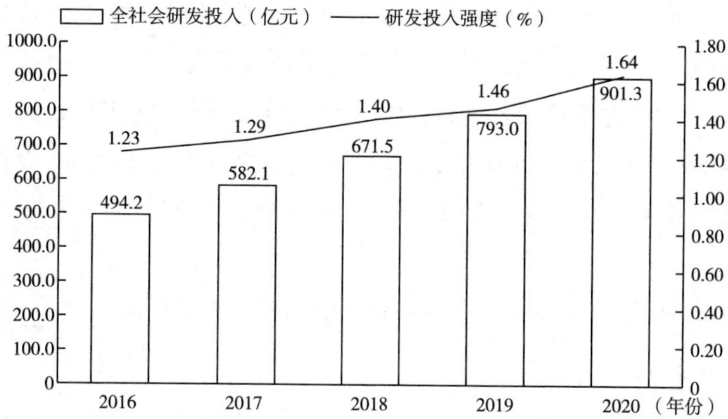

图 7-1　2016~2020 年河南省全社会研发投入及投入强度

资料来源：2017~2020 年河南省统计年鉴。

大科技专项和自创区产业集群专项，建设产业技术创新联盟，组织推荐创新龙头企业申报承担国家科研任务，组织创新龙头企业争创国家技术创新中心，完善创新龙头企业年度评估体系，实行有进有出的动态调整机制。二是实施高新技术企业倍增工程。制定实施《高新技术企业倍增计划实施方案》，将高新技术企业发展情况纳入全省转型发展攻坚考核和产业集聚区考核指标体系。推进“高企培训中原行”活动和“千人万企”科技政策服务进基层行动，实现各市县和重点科技园区培训工作全覆盖。与此同时，企业发展质量也呈现良好态势。2020 年，占规上工业企业 12.2%的规上高新技术企业贡献了 22.6%的产值，带动全省规上高新技术产业增加值占规上工业增加值比重达到 43.4%。三是实施“科技小巨人”企业培育工程。着力开展科技型中小企业“双提升”行动，构建高质量科技型企业入库机制，培育一批创新能力突出、成长迅速的“科技小巨人（培育）”企业，2021 年遴选出创新龙头企业 116 家、“瞪羚”企业 104 家。四是鼓励企业加大研发投入。进一步完善落实税收减免、产品购买等激励企业研发的普惠性政策，开展研发投入“增量进位”专项行动，制定实施《河南省研发投入提升专项行动计划（2017—2021 年）》《河南省企业享受研究开发费用税前加计扣除政策研究开发项目鉴定暂行办法》，补齐创新发展短板。五是加快培育创新引领型机构。陆续与中科院、清华大学等大院大所合作，建立洛阳中科信息产业研究院、中科院自动化研究所（洛阳）机器人与智能装备创新研究院、郑州中科新兴产业技术研究院（中国科学院过程工程所郑州分所）、中科院计算技术研究所大数据研究院等 67 家高端新型研发机构。2020 年，全省签订技术合同 11751 件，同比增长 26.22%；实现技术合同成交额 384.50 亿元，同比增长 64.32%；有效发明专利 5.87 万件，每万人拥有发明专利量 4.4 件（见图 7-2、图 7-3）。

图 7-2　2016~2020 年河南省技术合同签订数量及技术合同成交额

资料来源：2017~2020 年河南省统计年鉴。

图 7-3　2016~2020 年河南省有效发明专利及每万人拥有发明专利数量

资料来源：2017~2020 年河南省统计年鉴。

四　创新课题质效显著提升

一流课题才能聚一流人才、出一流成果。2021 年以来，河南紧紧围绕前沿领域前瞻部署战略性技术研发项目，围绕解决关键核心技术和共性技术需求，围绕基础研究重点方向，创新课题质效有了质的跃升。一是争取国家项目支持。争取到首批农业农村领域部省联动国家重点研发计划 2 项，河南联动项目数量和国拨经费额度均居全国前列。2021 年获批国家自然科学基金项目 1009 项，总经费 4.5 亿元。二是改革实施省级重大科技专项。已实施的重大科技专项成效显著，成功研制出世界最大直径硬岩掘进机，光互连芯片、引线框架铜合金新材料实现进口替代，选育出的浚单 1668 玉米新品种实现我国机收玉米品种的新突破，四价流感病毒裂解疫苗填补了我国空白。聚焦"重"和"大"，建设常态征集的重大创新需求库和定期启动的重大专项项目库，2021 年凝练发布 33 个专项指南方向。三是改进提升"揭榜挂帅"项目。调整改进项目遴选和支持机制，增设成果转化类项目，降低入围要求，突破"揭榜"限制，加大财政支持力度，创新设立"揭榜"险种，2021 年面对全球遴选发布 113 项"揭榜挂帅"榜单，共有 53 个项目成功签订合作意向，总投资额达 21.2 亿元。

第二节　创新体系逐步完善

创新平台、载体、人才是聚集创新要素、整合创新资源、激发创新活力、有效提升自主创新能力的重要途径。河南省始终把健全创新平台体系、创新载体体系、创新人才体系作为实施创新驱动发展战略的基础性工作，成效显著。

一　平台体系实现新突破

长期以来，河南聚焦国家重大战略布局和全省创新发展需求，搭建了一批创新引领型平台，推动形成了体系健全、功能完备的发展格局。一是大科学装置加速建设。着力开展大科学任务研究，构建多平台支撑软件系统，大力提升超算中心创新能力。2021 年，启动实施了超算中心首批 13 项创新生态系统建设科技专项，逐步构建起可持续发展的超算应用生态体系。此外，还积极争创国家军民科技协同创新平台，盾构装备国家技术创新中心，食管癌防治、作物逆境适应与改良省部共建国家重点实验室，大别山森林生态系统国家野外科学观测研究站，国家临床医学中心等一批"国字号”平台，不断壮大河南省创新平台实力。二是高能级创新平台加速布局。瞄准国家实验室布局领域，聚焦国家和省战略目标，重塑实验室体系，嵩山实验室、神农种业实验室、黄河实验室挂牌运行。同时，还新建了河南省地下工程装备技术创新中心，氟基功能新材料制造业创新中心等省级重大创新平台，布局建设131家省工程研究中心、120家省企业技术中心、35家省重点实验室。截至2020年底，全省国家级创新平台172家，省级创新平台突破4100家，省级新型研发机构总数突破100家，使河南省创新平台有了质的提升。此外，对标国家技术创新中心定位，聚焦河南省优势产业，依托建在创新龙头企业的省重点实验室和工程技术研究中心，高水平推进省技术创新中心建设。2019年，全省拥有国际联合实验室232家，省级以上工程实验室（工程研究中心）、省级工程技术研究中心、省级以上企业技术中心数量分别达到784个、1685个和1114个，一批产业研究和中试基地启动建设。三是创新创业孵化平台健康发展。为搭建环境优良的双创孵化基地，河南省专门制定了《河南省科技企业孵化器发展三年行动计划（2015—2017年）》和科技企业孵化器建设专项方案，依托高校孵化基地和大学科技园构建“苗圃+孵化+加速”的孵化服务链条。此外，还积极引进国内外科技企业孵化器运营机构在河南省投资建设或领办孵化器，全面提升河南省双创孵化能力。截至2021年，河南省国家级孵化载体数量达到113家，科技部公布的国家级科技企业孵化器2020年度考核评价结果，河南省国家级科技企业孵化器优秀评价居全国第二（见表7-1）。

表7-1　河南省国家重点实验室名单

序号	实验室名称	依托单位	项目主管部门	批准文号和批准时间	所属领域
1	盾构及掘进技术国家重点实验室	中铁隧道局集团有限公司	国务院国资委	国科发基〔2010〕718号，2010年12月17日	制造
2	先进耐火材料国家重点实验室	中钢集团洛阳耐火材料研究院有限公司	河南省科技厅	国科发基〔2010〕718号，2010年12月17日	材料
3	新型钎焊材料与技术国家重点实验室	郑州机械研究所有限公司	河南省科技厅	国科发基〔2010〕718号，2010年12月17日	材料

续表

序号	实验室名称	依托单位	项目主管部门	批准文号和批准时间	所属领域
4	浮法玻璃新技术国家重点实验室	蚌埠玻璃工艺设计研究院、中国洛阳浮法玻璃集团有限责任公司	安徽省科技厅 河南省科技厅	国科发基〔2010〕718号，2010年12月17日	材料
5	矿山重型装备国家重点实验室	中信重工机械股份有限公司	河南省科技厅	国科发基〔2010〕718号，2010年12月17日	制造
6	棉花生物学国家重点实验室	中国农业科学院棉花研究所、河南大学	农业部 河南省科技厅	国科发基〔2011〕517号，2011年10月13日	生物
7	车用生物燃料技术国家重点实验室	河南天冠企业集团有限公司	河南省科技厅	国科发基〔2012〕57号，2012年1月20日	能源
8	电子信息系统复杂电磁环境效应国家重点实验室	中国洛阳电子装备试验中心、中国人民解放军国防科学技术大学电子科学与工程学院	中央军委装备保障部（原总装备部司令部）	国科发基〔2012〕948号，2012年10月9日	信息
9	数学工程与先进计算国家重点实验室	中国人民解放军战略支援部队第五十六研究所、中国人民解放军战略支援部队信息工程大学	中央军委战略支援部队（原中国人民解放军总参谋部）	国科发基〔2012〕948号，2012年10月9日	数理
10	省部共建小麦玉米作物学国家重点实验室	河南农业大学	河南省科技厅	国科发基〔2013〕715号，2013年12月19日	生物
11	超硬材料磨具国家重点实验室	郑州磨料磨具磨削研究所有限公司	河南省科技厅	国科发基〔2015〕329号，2015年9月30日	材料
12	拖拉机动力系统国家重点实验室	中国一拖集团有限公司	河南省科技厅	国科发基〔2015〕329号，2015年9月30日	制造

续表

序号	实验室名称	依托单位	项目主管部门	批准文号和批准时间	所属领域
13	炼焦煤资源开发及综合利用国家重点实验室	中国平煤神马能源化工集团有限责任公司	河南省科技厅	国科发基〔2015〕329号，2015年9月30日	能源
14	航空精密轴承国家重点实验室	洛阳LYC轴承有限公司	河南省科技厅	国科发基〔2015〕329号，2015年9月30日	制造
15	省部共建作物逆境适应与改良国家重点实验室	河南大学	河南省科技厅	国科发基〔2019〕370号，2019年10月25日	生物
16	省部共建食管癌防治国家重点实验室	郑州大学	河南省科技厅	国科发基〔2019〕369号，2019年10月25日	医学

二　载体建设实现新突破

创新载体是打造国家创新高地的重要一环。长期以来，河南始终围绕集聚创新资源、优化资源配置、创新载体建设实现突破。一是自创区创新发展能力得到新提升。为进一步提升自创区创新发展能力，河南省颁布实施《郑洛新国家自主创新示范区条例》，为自创区科学、规范、有序发展提供了法制保障。制定出台《中共河南省委 河南省人民政府关于促进郑洛新国家自主创新示范区高质量发展的若干政策措施》，进一步巩固了自创区先行先试政策优势。启动建设了智能传感器、智能装备、生物医药3个自创区产业共性关键技术创新与转化平台，为“一区多元”建设蹚出了新路。组织实施大数据与人工智能等第二批18个自创区产业集群专项，进一步强化了自创区的产业支撑能力。经过多年努力，自创区创新发展实力得到不断提升，各项创新指标领跑全省，截至2020年，郑洛新三片区研发投入占全省的50%；高新技术企业总数达到3883家，占全省的61.4%；技术合同交易额达306.8亿元，占全省的79.8%。二是高新区建设全面提速。为更好地发挥高新区引领带动作用，中共河南省委办公厅、河南省人民政府办公厅印发了《关于加快改革创新促进高新技术产业开发区高质量发展的实施意见》《河南省高新技术产业开发区管理办法》。2021 年，河南省新设立 6 家省级高新技术产业开发区，高新区实现了省辖市全覆盖，总数居全国第 4 位、中部第 2 位。同时，国家高新区位次不断上升，2021 年郑州高新区上升 3 位，排名第 17 位。三是农业创新载体建设实现新突破。2021 年，新遴选出 10 家优秀“星创天地”，并与科技部中国农村技术开发中心合作，将河南省 13 家协作单位纳入“100+N”开放协同创新体系，探索出了农业科技园区带动县域创新发展的新机制、新模式。

表 7-2　河南国家级高新区企业主要经济指标

单位：家、亿元

		2020 年			2019 年		
		企业数	营业收入	总产值	企业数	营业收入	总产值
河南省	郑州高新技术产业开发区	2994	3096.96	1224.31	2608	2940.95	1294.65
	洛阳高新技术产业开发区	1122	2750.56	2276.05	995	2012.54	1725.87
	平顶山高新技术产业开发区	142	578.58	334.68	126	561.40	333.34
	安阳高新技术产业开发区	362	1021.32	923.53	342	801.03	655.27
	新乡高新技术产业开发区	331	665.49	650.13	303	638.46	627.70
	焦作高新技术产业开发区	157	280.60	223.27	132	471.88	405.54
	南阳高新技术产业开发区	220	365.40	302.61	188	303.59	242.39

注：河南信阳高新技术产业开发区于 2022 年 6 月被批复成立，故表格中不显示其经济指标。

三　人才建设实现新突破

创新人才在创新驱动发展中扮演着重要的角色，是一个地区的创新活动人力资本最直接的体现。近年来，河南省高度重视创新人才的培养、引进工作，以创新人才引育机制为重点，制定出台了一系列创新人才支持政策，强化创新人才的服务保障，营造宽松的创新创业环境，创新人才队伍不断壮大。一是人才发展体制机制改革持续深化。近几年在全国人才争夺大战中，河南也积极参与，2017 年 4 月河南省委、省政府出台了《关于深化人才发展体制机制改革加快人才强省建设的实施意见》，实施人才优先发展战略，加快推进人才发展体制机制改革。河南持续深入推进全面技能振兴工程，大规模开展职业技能提升行动。同时，河南还提出了强化技能人才培养载体建设，“十三五”期间累计建成国家级高技能人才培训基地25家、省级高技能人才培训基地56家、国家级技能大师工作室36家、省级技能大师工作室106家。此外，积极实施了高层次专业技术人才集聚和培育专项，加大了中原基础研究领军人才支持力度，实施了专业技术人才知识更新工程，推动高层次专业技术人才队伍做大做强。二是人才队伍不断壮大。全省专业技术人才总量由2015年的360万人增加到2020年的533.19万人，高技能人才总量由2015年的162万人增加到2020年的226.59万人，中高级专业技术人才比例达到了46%。三是人才引进力度不断增大。针对本土人才流失、高层次人才不足的局面，河南积极出台一揽子引才政策，面向国内外大力延揽优秀人才。河南以《关于加快建设全国重要人才中心的实施方案》为引领，制定出台了“1+20”一揽子人才引进政策措施，瞄准顶尖人才关键少数、紧盯领军人才等，着力构建具有河南特色的人才发展雁阵格局。为满足高层次、急需紧缺人才选才用才需求，把人才引进与评价、激励紧密结合，河南省人社厅印发了《河南省高层次和急需紧缺人才职称评聘“绿色通道”实施细则》（豫人社规〔2022〕3号），进一步畅通高层次和急需紧缺人才职称评聘通道，为会聚一流创新人才提供服务。建立招才引智常态化工作机制，连续举办三届“中国·河南招才引智创新发展大会”，累计延揽各类人才14.8万人，签约落地人才项目1635个。近年来，河南通过育才招才，进一步聚集了人才资源和释放了人才红利，使得人力资源优势加速转向人力资本优势，为河南省经济社会高质量发展注入新的活力。

第三节　支撑能力不断提升

创新是一个国家或地区发展实力的象征，也是综合竞争优势的表现。近年来河南全面实施创新驱动发展战略，极大地释放了全省创新活力，为河南高质量发展、现代化建设提供了强大支撑。

一　支撑破解“卡脖子”难题实现新提升

科技创新推动河南重大关键核心技术有了新突破。仅2021年，首批五大创新引领专项通过中期评估，63项重大科技专项顺利通过验收。新启动实施132项重大科技专项，支持总经费3.98亿元，带动企业研发投入超20亿元。在创新引领专项带动下，重大科技专项实施取得了一系列标志性突破：世界最大直径硬岩掘进机研制成功，出口国外应用于重大工程；光互连芯片实现进口替代，供应于国际知名设备厂商；氢燃料电池客车开展示范运行，关键指标行业领先；可见光通信技术实现重大突破；引线框架铜合金新材料、大尺寸溅射钼靶材、LED与半导体用精密超硬磨具、全自动微生物鉴定药敏分析系统等产品，打破了国外技术市场垄断；高油酸花生标记辅助选择育种技术达到国际领先水平；培育出河南省家禽领域唯一一个国审新品种——豫粉1号蛋鸡，成为农业部主推新品种；河南省培育的“黄淮肉羊”新品种通过了国家畜禽遗传资源委员会终审；华兰生物自主研发的“四价流感病毒裂解疫苗”获得国家药品监督管理局颁发新药证书，填补了我国四价流感疫苗市场空白，市场占有率居国内首位。

二　支撑产业转型升级实现新提升

科技创新推动河南形成了一批具有核心竞争力的重点产业。盾构、新能源客车、耐火材料、超硬材料四类产业的技术水平和市场占有率均居全国首位，“十三五”时期高新技术产业增加值占规模以上工业增加值比重由33.3%提高到43.4%；主要农作物育种、畜禽疫病检测、生物疫苗、冷链物流、体外诊断试剂等领域创新水平位居全国前列。

三　支撑脱贫攻坚实现新提升

科技创新推动了脱贫攻坚与乡村振兴的有效衔接。支撑实施省科技特派员助力脱贫攻坚“十百千”工程，截至2020年底，持续支持57个省产业科技特派员服务团、105个科技特派员服务队、53家科普传播基地、5130名科技特派员，开展21万多次技术服务，解决6200余项产业技术难题，培训群众100多万人次，推动了卢氏食用菌、淮滨弱筋小麦、封丘金银花等特色优势产业提质增效，支持53个贫困县、20个脱贫攻坚重点县承担实施107项科技项目，新建工程技术研究中心、“星创天地”等省级平台载体147家，并与省农行合作开展科技金融扶贫，在线上扶贫商城设立专区。加大对信阳光山周湾村、周口郸城王楼村等定点扶贫村的科技扶贫力度，提升了当地油茶、蔬菜等特色产业的发展水平，有力巩固了扶贫成果。

四　支撑疫情防控实现新提升

科技创新为疫情防控提供了有效支撑。新冠肺炎疫情发生以来，河南省坚决按照中央及省委、省政府疫情防控工作部署，认真履行省疫情防控指挥部科研工作组组长单位职责，主动出击、勇担重任，迅速动员产学研各方力量和专家团队，围绕解决疫情防控中关键技术难题，启动实施了两批共 13 个专项 23 个应急科研攻关项目，在快速诊断试剂研制、治疗药物筛选等方面取得显著成效。研发并产业化国内首款正压医用防护头罩和正压防护服，为医护人员提供了更安全、更舒适的防护装备；第一时间发布了河南省《新冠肺炎中医辨证治疗要点》分阶段施治九个推荐处方，在阻断轻症向重症发展方面取得明显成效；通过免疫特征评估新冠肺炎患者预后方法被世界卫生组织（WHO）分享采纳。科技部对河南省组织实施疫情防控应急攻关项目做法进行全文印发，尹弘省长对应急攻关取得的成效做出批示并表示充分肯定。加强疫情期间对企业、科技人员、基层服务，做好“六稳”工作，落实“六保”任务，相关部门会同省财政厅出台了《关于疫情防控期间支持服务科技型企业发展的若干措施》，2021 年投入 10 亿元支持企业创新发展，并及时引导科技特派员开展线上服务 6000 多次，助力春耕备播、复工复产。以疫情防控、科普为民为主题，举办全省科技活动周、科技战疫成果展、科普讲解大赛和巡讲活动，受益群众达百万人次。

第四节　创新生态持续优化

一直以来，河南坚持以改革破除制约科技创新发展的体制机制障碍，充分发挥自创区核心引擎作用，汇聚创新资源，强化科技创新投入，加快构建了更具活力的创新创业生态系统。

一　科技体制改革取得新进展

体制机制创新是创新驱动发展战略的活力源泉。一直以来，河南省坚持推动科研体制改革，围绕促进科技与经济结合，着力发挥政府主导作用，充分发挥市场在科技资源配置中的基础性作用，为实施创新驱动发展战略、建设国家创新高地提供了良好的制度保障。一是科技体制改革走向深入。

2015年以来，河南省委、省政府先后出台了《关于加快推进郑洛新国家自主创新示范区建设的若干意见》《关于深化项目评审、人才评价、机构评估改革提升科研绩效的实施意见》《关于进一步加强科研诚信建设的实施意见》等系列重大科技创新文件，在全社会营造了鼓励创新的良好氛围。研究制定了《河南省人民政府关于实施创新驱动提速增效工程的意见》《河南省促进科技成果转化条例》《河南省深化科技奖励制度改革方案》等科技创新政策法规，进一步激发了科技人员创新创业的积极性。二是科技创新政策体系得到进一步完善。研究制定《河南省"十四五"科技创新和一流创新生态建设规划》《关于加快构建一流创新生态建设国家创新高地的意见》《实施"创新驱动、科教兴省、人才强省"战略工作方案》，为构建一流创新生态、建设国家创新高地制定规划图和路线图。创新驱动发展目标导向进一步强化，并在高质量发展综合绩效考核指标体系中，增加了科技创新在考核指标体系中的权重。三是郑洛新国家自主创新示范区体制机制创新迈出新步伐。《郑洛新国家自主创新示范区条例》立法工作有序开展，三大高新区体制机制改革全面完成。自2017年8月起，作为自创区核心区的新乡高新区、郑州高新区、洛阳高新区，先后按照"全员聘任制、绩效考核制、薪酬激励制"的原则启动管理体制和人事薪酬制度改革，办事效率得到明显提升。并且，随着省直单位与核心区直通车制度的全面建立，自创区核心区在规划、项目、财政资金等方面的申报和审批手续得到合理简化，行政效率进一步提高。此外，还出台了《关于加快推进郑洛新国家自主创新示范区建设的若干意见》（豫发〔2016〕27号），展开了对辐射区、辐射点的遴选，截至2021年底在郑洛新三市共遴选确定12个园区，将郑洛新三市核心区、辐射园区之外108个符合条件的创新引领型企业、平台、机构、院所等创新体遴选为辐射点，最大限度释放了政策红利，放大政策辐射效应。

二　科技交流合作日趋频繁

河南作为经济欠发达省份，迫切需要借鉴利用国际科技资源来服务中原经济区建设，以融入更多人力资本、知识资本等科技要素，进而提高河南经济效益和竞争力，推动中原崛起进程。基于这种认识，河南把推动科技对外开放合作作为提高经济、科技竞争力的一项重要战略举措，积极采取多种形式拓宽科技对外开放的渠道，吸引、集成国内外的科技资源，不断增强承接技术转移和科技成果运用能力。“十二五”以来，围绕不断加强与国内外知名高校、科研机构、世界500强企业及“一带一路”沿线国家等的科技合作交流，集中精力招大引强、招院引所、招才引智，促进更多技术向河南转移、更多成果在河南转化。一是高水平举办中国·河南开放创新暨跨国技术转移大会。实施“揭榜攻关”，首次面向全球发布技术难题清单，以招标揭榜的形式向国内外征集先进技术，借助外力解决制约河南省产业发展的关键核心技术难题，探索形成了集创新需求、创新资源、成果转化于一体的对接机制。二是坚持引进与共建并举，促进高端研发平台落地。积极推动中科院等大院大所，清华大学、上海交通大学等国内外一流高校及龙头企业在河南省建立技术转移中心。大力支持省内高校、科研院所及企业与中科院所属科研机构联合在豫设立研发平台，开展原创性研发活动。三是搭建创新合作平台，打造科技开放合作高地。推动国家技术转移郑州中心运行，积极开展国际联合研究中心（实验室）建设，围绕现代农业、生物医药、先进装备制造等重点领域，依托郑州大学、河南农业大学等高校院所及科技企业，积极发挥院士等省内高水平人才的科研优势，截至2021年底建设“动物免疫学国际联合研究中心”等17家国家国际科技合作平台及“河南省电子材料与系统国际联合实验室”等164家省级国际科技合作平台。

第五节 创新文化正在形成

近年来，河南始终铆足“比”的劲头、增强“学”的主动、激发“赶”的动力、强化“超”的追求，敢于认识差距，主动查找不足，积极寻求对策，“比学赶超”的创新文化正在形成。

一 创新氛围日渐浓厚

多年来，河南始终锐意进取、开拓创新，创新氛围日渐浓厚。一是充分认识发展差距，知己知彼。经过多年努力，河南创新实力有了显著提升，但也认识到自身整体水平仍处于中等水平的省情，并做了全方位比较，与创新实力第一梯队的上海、北京、广东、天津、江苏、浙江相比，在科技创新环境、科技活动投入、科技活动产出、高新技术产业、科技促进经济社会发展等方面有较大差距，与湖北、安徽、湖南中部创新能力较为突出的地区相较也有一定差距，特别是在创新资源集聚、创新生态培育等方面有不同程度的差距，可谓知己知彼。二是加强规划引领，形成共识。2019年，省政府出台了《河南省人民政府关于实施创新驱动提速增效工程的意见》（豫政〔2019〕4号），加强顶层设计，重点围绕创新平台建设、创新主体培育等方面进行了谋划。2022年初，河南省正式印发了《河南省“十四五”科技创新和一流创新生态建设规划》，为河南省“十四五”期间建设国家创新高地提供了“行动指南”和“施工蓝图”，也进一步达成共识。三是强化考核评价，有的放矢。河南始终将考核评价作为指向标，通过与最高水平比、与最具可比性的对象比，在创新发展的各方面制定具体指标，构建了创新发展考核指标体系，并在此基础上给出追赶数据、时间和速度，让“比学赶超”有的放矢。此外，为了更好地发挥创新作用，河南围绕科技创新发展持续加大绩效考核激励力度，突出重在创新质量、重在示范带动“两个重在”，提出了“优进劣出”的动态管理机制。

二　各地创新活力竞相迸发

多年来，各地紧紧围绕全省科技创新中心工作，结合当地实际，真抓实干，形成了全省抓创新、促发展的生动局面。郑州市积极协调高企评审权限下放，科学优化申报流程，加大培育力度，新增高企数量再创新高。开封市完善政策体系，出台了《开封市科技创新“六个一流”实施方案》（汴政〔2021〕43号），制定了“一覆盖、两翻番、三超过”目标，以一系列务实举措着力完善科技创新体系。洛阳市科技局发布《服务“万人助万企”活动九项举措》，进一步强化科技创新对企业的支撑引领作用，切实为科技型企业创新发展办实事、解难题，助推企业创新发展。平顶山市推动建立“高校院所+技术平台+产业基地”的创新链条，实施高新技术企业、科技型中小企业“双倍增”工程，建设炼焦煤资源开发及综合利用国家重点实验室的做法被国家发改委、科技部、工业和信息化部、自然资源部四部委作为“十三五”时期产业转型升级示范区典型经验做法在全国范围内予以表彰推广。三门峡市与高校、科研院所开展科技合作，有效补齐了该市高校、科研院所较少的短板。安阳市搭建市科技创新数字化综合服务平台，组建市县（市、区）科技创新服务中心，进一步配强科技工作队伍，推动科技创新工作向基层辐射。鹤壁市坚持“项目为王”理念，重大科技项目谋划实施成效显著。信阳市创新人才服务机制，2021 年率先在全省开展“科技副总”选聘工作，面向全市高校和科研院所选了第一批 30 名“科技副总”到企业服务，推动企业技术创新。

第八章　河南创新驱动发展的经验启示

近年来，党和国家越来越重视科技创新，对科技创新引领作用的认识也不断深化。2012 年，党的十八大提出了实施创新驱动发展战略的部署，这是我党首次将科技创新上升到国家战略高度。随后，党的十九大又进一步提出“创新是引领发展的第一动力”的观点，党的十九届五中全会将创新放在了我国现代化建设全局中的核心地位。由此可以看出，创新驱动战略是引领发展的大国重器，是未来中国发展的关键举措。在此背景下，河南按照中央的部署，积极实施创新驱动战略，全省经济社会发展取得了长足的进步。回顾十年来河南实施创新驱动战略的丰富实践，既有很多很好的经验，也有一些现实的问题和不足。总结河南实施创新驱动战略的成功经验，不仅为河南进一步实施创新驱动战略提供了有益的启示，也为其他类似省份转型发展、增长竞争力提供了弥足珍贵的借鉴。

第一节　河南实施创新驱动发展的时代特征与现实基础

21 世纪以来，信息科学技术突飞猛进，以互联网技术为核心的新技术不断涌现，5G、人工智能、大数据、云计算等新技术日新月异。这些新技术的不断发展，促使新技术革命或新一轮技术革命的到来。在此背景下，以习近平同志为核心的党中央，不断探索规律、深化认识，对科技创新提出一系列新论断、新要求，指明了坚持走中国特色自主创新道路的新方向，为建设科技强国提供了根本遵循。河南是中国的缩影，在国家科技创新战略中具有重要地位，是国家科技创新的重要力量。河南实施创新驱动战略，是实现“两个确保”的重要要求，也是促进全省经济结构转变的重要任务，具有现实紧迫性和必要性，也就有可行性和现实性。未来一个时期，河南实施创新驱动战略，有利于进一步提升科技创新能力和效率，全面推动经济社会高质量发展，为河南省建设国家科技创新高地奠定扎实基础。

一 “两个确保”突出河南实施创新驱动发展的紧迫性

河南省第十一次党代会提出了“两个确保”的奋斗目标，即：确保高质量建设现代化河南、确保高水平实现现代化河南。在目标量化上，党代会提出，到2035年，全省综合实力、创新能力进入全国前列，人均生产总值、城镇化率、研发经费投入强度、全员劳动生产率、人均可支配收入均达到或超过全国平均水平。从人均生产总值指标来看，2020年全省人均GDP为55346元，是全国平均水平的77%，缺口是23%。要完成“两个确保”的目标，未来15年河南人均GDP增速需要比全国增速高1.53个百分点。而事实上，2012年到2021年，河南人均GDP增速高于全国1.48个百分点，低于实现“两个确保”人均GDP增速的要求，也就是说，按照目前的增长速度发展，到2035年河南人均GDP难以实现达到全国平均水平的目标。事实上，河南人均GDP长期滞后于全国平均水平，有多方面的原因，其中科技投入不足是一个重要的方面。根据官方公布的数据测算，2020年河南省研发经费投入强度为1.64%，低于全国研发经费投入强度0.76个百分点，也低于湖北、山东、安徽等相邻省份。科学技术是第一生产力，河南研发经费投入不足，导致科技创新能力不足，影响着经济的可持续增长。基于此，要实现“两个确保”的目标，客观要求河南实施创新驱动战略，不断增强科技创新能力，再造新优势，进一步增强发展的动力。

二 加快转型突出河南实施创新驱动发展的必要性

当前，全球孤立主义、保护主义肆虐，新冠肺炎疫情反复持续，我国经济发展面临着需求收缩、供给冲击、预期转弱三重压力，经济下行压力持续加大，客观存在加快转型探索新的经济增长动能的要求。在此背景下，中央相继提出了创新、协调、绿色、开放、共享等新发展理念，提出了加快构建以国内大循环为主体、国内国际双循环相互促进的新发展格局。就河南来说，长期以来，全省资源型经济比重较大，产业层次不高，发展质量较低，消费和投资增长动力偏弱，面临着资源与环境的双重约束。同时，河南科技创新整体实力不强、引领带动能力不足，创新资源分散，统筹推进的合力尚未形成，政策落实还存在“棚架”现象，科技创新能力不足已成为制约河南发展的突出短板。在此背景下，河南实施创新驱动、科教兴省、人才强省战略，有利于转变发展方式，推动全省经济增长由主要依靠增加物质资源消耗向主要依靠科技进步、管理创新、劳动者素质提高转变；有利于提升自主创新能力，不断提高产业的层次和水平，增强经济发展的动力，提高经济发展的质量和水平；有利于推动传统产业改造升级，推动传统产业数字化、低碳化转型，推动新业态、新模式、新产业的培育，不断塑造发展新优势。

三　大省优势突出河南实施创新驱动发展的可行性

实施创新驱动发展战略，是一项复杂的系统工程，涉及经济、社会、人口等多个方面的任务，而每一方面又可能包含很多项具体的工作，因此，实施创新驱动发展战略需要具备一定的条件和资源。河南实施创新驱动战略的优势，就在一个“大”字。河南是一个大省，不仅在于河南土地面积大，人口众多，资源丰富，经济规模大，还具有雄厚的工业基础。土地面积大，意味着河南科技产业具有较大的发展腹地和腾挪空间，而且河南地处中原，地势平坦，土地肥沃，气候适宜，发展高技术产业的条件得天独厚。人口众多，意味着市场广大，人口红利大，人力资源丰富。人是生产力诸要素中最积极、最活跃的因素，人力资源是财富和资本，是第一资源。在扩大内需以及老龄化日益严重的当下，丰富的人力资源成为河南创新驱动发展的最大优势。资源丰富，意味着河南实施创新驱动战略必需的要素支撑条件良好，河南不仅有丰富的矿产资源、能源资源、水资源，而且还是粮食大省和劳动力资源大省，为创新驱动发展提供了良好的基础支撑。经济规模大，意味着河南实施创新驱动战略有资金、资源等要素支撑。工业基础雄厚，意味着河南实施创新驱动战略，可以形成完整的产业链分工和价值链配套。总体来看，大省优势为河南实施创新驱动发展提供了要素保障和条件支撑，为河南实施创新驱动战略提供了可行性。

四　基础较好突出河南实施创新驱动发展的现实性

实施创新驱动战略的本质在于，通过实施科技创新战略，促进经济发展动力的转换，实现经济社会的全面转型升级。党的十八大以来，河南大力推进科技创新，出台了一系列科技创新政策，为实施创新驱动奠定了良好的基础。在产业基础方面，河南近年来大力培育高新技术产业，装备制造、电子信息、汽车及零部件、新能源、新材料等战略新兴产业基础不断壮大，基本具备了推进创新驱动战略的产业基础。在创新资源方面，河南以郑洛新国家自主创新示范区为依托，大力推进创新要素和科技人才集聚，尽管与发达省份相比科技能力还嫌不足，但是与原有的基础相比却有了较大的进步，积累了科技起飞的前提条件。在高等教育方面，郑州大学和河南大学“双一流”建设快速推进，基础科研能力显著增强，科技人才培养能力不断提高，为河南实施创新驱动发展提供了人才基础。在基础设施方面，河南近年来大力推进高速公路、铁路等路网建设，推进通信基础设施建设，营商环境有了巨大的改善，为科技创新提供了良好条件。综上所述，当前的河南，已经具备了通过科技创新促进发展动力转换的条件和基础，为河南实施创新驱动战略提供了现实性。

第二节　河南实施创新驱动发展的基本经验

实施创新驱动战略是党的十八大做出的战略部署，其核心要义是以全球视野谋划和推动自主创新，着力增强创新驱动发展新动力，加快形成经济发展新方式，推动经济社会科学发展、率先发展。2015 年 3 月，《中共中央 国务院关于深化体制机制改革加快实施创新驱动发展战略的若干意见》出台，指导深化体制机制改革加快实施创新驱动发展战略。在此背景下，2016 年 11 月，河南省第十次党代会提出建设中西部地区科技创新高地的目标任务。省委、省政府先后出台了《关于贯彻落实〈国家创新驱动发展战略纲要〉的实施意见》《中共河南省委 河南省人民政府关于深化科技体制改革推进创新驱动发展若干实施意见》等文件，全省自主创新能力显著增强，突破了一批产业关键共性技术，取得了一批在全国具有重大影响的科技成果，全省经济发展开始突破要素驱动的路径依赖，逐渐向依靠科技创新的创新型经济转变。回顾党的十八大以来河南实施创新驱动发展战略的历程，之所以取得如此显著的成效，主要有以下几个方面的经验。

一　强化创新意识是实施创新驱动发展的基本前提

实施创新驱动战略，必须强化创新意识、营造创新氛围，使创新意识成为凝聚全省人民干事创业的精神动力。2014 年，习近平总书记视察指导河南时，提出将实施创新驱动作为河南要打好的“四张牌”之一。在此背景下，省委、省政府先后出台了《关于贯彻落实〈国家创新驱动发展战略纲要〉的实施意见》《中共河南省委 河南省人民政府关于深化科技体制改革推进创新驱动发展若干实施意见》等文件，形成了实施创新驱动的舆论氛围。河南省第十一次党代会更是把科教兴省、人才强省和实施创新驱动战略放在“十大战略”之首重点推进，为河南未来一个时期实施创新驱动战略指明了前进方向，提供了根本遵循。党的十八大以来的实践证明，只有强化创新意识，才能凝聚全省人民推动科技创新的干劲；只有强化创新意识，才能为河南转型发展找到一条新路子；只有强化创新意识，才能在行动上形成促进全省产业和科技更上一层楼的不竭动力。未来一个时期，河南要继续实施创新驱动战略，进一步强化创新意识，营造良好的创新氛围和创新生态，在全社会形成“万众创新”的良好环境，推动河南发展方式的根本转变。

二　加强组织领导是实施创新驱动发展的关键环节

“万里之船，成于罗盘。”加强组织领导，为实施创新驱动、打造人才强省提供了方向指引。河南近些年实施创新驱动战略的实践之所以取得了一定的成绩，也是与加强组织领导分不开的。历届省委、省政府都将创新驱动作为引领全省经济转型升级的重要的抓手，一以贯之地持续往前推进。2016 年 11 月，河南省第十次党代会提出建设中西部地区科技创新高地的目标任务。2021 年 10 月，河南省第十一次党代会根据形势的变化，进一步提出了“建设国家创新高地”的号召。事实上，创新驱动战略涉及经济、科技、教育等各个方面，涉及多个学科、多个领域，时间紧、任务重，需要依靠全省人民的智慧和力量。要实施创新驱动战略，必须加强组织领导，在党的领导下做好总体框架和顶层设计，在党的领导下动员全省各界群众，在党组织的指挥下推进各项工作的落实。河南这些年来实施创新驱动战略取得的成绩，无一不是归功于党的组织领导，归功于全省人民的不懈努力。未来一个时期，河南要实施创新驱动战略，需要进一步加强和改善党的组织领导，为建设国家创新高地提供组织保障。只有继续加强党组织领导，才能把全省人民组织起来，形成统一的意志和行动，凝结成干事创业的强大动力，推动科技创新更上新台阶；只有继续加强党的组织领导，才能协调各方面的利益，克服各种艰难险阻，解决实践中遇到的各种问题，推动科技创新更上新水平；只有继续加强党的组织领导，才能调动一切力量，集聚各方面的要素和资源，推动科技创新更上一层楼，形成河南经济增长的强大驱动力量。

三　强化要素支撑是实施创新驱动发展的根本支撑

实施创新驱动战略涉及产业升级、科技进步、教育教学和人才培养等多个领域，做好这些工作，离不开强大的要素支撑。近年来，河南围绕实施创新驱动战略，不断强化制度建设，优化营商环境，努力构建资金、人才、技术等要素汇集的新高地。在科技人才培养方面，近年来大力推进科教兴省战略，支持郑州大学、河南大学加快“双一流”建设，推动河南科技大学、河南理工大学、河南农业大学等高校提升科技人才培养能力，支持职业教育跨越式发展，努力将人力资源转化为人才资源。同时，河南实施人才强省战略，通过“筑巢引凤”，面向全国吸引高层次科技人才，扩大高水平人才要素的规模，为实施创新驱动战略提供了人才支撑。在资金要素方面，河南通过不断优化营商环境，推进产业链培育和发展，引进了一批科技含量高、市场前景广的大项目、好项目，推动了资金要素向河南的集聚。在创新驱动载体方面，河南积极推动郑洛新国家自主创新示范区建设，推动各级高新区、经济技术开发区建设，大力推进科技孵化器、加速器等科技创新平台建设，加快创新资源和要素的集聚，增强自主创新能力，不断提升技术要素的保障能力和水平。河南的实践证明，要实施创新驱动战略，必须强化要素支撑，通过科技要素的集聚，实现发展动能的提升。“十四五”期间，河南面临着新的形势和任务，实施创新驱动战略、促进产业转型的任务更重，需要更多更优质的科技创新资源要素向河南汇集。为此，河南要进一步强化制度创新，为科技人才会聚提供更好的环境，为资金汇聚提供更好的营商环境，为创新资源汇聚提供更好的条件，为实施创新驱动战略提供充足的资金、人才、技术的要素支撑。

四　实施项目带动是实施创新驱动发展的重要抓手

实施创新驱动战略，必须强化项目支撑，通过科技重大项目的建设，带动产业、科技、教育等各方面事业的转型升级。近年来，河南不断强化“项目为王”的理念，坚持以项目论英雄，“一切围绕项目转、一切盯着项目干”，全力以高质量项目支撑高质量发展，产业转型升级、科技进步、人才培养等均取得了明显的发展。在科技领域，近年来，河南积极谋划建立国家实验室和国家创新中心，嵩山实验室、神农种业实验室、黄河实验室，国家超级计算郑州中心、国家生物育种产业创新中心、国家农机装备创新中心等挂牌运行，一批产业研究院和中试基地启动建设，为创新驱动战略提供了重要支撑。河南的成功实践证明，实施创新驱动战略必须坚持项目带动，以项目为抓手，推进科技创新各项工作的开展。只有实施项目带动，才能凝聚各级干部群众的意志，集聚全省各方面的力量，形成科技成果转化的强大推力；只有实施项目带动，才能夯实科技创新平台，为创新资源集聚提供载体；只有实施项目带动，才能形成有利于科技创新发展的体制机制，营造有利于创新资源汇集的营商环境。未来一个时期，河南实施创新驱动战略需要进一步实施项目带动，积极引进一批高能级的科技创新资源，引进一批高科技人才，着力塑造优良创新生态，为河南实施创新驱动提供项目支撑和保障。

五　突出改革创新是实施创新驱动发展的动力源泉

创新是经济发展的新引擎，改革是必不可少的点火器。新的条件下，实施创新驱动战略，需要深入推进体制机制改革，需要打破原有不利于科技创新的体制机制，创造有利于科技创新的体制机制，为科技创新水平上台阶提供制度保证。党的十八大以来，河南以实施创新驱动战略为契机，深入推进经济、科技、教育等领域的改革，推进体制机制创新，大大激发了科技创新的活力，全省经济社会转型升级取得了长足的进步和发展，自主创新能力显著增强，经济可持续发展的动力明显增强。河南这些年科技创新成绩的取得得益于深化改革提供的强大动力，得益于体制机制创新焕发的生机与活力。正是由于全省改革的深入推进，河南的产业结构才能得到持续优化，目前，高新技术产业正在成长为促进全省经济可持续发展的重要生力军。得益于改革的深入推进，河南近些年高等教育得到了极大的发展，科技创新资源日益丰富，经济可持续发展的动力显著增强，全省结构转型取得了明显的进步。同时，河南以郑洛新国家自主创新示范区为载体和依托，加大科技领域体制机制改革创新力度，不断集聚科技创新要素和资源，培育和引进高新技术企业，培育发展新产业、新业态、新模式等新经济，河南的科技驱动经济增长的动能显著增强。河南的实践证明，作为中西部欠发达地区，只有进一步深化改革，积极推进科技领域体制机制创新，才能形成促进产业和科技转型升级的强大动力，形成促进经济转型发展的强大力量，成为未来迎接区域经济新挑战的重要依托，成为整个经济社会稳定繁荣的重要保障。

六　注重监测考评是实施创新驱动发展的有效保障

实施创新驱动战略是一项复杂的系统工程，涉及经济、教育、科技、人才等多个领域，涉及经济社会发展的方方面面，需要做好顶层设计和科学谋划。在这方面，河南有着丰富的经验和实践，也取得了较好的成果。为了落实习近平总书记关于河南要打好创新驱动这张牌的要求，省委、省政府先后出台了《关于贯彻落实〈国家创新驱动发展战略纲要〉的实施意见》《中共河南省委 河南省人民政府关于深化科技体制改革推进创新驱动发展若干实施意见》等文件，为全省实施创新驱动战略做好顶层设计和战略谋划。同时，也应当看到，实施创新驱动战略重在行动、重在落实。再好的制度也离不开行动，再好的计划，离开了行动，也等于是一句空话。正是基于这一认识，河南在制定实施创新驱动战略方案的基础上，进一步制定了一系列监测考评体系和考评制度，推行目标责任制，形成权责明确、各司其职、协同配合、监督有力的工作推进机制，从制度上确保全省实施创新驱动战略的顺利落实。正是因为监测考评制度等的成功实施，全省上下才形成了狠抓行动落实创新驱动战略的紧张氛围，实施创新驱动战略得以在河南全省大地“开花结果”。河南实施创新驱动战略的实践充分证明，欠发达地区要推进科技创新促进转型发展，必须好顶层设计和整体框架规划，同时还必须完善监测考评机制，完善实施机制和各项制度，为各项工作落实提供坚实的制度保障。

第三节　河南实施创新驱动发展的重要启示

实施创新驱动战略是省委、省政府按照中央的要求做出的重大部署，代表了全省人民的总体利益和总体愿望，是“十四五”乃至更长一段时期全省上下工作中的重大任务。基于此，省委、省政府在认真总结近年来实施创新驱动发展经验的基础上，进一步审视新条件下河南实施创新驱动战略面临的新形势和新任务，对未来全省实施创新驱动战略进行了新的规划和部署，以期在更高水平、更高层次上实施创新驱动战略，推动实施科教兴省和人才强省战略，推动全省产业转型升级和科技进步上台阶，为全省人民创造更加美好的幸福家园，同时也向中央和全省人民交上一份满意的答卷。

一　必须坚持党建引领

党建工作在科技创新价值链中发挥着方向引领、精神塑造、服务保障等作用。促进科技创新，需要坚持党建引领，将党建工作和科技创新工作深度融合，不断聚焦主攻方向、优化队伍结构、增强信心活力，实现经济发展动能的根本性转变。河南近年来实施创新驱动战略的实践证明，顺利推进科技创新促进自主能力提升，关键在坚持党的领导。在全面深化改革的新形势下，各种新矛盾、新问题不断涌现，要破解化解这些问题，必须要强化党的领导，必须要推进党的建设，必须要强化党建引领。未来一个时期，全省上下要牢固树立“抓好党建是最大的政绩”的理念，强化“抓好党建是本职、不抓党建是失职、抓不好党建是不称职”的意识，巩固党在实施创新驱动战略工作中的领导地位，以党建引领推动河南实施创新驱动战略。在实践上，要推进党的建设和各项业务融合发展，以党的建设引领推动各项工作的开展。当前，河南经济社会发展进入新阶段，在新的形势下，要实施创新驱动战略，必须强化党建引领，要在党建引领之下推进科技创新，为经济发展注入强劲动力；要在党建引领之下强化科技创新体制机制建设，平稳扎实推进各项改革；要在党建引领之下稳步推进各项工作，确保实施创新驱动战略取得新成效，经济社会转型升级更上新台阶。

二　必须发挥比较优势

当前，区域经济竞争日趋激烈，只有善于利用、充分发挥自身优势，做到人无我有、人有我优，才能在激烈的竞争中闯出一片天地、占得一席之地。河南要实施创新驱动战略，也必须发挥比较优势，善于把比较优势转化为经济社会发展的胜势。河南的优势首先在于人口多，特别是年轻人口多。人口多意味着劳动力多，人力资源丰富而且人力成本较低，对科技创新资源具有显著的吸引力。同时，人口多意味着市场大，也就意味着产品可以就地消化，从而降低交易成本，对科技型企业的也具有一定的吸引力。河南的第二个优势在于区位好，河南地处九州之中，居于沟通中西、连南贯北的关键位置。河南九州之中的区位优势，意味着来自东西南北的创新资源如资金、技术、人才等可以方便地在河南汇集。通过实施创新驱动战略，不断优化营商环境，把经过、路过河南的优质创新资源留下来，把这些资源充分利用起来，打造新的生产力。河南的第三个优势在后发优势。就全国来说，河南的科技创新相对比较弱，但是在经济开放发展的今天，基础弱也就意味着学习成本低，成果转化快。河南实施创新驱动战略，可以借助发达地区现成的科技成果，加速向生产力转化，从而更快地提高科技创新能力，提升发展动力。

三　必须抢抓发展机遇

当前，国内外环境正在经历着深刻的变化，既带来了一系列新机遇，也带来了一系列新挑战。实施创新驱动发展战略，必须抢抓机遇，积极应对挑战，在未来产业竞争中争得良好的位置。就河南实施创新驱动发展战略来说，目前最大的机遇就是世界新技术的飞速发展。进入 21 世纪以来，以互联网技术为核心的新技术革命突飞猛进，5G、人工智能、云计算、大数据等新技术不断出现。在此背景下，实施创新驱动发展战略，可以充分利用新技术培育新兴产业，改造提升传统产业，推进发展动力和方式的转变。同时，在“双循环”背景下，河南还面临着承接产业转移的机遇。当前，全球产业链、供应链加速重构，世界产业格局面临新的调整。就全国来说，沿海发达地区部分产业基于不断上升的成本以及寻找内部市场的需要，客观上也需要向中西部转移。河南地处中原，是东部产业向中西部转移的“桥头堡”，河南积极抢抓新一轮产业转移的机遇，积极承接国外及沿海发达地区科技产业转移，在新一轮竞争中不断增强发展的动力。河南实施创新驱动发展战略也拥有国家政策的优势。党的十八大以来，习近平总书记高度重视科技创新，始终把创新摆在国家发展全局的核心位置，出台了诸多促进科技创新的政策。在此背景下，河南自我加压、积极作为，推动国家科技政策在河南落地生根发芽，形成实施创新驱动的强大政策优势。

四　必须深化改革开放

改革开放是党和人民大踏步赶上时代发展的重要法宝，是坚持和发展中国特色社会主义的必由之路，是决定当代中国命运的关键一招，是被历史实践证明了的伟大真理。改革是解放和发展社会生产力的关键，是推动发展的根本动力，扩大开放是推动高质量发展的必由之路。河南实施创新驱动战略，必须进一步深化改革开放。一方面，推动更深层次改革，需要守正创新、开拓创新，善于运用改革思维和改革办法，统筹考虑短期应对和中长期发展，在战略上布好局，在关键处“落好子”，大胆探索科技创新发展之路。另一方面，进一步扩大开放，需要宽广的视野，统筹国内国外两大资源，探索内陆大省扩大开放之路。河南不靠海、不沿边，发展外向型经济面临诸多困难。但是困难再大也没有决心大，什么力量也阻挡不了河南扩大开放的步伐。可喜的是，河南近年来逐渐探索出了内陆省份扩大开放之路，跨境电商、中欧班列、综合保税区、航空港经济示范区等一系列开放载体和窗口从无到有、从小到大，营造出中原河南开放发展蒸蒸日上的气势。未来一个时期，实施创新驱动战略，需要继续利用好这些载体和平台，力争对外开放水平更上一个新台阶。

五　必须突出关键在人

实施创新驱动战略，关键在人，关键在人才。坚持正确选人用人导向，匡正选人用人风气，突出政治标准，提拔重用牢固树立“四个意识”和坚定“四个自信”、坚决维护党中央权威、全面贯彻执行党的理论和路线方针政策、忠诚干净有担当的干部，选优配强各级领导班子。坚持严管和厚爱结合、激励和约束并重，完善干部考核评价机制，建立激励机制和容错纠错机制，旗帜鲜明地为那些敢于担当、踏实做事、不谋私利的干部撑腰鼓劲。要抓住建章立制的机会，立“明规矩”、破“潜规则”，围绕发生的腐败案例，查找漏洞，吸取教训，着重完善党内政治生活等各方面制度，压缩消极腐败现象的生存空间和滋生土壤，通过体制机制改革和制度创新促进政治生态不断改善。河南实施创新驱动战略，必须突出人的积极作用。一是在各级领导班子配备上，要突出科技干部的地位，发挥科技干部的作用，让领导干部成为科技创新的关键推动力。二是要充分发挥科技人员在创新驱动战略的主力军作用，在收入分配、福利待遇上向科技人员倾斜。注重知识产权保护，在全社会形成尊重知识、尊重人才的氛围，激发科技人员科技创新的积极性。三是加快构建科技创新容错机制，为科技创新过程中的先行先试探索、颠覆式创新“保驾护航”。

六　必须强化系统观念

系统观念是具有基础性的思想和工作方法，其核心要义在于统筹兼顾，综合平衡，突出重点，带动全局。坚持系统观念，是党的十九届五中全会提出的“十四五”时期经济社会发展必须遵循的原则之一。实施创新驱动战略，必须坚持系统观念，统筹国内国际两个大局，统筹“五位一体”总体布局和“四个全面”战略布局，加强前瞻性思考、全局性谋划、战略性布局、整体性推进。实施创新驱动战略是一个系统工程，要善于运用系统科学、系统思维、系统方法研究解决问题，既要加强顶层设计又要坚持重点突破，既要抓好当前又要谋好长远，强化需求对接，强化改革创新，强化资源整合，向重点领域聚焦用力，以点带面推动整体水平提升。当前形势下，河南实施创新驱动战略面临不少新情况、新问题，要善于运用改革思维和改革方法，统筹考虑短期应对和中长期发展，既要在战略上布好局，也要在关键处“落好子”。要加快推进有利于提高科技创新资源配置效率的改革、有利于提高科技创新质量和效益的改革、有利于调动各方面积极性的改革，聚焦重点问题，加强改革举措的系统集成、协同高效，打通淤点堵点，激发整体效应，为实施创新驱动战略提供动力源和新支撑。

Ⅳ 持续与深化篇

第九章　新时代河南创新驱动发展面临的新形势新使命

站在新起点，在开启全面建设社会主义现代化河南新征程的历史节点，要把科技创新摆在现代化建设全局的核心地位，主动顺应创新驱动进入新时代的发展大势，牢牢抓住新时代河南创新驱动发展面临的新机遇，主动作为，积极应对新时代河南创新驱动发展面临的新挑战，坚持“四个面向”，肩负起新时代河南创新驱动发展的新使命，蓄势聚力建设国家创新高地，奋力谱写新时代中原更加出彩的绚丽篇章。

第一节　创新驱动发展进入新时代

在新发展阶段、新发展理念、新发展格局大背景下，河南发展已经进入了模式转型、动能转换的关键期，必须放眼全球，站位全国，全面把握新时代创新驱动发展的新趋势、新特征，立足省情，打造创新驱动新引擎，开辟创新驱动新空间，塑造创新驱动新优势，以创新引领河南“抓机遇、开新局、更出彩”。

一　放眼全球：创新已成为大国博弈的主要战场

从全球范围来看，当今世界正在经历百年未有之大变局，科技创新成为国际战略博弈的主要战场，今天的世界正处于创新密集和新兴产业快速发展的时代，新科学理论突破、新生产工具、新就业岗位、新投资热点、新生产生活方式加快形成。这是一场全人类向智能生产、绿色生活的新迁徙，其间显现出许多新的特点：技术创新对产业发展的作用更为关键；市场是引导创新要素流动的关键力量；企业是配置创新要素的核心载体；创新型人才是最稀缺的资源；科学研究范式正在发生深刻变革，学科交叉融合不断发展，科学技术和经济社会发展加速渗透融合，科技创新广度显著加大、深度显著加深、速度显著加快、精度显著加强，在新一轮综合国力竞争中，能不能及时确立战略布局、有力推动科技创新、不断提高社会生产力和劳动生产率，成为主导国家前途命运的一个决定性因素。在此趋势下，科技创新将重塑各国经济竞争力的消长和全球的竞争格局，以科技创新为核心的大国竞争正在引发国际格局和治理体系的重构，全球创新版图逐步向多中心发展，科技创新在全球治理中的重要性不断提升。面对日趋激烈的全球科技竞争格局，我国在科技创新方面做出重大战略布局调整。在创新战略层面，从过去以技术追赶为主向构建局部优势转变；在创新路径层面，从过去的终端产品创新优势向实现中间产品创新优势转变；在创新政策层面，从过去更加注重集成创新向突出原始创新转变，进而在日趋复杂的大国竞争中抢占先机，赢得战略主动和发展空间。在此背景下，河南积极主动实施创新驱动、科教兴省、人才强省战略，既是顺应创新驱动发展新趋势，塑造未来发展新优势的主动作为，更是聚焦大国科技博弈，在科技强国建设中贡献河南力量的具体实践。

二　站位全国：创新已成为引领发展的第一动力

从国内看，党的十八大以来，以习近平同志为核心的党中央高度重视科技创新工作，把创新作为引领发展的第一动力，作为建设现代化经济体系的战略支撑，坚持把科技创新摆在国家发展全局的核心位置，全面谋划科技创新工作，我国科技创新取得新的历史性成就。立足新发展阶段、贯彻新发展理念、构建新发展格局、推动高质量发展，必须深入实施科教兴国战略、人才强国战略、创新驱动发展战略，完善国家创新体系，加快建设科技强国，实现高水平科技自立自强。党的十九届五中全会强调，坚持创新在我国现代化建设全局中的核心地位，把科技自立自强作为国家发展的战略支撑。全国各省区市积极响应中央号召，纷纷加大科技创新力度，争相打造区域创新发展新引擎，抢占科技创新制高点。北京、上海、粤港澳大湾区加快建设国际科技创新中心，强化构建新发展格局战略支撑；北京怀柔、上海张江、粤港澳大湾区、安徽合肥聚力建设综合性国家科学中心，国家战略科技力量加速布局；成都、重庆、武汉、西安着力打造区域性科技创新中心，构建辐射周边的区域创新高地。当前构建新发展格局是一次机遇性、竞争性、重塑性的变革，面对激烈的区域竞争态势，“不进则退、慢进亦退、不创新必退”，更加需要把科技创新摆在现代化建设全局的核心地位、把创新驱动作为高质量发展的逻辑起点和战略支撑，保持战略清醒和战略定力，以敢为人先的锐气和胆识、勇于担当的历史使命感、矢志不移的创新自信、打破常规的创新举措，用非常之功、下非常之力，在拉高标杆中争先进位、在加压奋进中开创新局，努力实现直道冲刺、弯道超车、换道领跑，以崭新的姿态开启国家创新高地建设新征程。

三 立足河南：创新已成为“两个确保”的战略支撑

在新发展阶段、新发展理念、新发展格局大背景下，河南发展已经进入了模式转型、动能转换的关键期，必须依靠创新打造发展新引擎，开辟发展新空间，创造新竞争优势，推动经济高质量发展。一方面，创新是破解河南“不平衡、不充分、不协调”问题的根本举措。当前，河南面临着以城乡区域差距大、产业结构偏重为特征的“不平衡”问题，以人均指标偏低、发展质量不高为特征的“不充分”问题，以经济发展与民生改善、生态保护之间不同步为特征的“不协调”问题。这些问题已成为制约“两个确保”宏伟战略的瓶颈和短板，经验表明，唯有创新，才能重塑区域竞争优势；唯有创新，才能寻求新的经济增长点；唯有创新，才能激发转型升级活力；唯有创新，才能破除机制体制障碍。因此，在新发展阶段，必须把创新摆在发展的逻辑起点、现代化建设的核心位置，依靠不断深入的创新逐一破解上述难题，推动河南在高质量发展道路上行稳致远。另一方面，创新是引领河南“抓机遇、开新局、更出彩”的根本动力。进入新时代、开启新征程，河南要在抓住构建新发展格局的战略机遇、新时代推动中部地区高质量发展的政策机遇、黄河流域生态保护和高质量发展的历史机遇过程中，实现“两个确保”确定的宏伟目标，就必须以创新为引领发展的第一动力，实施创新驱动、科教兴省、人才强省战略，着力打造一流创新生态，推动河南在高质量建设现代化和高水平实现现代化进程中，谱写中原更加出彩的绚丽篇章。

第二节 新时代河南创新驱动发展面临的新机遇

进入新时代，河南锚定“两个确保”，开启了现代化建设新征程，处于战略叠加的机遇期、蓄势跃升的突破期，到了由大到强、实现更大发展的重要关口，社会经济发展呈现出新的阶段性特征，科技创新的战略支撑作用将不断强化，为持续实施创新驱动、科教兴省、人才强省战略，建设国家创新高地，推动中原更加出彩提供了新机遇。

一 全球新一轮科技革命和产业变革深入发展

当今世界，百年未有之大变局加速演进，新一轮科技革命和产业变革深入发展，正在以前所未有的深度和广度重构经济结构和产业版图，催生新的产业形态，建构新的产业模式，重塑新的产业逻辑，在此背景下，河南深入实施创新驱动、科教兴省、人才强省战略，与全球新一轮科技革命和产业变革同频共振，将为“两个确保”战略实施带来前所未有的重大机遇。首先，重大颠覆性技术不断涌现，加速产业迭代变革，将为河南产业升级，实现弯道超车，提供关键时间窗口。当前，新一轮科技革命和产业变革正在推动全球技术网络重建、价值链重构以及产业格局重塑，以新一代信息技术为引领，生物技术、新能源技术、新材料技术等多领域技术相互渗透、交叉融合，重大颠覆性创新不时出现，信息通信、智能终端及服务、高端装备、生物科技等领域不同程度地出现“技术变轨”和“市场变轨”机会窗口，这为河南利用新技术“变轨”实现跨越发展提供了重要历史性机遇。其次，新科技革命与产业变革深度融合，这使得传统意义上的基础研究、应用研究、技术开发和产业化的边界日益模糊，基础研究和应用开发的关联度不断增强，技术更新和成果转化更加快捷，产业更新换代不断加快，在此背景下，科技经济融合日趋紧密，加速科技成果转化，为河南布局新兴产业、重塑产业优势提供了巨大发展机遇。最后，新一轮科技革命和产业变革不再局限在某一个领域或者某几个行业，而是渗透到了经济、社会、文化等方方面面，涵盖了包括生产、分配、交换、消费在内的所有环节。科学技术全方位广泛渗透，必然加速产业模式创新，为河南未来产业发展不断拓展新空间。

二　我国把创新摆在国家发展全局的核心位置

面对新一轮科技革命和产业变革蓬勃兴起，全球经济格局重构、竞争优势重塑的发展大势，科技创新已成为赢得战略先机、占领竞争制高点的关键力量。当前，我国创新能力还不适应高质量发展要求，关键核心技术受制于人的局面尚未根本改变，在此背景下，站在“两个一百年”奋斗目标历史交汇点上，党中央做出加快构建“双循环”新发展格局的重大部署。从发展动力上看，无论是推动国内大循环，还是畅通国内国际双循环，科技创新在畅通经济循环，提高供给体系质量和水平，保障产业链、供应链安全稳定等方面都起着决定性的作用。这为深入实施创新驱动发展战略，加强科技创新和技术攻关，强化关键环节、关键领域、关键产品的保障能力，提升产业基础高级化、产业链现代化水平，打造以科技创新为支撑和引领的“双循环”新发展格局提出了新要求，指明了新方向。为进一步发挥创新在国家发展全局中的核心位置和引领作用，党的十九届五中全会提出“把科技自立自强作为国家发展的战略支撑”，“十四五”时期，我国将以建设科技强国为引领，立足自身完善国家创新体系，力求在基础性研究和关键核心技术攻关上取得重大突破，把发展主动权牢牢掌握在自己手里。与此同时，积极融入全球创新网络，借助外力提升创新能级，积极向全球分享更多中国科技成果。我国把创新摆在国家发展全局的核心位置为河南深入实施创新驱动、科教兴省、人才强省战略提供了重大战略机遇，未来一段时期，河南必须牢牢把握世界科技创新发展趋势，紧紧抓住和用好新一轮科技革命和产业变革战略机遇，主动对接国家战略科技力量体系，构建一流创新生态，着力提升产业链、供应链现代化水平，大力推动科技创新，加快关键核心技术攻关，打造未来发展新优势，全力建设国家创新高地，努力在国内大循环和国内国际双循环中成为关键环、迈向中高端。

三　河南战略机遇、政策机遇、历史机遇叠加

当前，随着河南进入“由大到强”的新发展阶段，构建新发展格局、促进中部地区崛起、黄河流域生态保护和高质量发展三大国家战略交汇叠加，科技创新到了由积势蓄势到实现跃升的关键阶段。这一阶段比以往任何时候都更加需要创新、依赖创新。在此背景下，河南深入实施创新驱动、

科教兴省、人才强省战略，进入了多重机遇叠加期。首先，构建新发展格局为创新驱动发展提供了巨大的战略机遇。河南地理区位优势显著，在国家发展大局中腹地作用凸显，随着“双循环”新发展格局诸多政策高位推进，河南依托区位优势集聚创新资源要素，在国家创新体系中承东启西连南接北的创新枢纽地位将进一步提升。其次，新时代推动中部地区高质量发展为创新驱动发展提供了难得的政策机遇。河南作为中部地区经济总量第一大省，是中部地区崛起的重要战略腹地。随着中部地区崛起战略的深入实施，河南在中部地区崛起中科技战略力量关键支点的作用将进一步凸显，将为推动产业高端价值链构建，加快要素资源集聚，促进经济高质量发展，提高区域科技创新能力，释放经济与科技总量潜能提供重要的发展机遇。最后，黄河流域生态保护和高质量发展为创新驱动发展提供了重大的历史机遇。河南在黄河流域生态保护和高质量发展全局中占据核心地位。实施创新驱动、科教兴省、人才强省战略，既是以科技赋能国家重大发展战略落地实施的具体实践，也是以创新驱动黄河流域产业转型、推动黄河流域生态保护的现实需求，有助于联动集聚创新资源，打造黄河流域创新发展增长极，进一步推动河南在全国发展大局中争先进位。未来一段时间，要把三大国家战略交汇叠加与河南创新驱动发展的新坐标、新方位有机结合起来，在战略上布局、在精准处“落子”，进一步塑造创新驱动新优势，蓄积前行新动能。

四 河南持续积势蓄势谋事建设国家创新高地

改革开放以来，河南始终将科技作为第一生产力，在把握河南发展阶段性特征的基础上，先后做出了“科教兴豫”“实施自主创新跨越发展战略，建设创新型河南”等战略安排。全省上下以创新为引领，一张蓝图绘到底，一茬接着一茬干，经济发展逐渐突破要素驱动的路径依赖，向依靠科技创新的创新型经济转变，创新已成为引领河南发展位势不断提升的第一动力。进入新时代，面对时代发展大势和国内国际形势的新变化，河南省委、省政府贯彻落实党中央的一系列重要部署和要求，立足河南高质量发展对科技创新的客观需要，将创新提升至关系到河南在全国发展大局中的地位、河南高质量发展的成色、中原更加出彩的底气、锚定“两个确保”的成效的空前高度，在对河南创新发展思路和实践进行系统梳理继承的基础上，在把握新阶段性特征的前提下，对未来创新发展战略进行系统性谋划和提升，做出了实施创新驱动、科教兴省、人才强省战略，打造国家创新高地的战略部署，以前瞻30年的眼光、打破常规的创新举措，抢占科技创新制高点，一头抓国家战略科技力量培育和对接，努力成为国家战略科技力量的重要组成部分，一头抓产业技术创新和全社会创新创造，强化高质量发展的科技支撑，营造创新活力迸发的创新生态，着力打造一流创新生态，加快培育壮大创新主体、创新人才、创新载体，实现创新主体高效联动、创新资源高效配置、科技成果迅速转化，提升科技创新整体实力。从建设一流创新平台、凝练一流创新课题、培育一流创新主体、集聚一流创新团队、创设一流创新制度、厚植一流创新文化、加快科技成果转移转化、高水平建设创新载体、全面支撑引领现代化河南建设九个方面，提出了打造国家创新高地的实现路径。河南高位谋划建设国家创新高地的战略部署，为全省持续推进创新驱动、科教兴省、人才强省战略，树立了新目标，明确了新方向，凝聚了新共识，激发了强动力。

第三节　新时代河南创新驱动发展面临的新挑战

当前，河南科技创新发展不平衡不充分问题仍比较突出，高层次创新平台、重大科技基础设施较少，关键核心技术攻关能力不足，创新主体实力不强，原始创新能力依然薄弱，科技成果转化和产业化水平不高，科技创新整体实力不强，引领带动能力不够等问题依然存在，成为新时期持续实施创新驱动、科教兴省、人才强省战略的新挑战。

一　创新主体有待加强

当前，河南存在创新主体不足、创新能力不强、创新活力不高等突出短板，制约创新驱动战略的深入实施。首先，企业结构层次不高。创新往往更多集中在头部企业，大型企业、行业头部企业、单项冠军企业等必须依靠创新才能始终占据行业前沿，一般行业前五名的企业研发投入相对较高，而河南省此类创新型企业数量偏少，大多数企业是腰部企业，产品策略多是跟随性，相对研发投入不大。截至2020年底，全省共有高新技术企业6324家，占全国总数的2.3%，但仅为湖北的60%、湖南的73%、安徽的74%，其中营收超百亿元的高新技术企业仅10家。部分龙头企业在新赛道上的创新探索对整个行业转型升级的带动不够，新产业、新业态、新模式培育明显滞后，新旧动能转换相对缓慢。其次，企业创新能力有待提升。2020年，河南规上工业企业有研发活动的仅占24.7%，有专利申请的仅占14.9%。研发投入强度仍需进一步提高，2020年全国R&D经费投入强度达到2.40%，而河南省R&D经费投入强度只有1.64%。受企业融资渠道受限、技术转移人才不足、技术转移平台滞后、技术市场环境不优等因素制约，河南当前承接技术转移和成果转化的企业多为中小型企业，这造成整体承接技术转移和成果转化能力不强，技术交易规模及质量不高。最后，河南省优质教育资源供给不足。第二轮全国"双一流"名单中，河南省仅有2所"双一流"大学、4个"双一流"学科，全国排名第16位，这与河南考生人数和河南经济总量均不相符。2020年高等教育毛入学率51.86%，低于全国平均水平2.54个百分点，本科高校占全省高校总数的37.75%，低于全国平均水平8.63个百分点，5个设区市没有布局本科高校，博士学位授权高校仅有9所，博士研究生招生数仅占全国的0.93%。教育服务经济社会发展的能力有待提升，学科专业结构不够优化，法学、经管类较多，医学教育相对不足，理工农学与现代产业结合不够紧密。

二　创新人才相对匮乏

如今，越来越多的河南企业日益重视科技创新，但是河南省整体上集聚创新资源要素的能力不强，突出表现在科技创新人才短缺、高层次创新领军人才严重不足等，难以满足企业需求。一是领军创新人才相对稀缺。截至2020年，河南省每万人就业人员中R&D人员29.2人，仅相当于全国平均水平的47.2%；在豫全职"两院"院士仅24名，占全国总数的1.4%，远低于江苏（102名）、湖北（80名）、陕西（66名）、浙江（55名）、安徽（38名）、湖南（35名）；国家杰出青年科学基金获得者数量仅占全国总数的0.03%，在此背景下，河南在"高精尖"科研领域，缺少站在国际前沿、具有全球视野和较强原创能力的领军型人才，难以满足产业不断升级发展对复合型、应用型、高技能人才的需求，人才供给结构上呈现明显的断层。二是重点领域高端人才紧缺。如高端装备制造业、电子信息产业、现代食品制造、节能环保装备、文化旅游等重点领域高端创新型人才供给不足，已经成为制约相关产业转型升级的主要瓶颈。随着河南省战略性新兴产业快速发展，在5G、智能终端、生物医药、人工智能、网络安全等多个领域，人才短缺问题日益突出。三是人才发展环境仍需优化。目前，河南的创新人才环境与先进地区差距明显，不但难以吸引高层次的创新人才和创新团队，而且导致长期以来本土高端人才外流严重。同时，在人才培养模式、人才评价机制等方面还存在一些束缚人才发展的障碍性因素，不同程度地影响人才积极性、主动性和创造性的发挥，亟须从组织领导、管理体制、工作机制等方面持续深化改革，营造有利于人才发展的制度环境。

三　平台作用有待发挥

河南高端创新平台数量不多、质量不高，创新平台与产业发展协同不足，对经济发展的支撑作用有待发挥，不能满足高质量发展的需要，成为创新驱动发展亟须突破的瓶颈。一是平台与产业规模不匹配。多年来，河南省工业规模稳居全国第5位，但是截至2020年底各类国家级创新平台只有172家，与先进省份存在较大差距，仅相当于安徽的81.9%。其中，体现原始创新能力的国家重点实验室河南省仅有16家，仅占全国总量的3%，远低于北京（136家）、上海（44家）、江苏（39家）、广东（30家）、湖北（29家）、陕西（26家）。没有高能级的创新平台，就难以集聚高端创新资源，也很难产出高水平的创新成果来支撑制造业的转型升级。二是平台主体结构不协调。目前，河南省多所高校、科研院所搭建了各式各样的创新平台，但成果转化机制、转化模式不健全，成果研发效率及转化应用效率普遍不高。企业作为推动创新创造核心技术的生力军，有些尚未拥有自己的研发平台。而且，企业、高校、科研院所的运行机制和评价机制各异，合作动力不足、合作机制不健全，创新平台的作用没有得到充分发挥。三是平台产学研对接不畅。一方面，部分产学研平台存在政府、学校、企业之间对接信息不流畅、周期长的问题，造成创新资源的分散、交叉、重复，影响合作的深度和广度；另一方面，一些产学研结合是以争取政府项目、补贴为目的，对行业共性和关键技术的攻关能力不强，没有形成合力和规模性影响，也缺乏创新成果产业化的保障机制。四是平台开放共享程度不高。创新平台的开放程度是与其运行效率是呈显著正相关的，部分平台因人才政策、信息资源等开放程度不够透明，与其他平台及企业、高校、科研院所的联系不紧密，交流不充分，难以更好地将投入要素转化为产出。

四　创新投入相对不足

当前，河南还尚未形成多元化、可持续的创新投入机制，导致研发投入和成果转化投入均相对不足，严重制约创新驱动发展的成效。一方面，研发投入与经济大省地位不匹配。《2020 年全国科技经费投入统计公报》显示，全国共有 8 个省份年 R&D 投入经费超过了千亿元，全国 R&D 经费投入强度（与 GDP 之比）达到 2.40%。全国 R&D 经费投入前 8 的省份排名基本与其 GDP 排名趋同，但 2021 年河南省 GDP 排名第 5 位，R&D 经费投入排名第 9 位，R&D 投入强度只有 1.64%，排名全国第 18 位，仅为全国平均强度的 68.33%，只有北京 R&D 投入强度的 1/4，与河南省 GDP 的全国排名相差甚远。另一方面，成果转化投入机制尚未健全，财政资金对成果转化支持强度不够，财政引导资金力度偏弱。虽然河南自 2017 年起对技术转移示范机构实施奖补，但相对北京、上海、青岛等发达地区设立的专项用于对技术转移示范机构、技术合同登记点、技术职业经理人、吸纳方及输出方等全方位奖补，河南无论是范围还是力度都还相距甚远，这造成科技成果转移转化主体和从业人员积极性不高。同时，财政资金引导社会资金的作用未得到充分发挥，导致不少重点技术转移成果转化项目中断、停滞，高校、科研机构科技研发与成果转移转化的动力不足，导致企业主体购买科技成果的积极性未得到有效提升。再如，成果转化具有较高风险、针对性的投融资环境不完善、金融工具形式比较单一、补偿和激励机制不健全、吸引天使投资的力度不强等因素，都显著导致资金短缺，长期成为成果转化的“拦路虎”。

五　创新效能仍需提升

当前，河南与兄弟省份相比，在科技与经济协同发展中仍存在诸多堵点，这导致创新效能不高，影响创新资源向优势地区集中集聚和优化配置。一方面，创新创业活力与产业升级态势不匹配，整体创新效能较低。当前，伴随新一轮科技革命和产业变革，我国产业升级进入加速阶段，沿海地区甚至部分中西部省份创新创业氛围活跃，如浙江在新制造、湖南在新消费、四川在新经济、陕西在硬科技等新赛道上活力迸发，而河南则相对活力不足、亮点匮乏。近年来围绕内需升级和国潮兴起，各细分行业新品牌不断涌现，但少有河南品牌身影，如一份 2021 年“618”三大平台新品牌百强榜单显示，尽管上海、广东、浙江三地占比超过 80%，但湖北、湖南、四川等中西部省份也有不少新品牌，而河南没有品牌进入榜单。截至 2020 年底，河南省国家级科技企业孵化器和备案众创空间仅有 103 家，不但远低于广东（440 家）、江苏（437 家）、山东（320 家）、浙江（248 家）等沿海发达省份，在中西部也低于湖北（144 家）、河北（144 家）、陕西（121 家）、四川（113 家）。另一方面，产业链、创新链对接不紧密，科技成果转移转化效能有待提高。基于历史的原因，河南的教育、科技等创新资源不足，知名高校和国家高水平的大院大所相对缺乏，组织开展高水平科研的能力有限，造成可供转化的科技成果总量不足、实施转化的总量偏小。近年来河南省技术合同认定登记额虽然实现同比大幅增长，但与国内先进省份相比差距仍然较大。据统计，2021 年河南技术交易合同登记额仅居全国第 16 位、中部六省第 4 位。同时，高校、科研机构与企业在创新链上分工不明确，产学研合作不够，现有高校、科研机构成果转化率依然偏低。当前，河南省产学研合作主要以合作开发、委托开发和技术转让等低层次合作为主，具有短期性和形式化，缺乏专业的介于产业与科技之间的服务平台，导致河南省科技成果转化率偏低，本地企业与全国高端研发资源的对接缺乏系统谋划，开放式创新格局远未形成。

六　创新生态亟须优化

当前，河南在创新体制机制和政策体系方面与先进地区的差距依然存在，创新生态始终是制约河南创新驱动发展的突出短板之一。虽然近年来河南围绕创新驱动发展，相继出台实施了系列法规、政策和措施，但与当前及今后一个时期内河南社会经济高质量发展对创新的巨大需求相比，还存在诸多不足，例如，创新政策落地存在“梗阻”，相关创新政策红利未能有效释放，有利于技术转移、科技成果转化等创新重点工作的政策体系的支撑能力整体尚弱。究其原因，一些政策过于原则化和偏宏观，缺少具体的实施细则和落实单位，造成可操作性较差，存在“梗阻”现象，影响了创新政策的落地实施。同时，一些政策出台和落实的部门间沟通协调不够，个别部门执行时甚至存在一定的随意性，相互间未能有效形成合力，影响了创新政策执行的效果。另外，一些政策存在“碎片化”“交叉重叠”等现象，造成政策落地时存在不同的责任单位和实施主体，使得政策落地实施困难、政策红利无法释放。再者，受现有若干体制机制的制约，容错纠错性政策不足，造成责任单位和实施主体畏首畏尾，不敢、不愿尝试“先行先试”政策，进而导致好的政策不能有效落地和更好地发挥作用。此外，当前，河南创新体制机制障碍依然较多存在。例如，在评价导向机制上，国有性质的高校、科研院所过于追求以论文为职称晋升、成果评价、业绩评价的主要条件，这极大地弱化或忽视科技成果的转化应用；在产学研用机制上，产学研用一体化公共服务平台建设滞后，从基础研究到产业化之间存在巨大“中试死亡谷”；在科研管理体制上，科研成果的验收、登记仍更多注重成果的“先进性”，而忽视成果的“成熟度”、“经济性”和“市场性”，导致所供非所需。科技管理方式长期“重物轻人”，存在科技人员难从成果转化中获益的现状，不断完善创新体制机制势在必行。

第四节　新时代河南创新驱动发展面临的新使命

面对创新驱动发展的新趋势和新要求，坚持“四个面向”，充分发挥创新驱动高质量发展第一动力作用，突出使命导向、问题导向、目标导向和结果导向，全面提升重点领域科技创新供给水平，为现代产业体系建设、新型城镇化、乡村振兴、文化繁荣兴盛、人民健康、生态文明、平安河南提供高水平科技解决方案，为现代化河南建设赋能增势，以科技创新全面支撑引领现代化河南建设。

一　聚焦国家重大需求，着力增强战略科技力量

以服务国家重大战略科技需求为使命，围绕河南省重大战略需求，以提升创新能力为目标，建设高能级创新平台，积极融入国家战略性科学体系，聚焦战略性、基础性前沿项目，着力服务打造国家战略科技力量。一方面，加快推进一流创新平台体系建设，对标全球一流，聚焦农业安全、黄河安澜、信息技术等国家战略科技需求，着力整合重塑实验室体系，推动国家重点实验室提质增量，高标准建设省级实验室，优化调整省级重点实验室，主动接轨国家实验室体系构建，立足河南省农业大省地位和承担

国家粮食安全的重任，以及在种业领域的科研基础条件和学科优势，依托省内优势单位，联合国内优势科研力量，积极争创种业国家实验室，开展战略性、关键性重大科技创新，服务国家科技自立自强。同时，着力建设技术创新中心体系，依托行业龙头骨干企业和科研优势突出的高校、科研院所，集聚整合相关科研力量和创新资源，聚焦重点产业重大、关键、共性、前沿技术和“卡脖子”技术，围绕技术突破、技术引领、技术转化，加快建设中试基地，布局建设产业研究院，统筹推进各类创新平台建设，大力发展新型研发机构，培育建设前沿科学中心和基础学科研究中心，布局建设省技术创新中心，以高水平原始创新成果提升河南服务国家大局的能力。另一方面，前瞻布局战略性和基础性前沿项目，瞄准信息科学、材料科学、生命科学、农业科技等领域关键科学问题和前沿技术问题，优化科技资助机制，促进基础研究、应用基础研究与产业化对接融通，实现“从 0 到 1，从 1 到 N”的原创性突破和产业化实现。同时，积极参与国家战略性科学工程和科学计划。按照“重点储备、梯次培育”思路，围绕激光、育种、量子计算、网络安全等领域，实施一批科学工程和计划，争取纳入国家科技战略布局，为打造国家科技战略力量做出河南贡献。

二　聚焦世界科技前沿，着力强化源头创新供给

聚焦世界科技前沿，瞄准产业变革趋势，锚定国家战略需求和产业发展最前端，坚持“项目为王”，统筹资源配置，前瞻部署面向未来、面向世界前沿重要领域的战略性技术研发，构筑支撑产业未来发展的先发优势，提升原始创新能力，着力强化源头创新供给，力争取得迭代性、颠覆性、原创性科技成果，在部分领域实现非对称性赶超，进一步增强科技创新对经济社会和产业发展的引领作用。一方面，以提升各类创新主体创新能力为目标，梯次培育创新型企业，强化企业创新主体地位，建设创新联合体，推进规模以上工业企业研发活动全覆盖；加快培育高水平研究型大学，深入推进“双一流”建设，全力培育“双一流”后备军，积极发展应用型本科高校，提升高校创新源头供给能力；以重建重振省科学院、做优做强省农科院为重点，优化全省科研院所布局，激发科研院所创新活力，形成共建共享、优势互补、互利共赢的新格局，提升科研院所创新源头供给能力，着力培育一流创新主体，强化源头创新供给的要素支撑。另一方面，以基

础研究和原始创新为引领，加强关键核心技术和共性技术需求攻关，强化基础研究和原始创新，落实国家基础研究十年行动方案，积极参与国家战略性科学计划和科学工程，瞄准关键科学问题和前沿技术问题，坚持自由探索和目标导向相结合，在数学、物理、生命科学、农业、健康科学、资源与生态环境、能源、信息、材料、制造、工程等重点方向开展基础科学研究，重视学科交叉和颠覆性创新，促进基础研究、应用基础研究与产业化对接融通。在此基础上，围绕国家战略部署和河南省要求，坚持问题导向和目标导向，按照“聚焦重大、自上而下、重点突破、引领发展”的原则，整合优势资源，聚焦重点产业关键核心技术和共性技术攻关，部署重点领域研发任务，力争取得一批重大标志性成果，提升创新源头供给能力。

三　聚焦高质量主战场，着力提升支撑引领能力

聚焦现代产业体系建设、新型城镇化、乡村振兴等高质量主战场，围绕核心关键技术展开研究开发和示范应用，发挥创新第一动力作用，着力提升科技对河南高质量发展的支撑引领能力。一是着力以科技创新引领现代产业体系建设。推动传统产业与前沿技术、跨界创新、颠覆模式对接链接，加快运用高新技术改造提升传统产业，推动传统产业智能化、数字化、绿色化演进，支撑传统产业提质发展。建立健全创新链、产业链协同发展机制，大力补链、强链、延链，增强核心竞争力、品牌影响力、行业话语权，打造具有战略性和全局性的产业链，加快构建具有战略性、全局性和河南特色的新兴产业技术创新体系，推进新兴产业培育壮大。加强前沿技术多路径探索和交叉融合，构筑支撑未来产业的先发优势，取得能够推动重大技术突破甚至产业变革的原创性科技成果，引领未来产业前瞻布局。聚焦现代服务业科技发展关键领域和薄弱环节，加强先进技术集成与应用，推动生产性服务业迈向专业化和高端化，强化创新赋能数字经济，加强数字技术推广应用，助力数字化转型。二是着力以科技赋能新型城镇化建设。优化区域创新布局，构建服务服从于全省生产力布局的科技创新布局，同频耦合、同向聚力，以优化创新布局提升区域科技创新能级，探索具有河南范式的创新布局和技术创新路径，完善区域科技创新体系，形成横向错位发展、纵向分工协作的科技创新空间发展新态势。三是实施乡村振兴科技支撑行动。围绕新时期乡村振兴、国家粮食安全、粮食生产核心区建设

等国家重大战略实施和国家粮食安全产业带建设，落实“藏粮于地、藏粮于技”，建设特色鲜明的农业科技创新体系，突破现代农业关键核心技术，实现关键共性技术群体性突破，为推进农业农村现代化、打造“中原农谷”提供坚实科技支撑。引导各类创新主体、创新资源进入乡村振兴主战场，推进巩固拓展脱贫攻坚成果同乡村振兴有效衔接。

四　聚焦人民生命健康，着力服务美好生活需求

以不断满足人民群众对美好生活的需求为导向，聚焦健康中原、生态强省，文化强省、平安河南等关键领域，强化科技创新支撑引领作用，构建服务人民美好生活需求的科技支撑体系。一是突出科技服务健康河南建设新使命。聚焦健康中原建设重大科技需求，以提升全民健康水平为目标，强化重大疾病医疗技术、产品临床转化，加大生命健康技术推广应用力度，突出生命健康领域重大产品研制和成果转化，建设创新药物研发和技术服务平台，推动形成符合河南省实际的生物医药创新研发、成果转化及产业化发展全链条布局，提升公共卫生服务科技支撑能力，构建新型国民健康促进体系，提升人口健康科技支撑能力。二是突出科技助力绿色低碳发展新使命。聚焦碳达峰、碳中和技术需求，以绿色可持续发展为目标，围绕节能降碳、资源高效循环利用、污染防治等领域技术需求，加快关键技术装备研发、产业化以及先进适用绿色技术的转移转化和示范推广，构建市场导向的绿色技术创新体系。提升黄河流域生态保护和高质量发展科技支撑能力，为建设生态强省提供有力科技支撑。三是突出促进文化科技融合新使命。加强文化共性关键技术研发，加强文化科技创新和产业发展载体建设，加快文化资源开放转化和创新利用，全面推动文化和科技深度融合发展，提升文化科技创新能力，保护和传承弘扬黄河文化，讲好新时代“黄河故事”，助力文化强省建设。四是突出科技赋能平安河南建设新使命。围绕平安河南建设和保障百姓安全与社会稳定的重大科技需求，重点开展生产安全、社会治理与社会安全、防灾减灾救灾、消防、生物安全等领域关键技术研发、集成和示范应用，不断提升重大自然灾害、公共安全事件的主动应对和保障能力，构建主动保障型公共安全技术体系。

第十章　新时代河南推进创新驱动发展的总体要求

当今世界正经历百年未有之大变局，新一轮科技革命和产业变革正在重构全球创新版图，国际创新竞争态势更加白热化。党的十九届五中全会提出“坚持创新在我国现代化建设全局中的核心地位”[①]，创新被提到了前所未有的高度，成为我国应对百年未有之大变局的关键所在。中共河南省第十一次党代会提出河南要“着力建设国家创新高地”，彰显了对创新的强烈需求。站在当下全新的发展起点上，面对新时代，河南必须加快国家创新高地建设，形成“高峰凸显、高原崛起”创新发展态势，让创新成为河南高质量发展最鲜明的标志、最亮丽的名片。

第一节　河南建设国家创新高地的总体思路

一　指导思想

坚持以习近平新时代中国特色社会主义思想为指导，深入贯彻党的十九大和十九届历次全会精神，全面落实习近平总书记关于科技创新的重要论述和视察河南重要讲话重要指示，立足新发展阶段，完整、准确、全面贯彻新发展理念，紧抓构建新发展格局战略机遇，按照“四个面向”的要求，坚持创新在现代化建设全局中的核心地位，深入实施创新驱动、科教兴省、人才强省战略，以全面提升科技创新能力为目的，以强化高质量发展科技为支撑，用科技现代化牵引全面现代化，用系统观念推进创新体系

---

① 《中共中央关于制定国民经济和社会发展第十四个五年规划和二〇三五年远景目标的建议》，2020 年 10 月 29 日。

建设，用整体智治提升科技创新治理能力，用超常举措建设一流创新平台、凝练一流创新课题、培育一流创新主体、集聚一流创新团队、创设一流创新制度、厚植一流创新文化，加快建设国家创新高地，为实现"两个确保"、谱写新时代中原更加出彩的绚丽篇章贡献科技力量。

二　总体部署

新时代河南推进创新驱动发展战略的总体部署：围绕"一个主线"、强化"两头抓"、坚持"三个导向"、注重"四大转变"、实现"五强目标"、聚焦"六个一流"、实施"六大行动"、突出"六大举措"。"一个主线"就是着力建设国家创新高地。"两头抓"，即一头抓国家战略科技力量培育和对接，力争进入国家战略科技力量的重要组成部分；一头抓产业技术创新和全社会创新创造，不断优化创新生态，积极服务河南高质量发展。"三个导向"就是坚持问题导向，坚持系统思维，坚持深化改革。"四大转变"，即推动创新导向从以技术创新为主向以技术创新和原始创新并重转变，加强基础领域创新，提升基础理论、关键技术引领科技创新发展的作用；推动资源配置从以研发环节为主向产业链、创新链、资金链、价值链统筹配置转变，破解创新成果产业化、市场化的难点、堵点，形成科技创新和产业发展的正反馈循环；推动力量布局从以点状平台为主向体系能力整合提升转变，着力贯通产学研链条，实现创新环节之间高效的分工协作；推动体制机制从以单项政策为主向构建支持全面创新的体制机制转变，坚持系统思维，加强政策集成，全面促进科技创新治理能力现代化。"五强目标"就是战略科技力量强、创新综合能力强、引领支撑作用强、创新体系协同强、创新创业生态强。"六个一流"，即为建设一流创新平台、凝练一流创新课题、培育一流创新主体、集聚一流创新团队、创设一流创新制度、厚植一流创新文化。"六大行动"，即基础研究"夯基行动"、成果产业化"加速行动"、科技金融"融合行动"、四链衔接"畅通行动"、创新生态"优化行动"、开放合作"拓展行动"。"六大举措"，即抓创新项目，彰显"项目为王"理念；抓创新载体，突出功能性服务性；抓创新投入，强化政策引领和考核导向；抓创新企业，聚焦科技型企业倍增提质；抓创新要素，提升区域创新整体效能；抓协同创新，突出与国内创新高地链接。

第二节　新时代河南推进创新驱动发展的基本原则

新时代河南推进创新驱动发展，既是全面提升区域竞争力的必然选择，也是构建现代产业体系的中心环节，是关系到实现“两个确保”的战略抉择。与此同时，推进创新驱动发展也是一项系统工程，必须要同构兼顾，处理好各方面的关系，才能使创新驱动发展战略实施好，才能实现全省科技创新的大发展、大突破和大跨越。

一　围绕“四个聚焦”

聚焦使命导向，引领发展。把科技创新摆在发展的逻辑起点、摆在现代化建设全局中的核心地位，以前瞻 30 年的战略眼光、战略思维、战略举措，全面对标全国一流和世界一流水平，围绕创新发展的基础前沿领域、关键共性技术，加强战略性、基础性领域的创新资源布局，前瞻性布局引领未来发展的重点领域，加快实现从“0 到 1”的突破，抢占科技创新制高点。

聚焦关键环境，彰显特色。坚持“四个面向”，突出问题导向、目标导向和结果导向，围绕现代产业体系建设、新型城镇化、乡村振兴、文化繁荣兴盛、人民健康、生态文明、数字化转型等重点领域的科技创新需求，增强基础研究和应用基础研究能力，全面提升科技创新的供给水平和支撑能力，不断为现代化河南建设塑造新优势、新动能。

聚焦人才为先，改革赋能。坚持人才是科技创新的第一资源，贯彻尊重劳动、尊重知识、尊重人才、尊重创造的方针，以充分激发人才创新创造活力为出发点和着力点，全面推进科研评价改革和科技管理改革，健全科技统筹协调机制，优化科技资源配置，促进产学研深度融合，培养造就一批具有国际水平的战略科技人才和创新创业团队，打造一流创新生态。

聚焦开放融合，协同创新。以全球视野谋划和推动科技创新，以开放式创新加快集聚创新资源，促进创新要素有序流动、综合集成，加强与北京、上海、粤港澳大湾区三大国际科技创新中心的战略合作，支持跨学科、跨领域、跨地域的协同攻关，加快促进产学研一体化创新、军民科技协同创新，统筹用好国内外创新资源，培育开放合作、协同创新的新优势。

二　正确把握“四大关系”

正确把握科技创新与服务发展的关系。实施创新驱动发展战略，建设国家创新高地体现了中央及省委、省政府对科技进步和创新的高度重视，体现了对当代经济社会发展规律的深刻把握，其最终目的在于服务发展，造福人民，为实现“两个确保”提供强大而持久的动力；现代化河南建设进程的不断推进，又能为科技创新带来引致需求，同时奠定更加坚实的物质基础。所以，必须坚持经济与科技相结合，着力破解经济、科技“两张皮”难题，充分发挥科技创新在现代化河南建设过程中的支撑作用。要以创新驱动现代产业体系建设，重点围绕省内产业发展现状，以制造业高质量发展为主攻方向，提质发展传统产业、培育壮大新兴产业、前瞻布局未来产业，加快产业基础高级化、产业链现代化，建设制造强省。要以创新驱动新型城镇化发展，在新一轮城乡建设中，促进新技术、新产品、新材料等的广泛应用，走出集约、智能、绿色、低碳的具有河南特色的新型城镇化道路。要以创新驱动农业现代化发展，持续实施粮食丰产科技工程，强化主要农作物新品种选育及产业化，围绕农业产业集群发展，构建集群技术创新体系和农科教、产学研紧密结合的创新联盟，改变靠低成本劳动力支撑现代农业发展的局面，为农业现代化提供有力的科技支撑和技术支撑。

正确把握企业主体与协同创新的关系。创新活动涉及企业、高校、科研院所、中介机构、金融机构等多个主体，而其中，企业直接参与市场竞争，是科技活动的发起方、科技成果的应用方，其往往对相关领域内的技术创新有着灵敏的嗅觉，对相应的技术需求最为迫切，是联结科技和经济的最佳结合点，因此，要全力支持企业成为科技创新的主体，成为科技投入的主体，成为组织开展创新活动的主体，全方位提高企业自主创新能力。与此同时，要注意到，在全球化、信息化的今天，凭一己之力永远处于不败之地的时代已经一去不返，企业必须联合高校、科研院所等集中作战、联合攻关，方能缩短技术创新、产品创新的周期，在激烈的竞争中抢得先机，要积极引导企业联合企业外、省外、国外高校和科研院所等，建立产研分工、优势互补、利益共享、风险共担的合作机制，共同实施各类技术攻关和产业化项目，使省内、国内乃至全球的科技创新资源向企业集成，形成以企业为主、其他创新主体协同创新的良好局面，推动创新链、产业链、供应链、要素链、制度链共生耦合，使创新驱动发展战略的实施取得更好的效果。

正确把握基础研究与应用开发的关系。基础研究与应用开发都体现着科技创新和知识创新。当今时代，自主创新能力已经成为区域经济社会综合竞争力的决定性因素。但是，在科技发展竞争中，很多核心技术是找不来、引不来、买不来的。基础研究是应用开发的动力和源泉，基础研究的重大发现、理论突破通常孕育着新的知识革命、科技革命，往往带来知识结构的大调整、大变革，使经济社会进步产生巨大飞跃，基础研究在科技发展中的地位和作用越来越重要，因此，河南在实施创新驱动发展战略过程中，要积极鼓励、支持有一定条件的企业、高校和科研机构勇于向基础研究进军，力争在与省内经济社会发展有关重大关联的基础领域取得突破。与此同时，也要正视全省缺乏知名高校、高端研发机构、领军型人才等创新核心要素的现实，把更多精力放在实用技术研究与开发上，针对现代化河南建设的需要，围绕重点产业、重点企业、重点产品等，以实施重大科技专项为应用开发的抓手，不断增强应用开发能力，使更多的实用性技术以及科技成果进入市场，形成产业化，努力走出一条以应用开发为特色的创新驱动发展道路。

正确把握“硬件”建设与“软件”提升的关系。实施创新驱动发展战略，“硬件”建设和“软件”提升既不可相互替代，又相辅相成、不可偏废；既离不开基础设施、研发平台、孵化器、生产力促进中心的等“硬件”支撑，又需要政策措施、人才智力、制度规范等“软件”保障。因此，必须强化创新载体以及服务平台等“硬件”建设，充分发挥高新区、经开区、航空港区等产业发展平台，加快建设、完善一批国家重点实验室、国家级工程技术中心、国家级企业研发中心等研发平台；打造、壮大一批公共技术服务中心、检验检测平台等各类创新孵化平台，包括为科技型中小企业服务的投融资平台等，通过这些“硬件”建设，促进技术、信息、资源等共享共用，为创新驱动发展提供基础支撑。同时，要把人才作为科技创新的第一资源，全面提升“软件”。人才是发展之本、竞争之基、创新之要。要完善人才培养、使用、引进机制，要依托重大科研项目，尤其是国家交流与合作项目等，通过创新实践活动，培养造就一批省内的科技领军人才，通过继续实施创新驱动、科教兴省、人才强省战略，构建一支门类齐全的专业人才大军；通过强化校企合作，采取专业培训、“订单式”教育、定向培养等多种方式，培养一批急需紧缺人才，通过多种形式让各层次人才在河南充分发挥聪明才智。让“硬件”和“软件”共同发力，谱写河南创新驱动发展新篇章。

第三节　新时代河南推进创新驱动发展的主要目标

目标引领未来，方向决定出路。新时代河南推进创新驱动发展的目标，必须与党的十九大和十九届历次全会精神相结合，与河南科技创新面临的新形势、新任务、新要求相结合，与“两个确保”的目标相结合。通过目标反映省委、省政府对科技工作的顶层设计，反映对创新的战略谋划，同时，更好地为各级各部门的任务分解、进度安排提供目标参照，统一思想，凝心聚力，推动创新驱动发展顺利实施。

到 2035 年，河南创新能力进入全国前列，基本建成国家创新高地，成为国家科技创新重要策源地、创新区域布局的关键节点、战略科技力量的重要组成，在全国创新版图中的战略地位全面提升。具体而言，河南应准确把握新时代、新特征、新要求，到 2025 年，河南创新综合实力取得大幅提升，创新体系更加完善，创新资源配置效率显著提高，创新链、产业链、供应链、要素链、制度链初步实现共生耦合，国家级重大创新平台、国家大科学装置、世界一流学科、重大前沿课题研究、重大原创性成果实现“五个突破”，创新平台、创新课题、创新主体、创新团队、创新制度、创新文化等建设达到“一流水准”，国家创新高地雏形基本形成。

战略科技力量加速壮大。到 2025 年，创建 1 个国家实验室，新建 5 个国家重点实验室，新增 5 所左右达到国家“双一流”建设水平高校，一批重大科技基础设施、前沿交叉平台、科技资源共享平台投入使用，重建重振省科学院取得显著成效。以国家级创新平台、高水平科研院所、研究型大学、科技领军企业为主体的国家战略科技力量体系基本形成，为基础领域、重点领域、关键“卡脖子”技术的突破提供源头支撑。

创新综合实力大幅提升。经过 2～3 年努力，研发经费投入强度达到全国平均水平，人才强省建设取得重大进展，引进国内外高层次人才团队 100

个、高端人才2000名以上，战略性前沿技术研发、关键共性技术攻关、基础研究原始创新领域取得重大突破，以郑州都市圈为核心引擎，带动全省创新驱动发展的布局基本形成，培育建设国家区域科技创新中心。

引领支撑作用显著增强。到2025年，新技术、新产业、新业态、新模式持续显现，培育形成一批具有全球影响力的科技领军企业、“独角兽”企业、“隐形冠军”企业，国家级高新技术企业突破1.6万家，战略性新兴产业增加值、高新技术产业增加值占规模以上工业增加值比重分别超过30%、50%，科技创新支撑现代化产业体系构建、“十大战略”深入实施、现代化河南建设的作用显著增强。

区域创新体系协同高效。经过2~3年努力，优化整合省重点实验室体系，打造技术创新中心体系，构建完善的概念验证、中试熟化、转移交易、孵化加速、应用示范的全链条成果转化体系，产学研协同创新、军民科技协同创新、跨区域协作创新和国内外合作创新不断深化，郑洛新国家自主创新示范区、国家高新技术产业开发区引领创新发展的作用进一步凸显，在全省范围内基本建成高效协同的创新格局。

创新创业生态更加优化。到2025年，一流创新链条、创新平台、创新制度、创新文化基本形成，科学家精神和企业家精神大力弘扬，知识产权保护和转化运用水平大幅提升，以人才、技术为代表的创新要素实现畅通流动，覆盖国内外的开放合作创新全面深化，公民具备科学素质的比例达到15%，科技创新治理体系初步完善，创新活力充分涌流、创业潜力有效激发、创造动力竞相迸发的创新生态基本形成。

第四节　新时代河南推进创新驱动发展的空间布局

优化创新资源空间配置，形成区域科技资源配置高效的空间布局，是新时代河南实施创新驱动发展战略的重要内容。要坚持高峰引领、多点支撑、资源共享，提升郑洛新国家自主创新示范区、中原科技城的创新引领能力，聚力推进郑开科创走廊建设，发挥国家创新型城市、国家高新技术产业开发区等核心载体功能和带动作用，建立黄河中下游协同创新共同体，打造中原—长三角科技走廊，积极融入京津冀协同创新共同体，深化区域科技合作、国际开放创新，进而推动形成“起高峰、成高原”和内外联动的发展布局。

一　提升郑洛新国家自主创新示范区创新引领能力

按照“站位全国、对标先进、拉高标杆”的总体要求，以改革创新为动力，以产业共性关键技术创新平台建设为突破口，聚焦产业发展，扩大对外合作，有序开展政策复制推广，引领带动全省创新驱动发展，打造具有国际竞争力的中原创新创业中心。

一是持续深化自创区改革创新。发挥自创区“试验田”和“先行区”的作用，持续开展改革创新和政策先行先试探索，不断优化创新发展生态环境。巩固提升“全员聘任制、绩效考核制、薪酬激励制”改革成果，深化核心区管理体制改革，激发创新发展活力。开展科研管理体制改革，在财政科技税式支出、科研项目包干制、首席专家负责制以及职务科技成果所有权改革等方面先行先试。发挥市场在资源配置中的决定性作用，构建低成本、便利化创新创业生态的新模式。研究制定更具针对性、可操作性的支持自创区发展的配套政策措施，不断完善政策支撑体系。

二是推动自创区产业高端化发展。按照“突出重点、精准聚焦”的思路，在做优做强优势主导产业的基础上，培育壮大一批有市场、有基础、有潜力的战略性新兴产业，着力形成“3+5+X”产业发展格局。加快发展先进装备制造、智能传感器、生物医药三大主导产业，着力打造三大千亿（元）级创新型产业集群。发展壮大网络安全、新能源及网联汽车、新型显示和智能终端、新一代人工智能、5G五大战略性新兴产业，培育一批具有竞争力的高能级现代产业集群。紧盯全球未来产业发展趋势，加快布局区块链、大数据与云计算、无人驾驶、虚拟现实等重点前沿领域，抢占未来产业发展制高点。强化自创区产业共性技术支撑。围绕智能传感器、智能装备、生物医药等优势产业，省、区、市联动，共同建设产业共性关键技术创新与转化平台，推动基础研究、应用基础研究和产业技术创新融通发展，着力构建以产业共性关键技术研发、公共技术服务、科技成果转化为主要任务的新型创新平台，在关键领域实现核心技术突破，培育若干个科学研究领域的“领跑者”和未来产业变革核心技术的“贡献者”，支撑自创区产业转型升级和高质量发展。

三是增强自创区辐射引领带动能力。优化自创区空间布局，鼓励支持郑州、洛阳、新乡三地高新区打破条块分割，采取合作共建、委托管理、“飞地”发展等方式，整合或托管区位相邻、产业相近的产业园区，开展“一区多园”建设，探索实施 GDP 核算、税收分成制度，实行经济指标合并统计等区域联动发展模式。以加大研发平台、研发基地建设力度为原则，支持自创区加大创新资源集聚度，建设自创区研发策源地，推动自创区由产业园区向研发园区转变，逐步提升自创区成果产出能力，并实现成果外溢，支持自创区创新成果、生产基地等向周边产业相近园区转移，带动区域创新发展。以省级以上高新区为重点，协同各类产业园区，开展自创区政策的复制推广，充分释放改革创新红利，提升区域创新整体水平。

二　聚力推进郑开科创走廊建设

郑开科创走廊位于中原城市群核心区域，是科技资源最密集、交通条件最突出、文化创新结合最紧密的区域，也是中西部地区最具增长潜力的区域之一，更是河南打造创新高地的关键环节。聚力推进郑开科创走廊建设是其必然之举。发挥自创区引领带动作用，以郑开科学大道为轴线，以郑州高新区为核心，以中原科技城为龙头，以白沙科学谷、西湖数字湾、中原数据湖为主要节点，推进郑州高新区、金水科教园区、龙子湖高校园区、开封职教园区联动发展，吸引集聚高端创新资源，建设百里创新创业长廊和环高校知识经济圈，打造支撑全省、服务全国的创新策源地。支持中牟围绕汽车产业，开展新能源汽车研发及产业化，抢占产业发展制高点；推动开封科技与文化传承相融合，加快数字经济场景建设，打造科技文化产业园，增强科技服务文化产业发展能力。

三　全面推动区域创新高效协同发展

落实中部崛起战略，发挥“两圈”主副引领作用，推动“三区”协同发展，强化中原城市群创新发展，加强科技协同创新体系建设，形成特色鲜明、优势互补、协同联动的科技创新发展新格局。

一是推进区域创新发展。着力郑州国家中心城市集聚高水平创新资源和要素的能力，打造支撑全省、服务全国、面向全球的创新策源地，加快推进洛阳、南阳、新乡国家创新型城市的建设步伐，支持有条件的地市发挥自身禀赋和特色，探索各具特色的创新发展模式，打造省域科技创新中心。发挥 8 家国家高新区的引领作用，构建由国家级高新区、省级高新区等组成的梯次发展体系，深化高新区管理体制改革，引导高新区围绕主导产业加速高端创新资源集聚。支持许昌、三门峡、商丘等地省级高新区争创国家级高新区，推动国家级高新区率先迈向“三次创业”、省级高新区做好“二次创业”。按照“一县一省级开发区”原则，支持有条件的高新区整合其他开发区，带动区域经济和科技一体化发展。

二是构建区域协同创新新格局。构建黄河中下游协同创新共同体。积极站位黄河流域生态保护和高质量发展战略，联动郑洛新国家自主创新示范区与西安、山东半岛等国家自主创新示范区，构建黄河中下游协同创新共同体，联合实施黄河流域重大科研项目攻关，围绕绿色低碳、生态环保、先进制造业等领域，共建黄河流域科技创新平台、成果交易转化平台，推进创新资源共享、项目联合攻关、成果协同转化。主动融入长三角科技创新共同体。依托商丘—合肥—杭州、平顶山—漯河—周口、南阳—信阳—合肥等高铁通道和淮河、沙颍河等水运通道，多方位、多领域构建与长三角地区实现联动合作的平台和机制，加快豫东、豫南区域完善承接产业转移的基础和能力，积极融入长三角地区产业链、供应链和技术交易市场网络，加强沿线创新平台和科技基础设施布局，支持有条件的地市与长三角地区高水平大学、科研院所共建研究机构，打造中原—长三角科技走廊。积极融入京津冀协同创新共同体。加强河南与京津冀地区在协同创新、成果转化、技术转移、知识产权保护、创新孵化、科技金融等领域合作。深化与中国科学院、中国工程院的省院合作，进一步加强与清华大学等著名高校的省校合作，谋划建设一批分校、分院和创新平台，带动创新资源向河南流动，协同开展高水平科技创新活动。鼓励安阳、鹤壁、濮阳等城市融入京津冀协同发展，积极承接新材料、新能源、高端化工等领域的成果转化、产业转移。

三是支撑城市群创新发展。推动郑州、洛阳、南阳高水平国家创新型城市迈上新台阶，支持许昌、新乡等城市争创国家创新型城市，建立城市创新能力指数。以推动科技创新与新型城镇化深度融合为着力点，引导和鼓励各省辖市根据自身的资源禀赋、产业优势、发展水平等，突出优势、确立方向、明晰路径、制定发展任务、明确发展重点，探索以科技为核心的创新发展系统解决方案，形成各具特色的创新发展模式和横向错位发展、纵向分工协作的新型城镇化发展格局，建设产业区域科技创新中心，打造创新型中原城市群。

四　持续强化创新载体支撑发展

紧紧围绕主导产业和优势产业发展，以高新区为主要载体，以其他创新载体为主要补充，为全省产业发展提供重要支撑。

一是推动高新区率先实现高质量发展。围绕“发展高科技、实现产业化”功能定位，坚持高新区“高”和“新”方向，促进高新区依靠创新实现集约发展、绿色发展、高质量发展，将高新区打造成为创新驱动发展示范区和高质量发展先行区。推动高新区管理体制改革，建立动态评价机制。加速高端创新资源集聚，培育壮大高新技术产业集群。坚持产城融合，打造生态、生产、生活“三生融合”，宜居、宜业、宜创“三宜共生”的韧性智慧园区。强化引领带动，拓展高新区发展空间，鼓励支持高新区在更大行政区域内对产业园区进行整合。支持高新区跨区域配置创新要素，探索异地孵化、飞地经济、伙伴园区等多种合作机制，带动区域经济和科技一体化发展。支持许昌、三门峡、商丘等地省级高新区争创国家高新区，统筹高新区布局，构建由国家级高新区、省级高新区等组成的梯次发展体系，形成布局合理、错位发展、功能协调的高新区发展格局。“十四五”期间，新增3~5家国家高新区，实现省级以上高新区省辖市全覆盖。

二是打造区域现代农业创新载体。高水平建设周口国家农业高新技术产业示范区，辐射带动黄淮平原拉长小麦产业链，建立现代化粮食产业创新体系，建成全国传统农区小麦全产业链创新发展先行区。推动新乡创建国家农业高新技术产业示范区，紧盯种子、种苗、种畜三大主攻方向，积极打造立足河南、辐射全国、面向全球的“中国种谷”。推动国家、省农业科技园区提质增效，实现标准化生产、区域化布局、品牌化经营和高值化发展，形成一批带动性强、特色鲜明的农业高新技术产业集群。支持洛阳、平顶山、三门峡等创建国家农业科技园区。启动建设省级农业高新技术产业示范区。加快形成以农业高新技术产业示范区为引领，以农业科技园区为带动，以现代农业示范园、农民工返乡创业示范园、林业科技示范园区等为协同，覆盖全省的现代农业多功能示范园区体系。

三是建设可持续发展实验区。以推动科技创新与新型城镇化深度融合为着力点，重点围绕生态农业、智慧旅游、清洁生产、循环经济、低碳发展等领域加大科技投入与创新力度，按照“一个区域一套方案”的原则因地制宜探索不同地区可持续发展新模式，推动地方结合当地特色禀赋和现实需求，探索以科技为核心的可持续发展问题系统解决方案。支持国家和省级可持续发展实验区建设发展，为可持续发展提供现实路径。

四是加快多层次产业技术创新载体发展。培育创新型产业集聚区，强化科技创新对产业集聚区发展的支撑，引导产业集聚区创新发展。优化产业集聚区功能布局和定位，推进产业集聚区“二次创业”，提升产业集聚区创新发展水平、主导产业能级和承载服务功能。加快培育创新型特色园区，加快建设高新技术产业化基地，积极创建国家高新技术产业化基地、国家火炬特色产业基地。

第十一章　新时代河南推进创新驱动发展的主要任务

河南要坚持把创新驱动作为高质量发展的逻辑起点和战略支撑，坚定不移走好创新驱动高质量发展之路，统筹推进创新驱动现代化产业体系构建、经济社会数字化转型、新型城镇化稳步推进、县域经济“成高原”等工作重点和主要任务，持续强化河南高质量发展内生动力和现代化河南支撑力，确保高质量建设现代化河南、确保高水平实现现代化河南、谱写新时代中原更加出彩绚丽篇章。

第一节　创新驱动现代化产业体系构建

充分发挥创新驱动高质量发展第一动力作用，全面提升重点领域科技创新供给水平，全面引领传统产业提质发展、新兴产业培育壮大、未来产业前瞻布局，助力加快构建河南特色的现代化产业体系，夯实现代经济体系坚实基础。

一　创新驱动传统产业转型升级

推动传统产业提质发展和传统产业结构优化升级，是构建现代化产业体系的内在要求和关键所在。进入新时代，面对新形势、新需求，高端产能不足、低端产能过剩成为传统产业的典型特征。因此，需要坚持创新驱动，深化供给侧结构性改革，优化存量资源配置，扩大优质增量供给，有效化解产能过剩，促进产业优化重组，实现供需动态平衡。推进过程中，要以供给侧结构性改革为主线，紧扣“三大变革”（质量变革、效率变革、动力变革），坚持蹄疾和步稳相结合，坚持高端化、智能化、数字化、绿色化、服务化方向，率先在钢铁、煤炭、有色、化工、建材等领域推进科技赋能增效，推动传统产业与前沿技术、跨界创新、颠覆模式对接链接，加快运用高新技术改造提升传统产业，让传统产业焕发新活力，实现产品品质更高端、产业链建设更现代化、产业竞争力持续提升。

创新驱动钢铁行业转型升级。以实现“两减、两降、两优”① 为目标，优化钢铁行业布局，加快打造现代化钢铁产业体系。依托钢铁行业龙头骨干企业，整合科研院所和上下游企业的创新资源，突破核心关键技术和共性技术，建设钢铁行业省级制造业创新中心，争创国家级制造业创新中心。引导钢铁企业推进产品结构优化升级，创新开发高品质特殊钢、高性能海洋工程用钢、高端装备用特种合金钢、核心基础零部件用钢等“特、精、高”关键品种，提升钢材产品附加值和竞争力。加快推进铁基非晶带材及制品、铁基纳米晶带材及制品产业发展，扩大其在电子、电器、电力等领域的应用。支持钢铁企业与装备、汽车、家电制造等下游企业深化合作，开展定制化生产，推动钢铁企业向钢铁综合服务商转型。

创新驱动煤炭行业转型升级。推广应用先进装备和技术，全面提升煤矿智能化水平，促进河南全省煤炭行业安全、高效、绿色和高质量发展。创新驱动煤矿智能化建设，统筹提升采掘系统、运输系统、监测控制、地质保障等关键环节的技术装备水平，搭建多功能煤矿管控信息平台及智能化大数据共享与应用云平台，推动煤矿系统优化，实现采掘协调、治理有效和连续生产、连续运输。以煤为基，创新发展煤电联营，深入推进煤电一体化、煤焦一体化、煤化一体化、煤钢一体化等产业融合发展。推动煤炭企业与上下游产业，新技术、新业态融合发展，从传统的煤炭开采业向以煤为基的多元发展的现代煤炭产业体系嬗变。

创新驱动有色行业转型升级。以供给侧结构性改革为主线，着力强化技术创新、推进延链升级，着力优化产品结构、扩大有效供给，推动有色金属工业高端化、智能化、绿色化发展，建设具有较强竞争力的有色金属精深加工产业基地。创新监督方式，确保电解铝等产能项目不新增和生产规模适度保持。完善主要污染物在线监控体系，倒逼低效产能转型转产或

① 两减：钢铁产能总量只减不增，钢铁冶炼企业数量只减不增。两降：污染物排放水平进一步下降，能源消费水平进一步下降。两优：优化产业布局，逐步退出限制类工艺装备，向环境承载力强、资源条件优、产业基础好的区域集聚；优化产品结构，提高中高端产品比例，提升钢材产品档次。详见《河南省钢铁行业“十四五”转型升级实施方案》。

有序退出。重点强化高品级超硬材料及制品，新型铝合金、铜合金、镁合金、钛合金、钼钨合金等特色产业链，增强产业链中高端产品带动能力。支持电解铝、铝加工、镁加工、钛加工等领域优势企业牵头组建产业技术创新战略联盟和技术研究中心等载体，合力提升先进熔炼、挤压铸造、型材加工、工艺设计、高效合成、再生有色金属回收利用等关键技术和装备水平，突破一批高端合金材料生产技术，加快新技术、新成果转化。

创新驱动化工行业转型升级。以供给侧结构性改革为主线，强化技术创新突破能力，着力推进产品结构调整、产业布局优化和落后产能压减，推动河南石化产业高端化、材料化、园区化、智能化、绿色化和高质量发展。支持化工行业龙头骨干企业牵头组建产业技术创新战略联盟、产业研究院、技术研究中心、重点实验室等载体，加强关键技术和共性技术研究与突破，创新发展尼龙深加工、煤制乙二醇及深加工、新型功能材料等重点化工新材料产业。支持化工企业牵头深化产学研用合作，健全产学研用协同创新体系，加快科技成果转移转化。创新园区规范管理，统筹推进化工类产业基地（集群）建设。促进化工企业绿色化改造，加快清洁生产技术开发与应用，推动副产、废弃物资源化利用。推动化工企业向服务型、智能型转变。

创新驱动建材行业转型升级。以供给侧结构性改革为主线，统筹实施数字化、智能化、绿色化技术改造，推动绿色新型水泥、特种玻璃等建材产业高质量发展。坚持“部品化、高质化、绿色化”，创新发展绿色新型水泥，合理布局装配式建筑生产基地。重点研发利用特种水泥新型干法生产技术，低温废气余热发电、节能粉磨、高压变频、烟气脱硝、废渣利用等综合节能技术及水泥窑协同处理生活垃圾、工业固体废弃物综合利用技术。坚持“超白化、超薄化、多功能”，推动浮法玻璃优化升级，加快向电子玻璃、节能玻璃、高档建筑玻璃等特种玻璃方向发展。重点研发浮法玻璃在线表面改性、全氧燃烧、分段式窑炉、低温余热发电、脱硫脱硝一体化与综合节能减排等技术，推动玻璃由建筑材料向功能材料转变。

二　创新驱动新兴产业扩容提质

战略性新兴产业已逐渐成为新时代我国经济增长的新引擎。推动新兴产业扩容提质，是构建现代化产业体系的必由之路和重要组成部分。推进过程中，要以推动高质量发展为主题，以供给侧结构性改革为主线，坚持规模化、高端化、集聚化发展方向，坚持创新驱动、重点突破，加快关键核心技术攻关、重大科技成果转化和自主创新产品迭代应用，集中突破一批具有自主产权、安全可控的“卡脖子”技术，统筹推进新一代信息技术、生物技术、新材料、节能环保等优势主导产业高位嫁接以及高端装备、新能源、新能源及智能网联汽车、航空航天和新兴服务业等高成长产业抢滩占先，加快构建具有自主技术支撑的新兴产业体系，全面塑造发展新优势。

培育壮大新一代信息技术产业。聚焦“补芯、引屏、固网、强端、育器”，强化信息制造、信息基础设施和信息安全等重点领域创新，推动大数据、人工智能、区块链等技术和实体经济深度融合。重点提升集成电路、新型显示和智能终端、先进计算、智能传感器及其他电子元器件等信息领域制造能力；大力发展高端软件，常态化开展软件名企、名园、名城等创建行动；优化信息基础设施布设，深入实施“5G+”示范、工业互联网、固定网络升级、网络安全等工程。

培育壮大生物技术产业。加强生物产业基础和应用研究，聚焦关键共性技术突破，推动生物技术产业高质量发展。着力提升生物医药基础创新能力，推动创新药、高端仿制药、现代中药、生物技术药等加快研发和产业化。创新开发高值耗材、体外诊断试剂、智能医疗器械等产业，推进生物医学工程产业升级。优化完善主要农作物育种技术体系，促进生物农业实现突破发展。着力提高生物制造产业创新发展能力，构建生物制造核心菌种与关键酶创制技术体系。

培育壮大新材料产业。统筹推进新材料基础研究、应用技术研究和创新成果产业化等链条衔接，重点发展电子级多晶硅、新型3D显示、高端盖板玻璃、电子级玻璃纤维、聚晶金刚石复合片、电子级化学品、精密高效磨具等新型功能材料，碳基新材料、氟化聚合物、改性聚甲醛、绿色纤维、新型橡胶助剂、离子交换材料、特种聚碳酸酯等高性能化工材料，特种合金钢、硬质钨合金等先进金属材料以及新型耐火材料、先进陶瓷材料、新型碳材料等无机非金属新材料。

培育壮大节能环保产业。推进节能环保技术装备数字化、网络化与智能化改造，加快构建产业间耦合、上下游衔接、技术先进的节能环保产业链。以工业节能、建筑节能和低碳交通等为重点，强化高效节能技术、装备与产品研发及应用，提升高效节能装备竞争力。支持碳捕集、利用和封存技术研发与应用，推动煤炭替代技术及设备研发，促进先进环保装备及材料提质增效。创新发展高效资源综合利用技术装备，提高废物资源化利用水平。大力发展节能环保服务业。

培育壮大高端装备制造产业。深度应用移动互联网、大数据和云计算、物联网等新技术，赋能高端装备制造产业高质量发展。推动智能制造装备高端化发展应用，集中突破智能数控系统、高精度新型传感器、关键功能部件、网络化系统集成等一批智能成套装备关键共性技术，促进数字化设计技术、高精度加工成型技术等高档数控机床关键共性技术以及机器人本体技术、控制技术、系统集成技术等研发及产业化。推进农业装备制造业全产业链发展，提升农业装备数字化、智能化水平。

培育壮大新能源产业。统筹推进太阳能、风能、生物质能和地热能等新能源产业高质量发展，加快构建低碳高效能源支撑体系。研发太阳能集成应用技术，大力发展先进晶硅电池、高效光伏组件和智能逆变系统，推动太阳能产业提质增效。重点突破大型风电场运行维护、变流变桨智能控制、风场大数据管理等关键技术，加快风电与储能技术融合，推进风能产业集聚发展。突破先进生物质能源与化工技术瓶颈，积极发展生物质能和地热能。创新推动新能源多元协同发展。

培育壮大新能源及智能网联汽车产业。顺应汽车产业电动化、网联化、智能化趋势，开展技术创新和示范应用。强化整车集成技术创新，深入开展动力电池基础研究，创新发展新型充电技术，合力推动新能源汽车高质量发展。开展智能网联汽车车型设计、智能驾驶计算平台、自动驾驶云服务、智能网联系统软件等联合创新，加快发展智能汽车体系。创新发展以新能源及智能网联汽车为载体的分时租赁、无人出租车、物流配送服务、智能泊车等融合发展新业态。

培育壮大航空航天产业。着力提升航天工业配套能力，开展连接器单元制造能力建设，加强高端紧固件新型材料应用等技术研究。推动河南省卫星导航定位基准服务系统北斗三代技术升级，整合北斗产业重要创新和生产要素，打造基础产品、应用终端、应用系统和运营服务全要素北斗产业链。提升空间信息全链路服务能力，构建完整高分遥感技术应用推广服务体系和产业发展体系。创新培育通用航空研发制造链，打造民用航空产业基地和无人机研发制造产业集群。

培育壮大新兴服务业。聚焦战略性新兴产业转型升级和居民消费升级需要，加快构建相匹配的新兴服务业新体系。着力提升科技服务水平，高质量推进科技咨询、技术转移转化、检验检测、知识产权培训、专利运营等科技服务业态发展。着力强化金融科技应用，引导金融机构积极参与产学研合作创新。着力提升创意服务水平，开展创意服务过程及载体平台的数字化、智能化改造。高水平推进康养服务数字化转型，高质量搭建智慧医疗服务平台和发展社区康养服务。

三　创新驱动未来产业抢先布局

未来产业是一个国家或地区支撑未来经济增长、赢得未来竞争优势的关键所在。当前，美国、日本、德国等世界主要经济体相继发布了主导未来产业行动计划，党的十八大以来我国也把前瞻布局未来产业作为打造面向未来的高质量发展新引擎的关键举措。着眼于国内，包括河南在内的20多个省（区、市）将“布局未来产业”写进了其“十四五”规划纲要或政府工作报告。对河南而言，抢先布局未来产业，要顺应未来产业发展大趋势，强化创新赋能，坚持“优中培精”“有中育新”“无中生有”三大路径，率先在前沿和产业变革领域组织实施未来产业孵化和加速计划，打造引领能力强的未来产业链群，构筑支撑未来产业的先发优势。

前瞻布局量子信息产业。重点依托信息工程大学等机构，推进量子通信、量子计算重大研究测试平台建设，集中开展量子芯片、量子编程、量子精密测量、量子计算机以及相关材料和装置制备关键技术研究，突破基于经典超算平台的量子模拟关键技术，建立以量子计算和量子传输为基础的量子网络与信息安全体系。筹建河南省量子信息技术创新中心，争创国家量子信息技术创新中心。打造以量子技术应用为导向，涵盖多方要素的开放共享协同创新平台。开展“经典+量子”超融合计算系统关键技术及应用研究，研发与国家超级计算郑州中心超算系统能够开展协同计算的量子计算机，打造国内领先的新型高性能计算平台。

前瞻布局氢能与新型储能产业。聚焦氢能重点领域和关键环节，支持高等院校、科研院所、龙头企业等主体整合行业优质创新资源，组建氢能与储能技术创新联盟，加快布局建设重点实验室、工程研究中心、前沿交叉研究平台等多层次、多元化创新平台，构建高效协作创新网络，联合开展氢能应用基础研究和前沿技术研究，重点开展高效低成本制氢、高密度可逆储氢、长距离大规模运氢、快速安全加氢、稳态长寿命动态高功率燃料电池电堆等氢能关键技术研究，探索长寿命、低成本、超大规模储能技术。扎实推动氢能技术发展和规模化应用、储能技术多元化应用和规模化发展，实现制氢、储氢、输氢、用氢全链条安全技术开发应用。

前瞻布局类脑智能产业。坚持有中育新，加快释放类脑智能产业潜能，打造具有河南元素的类脑智能产业链群。推动信息工程大学、郑州大学、河南师范大学与复旦大学类脑智能科学与技术研究院等开展战略合作，组建类脑智能研究中心，开展大数据智能、跨媒体感知计算、混合增强智能、群体智能、自主协同控制与优化决策等基础理论研究，集中突破类脑人工智能算法、重大脑疾病智能诊疗、类脑智能芯片、新药智能研发等领域关键核心技术和共性技术，构建类脑智能技术体系。创新合作模式，推进技术创新与产业孵化双向联动，携手抢占类脑智能产业布局先机，实现类脑智能持续发展、技术深度应用和成果在豫转化。

前瞻布局未来网络产业。支持高等院校、科研院所、龙头企业等主体整合行业优质创新资源，组建未来网络产业技术创新联盟，集中开展天地大尺度可靠信息传输、空间动态组网、网络安全可信等天地一体化网络关键技术研究，探索毫米波与太赫兹通信、高性能无线传输、新型射频器件与封装集成等未来 6G 网络关键技术，推动全维可定义多模态智慧网络、关键信息基础设施内生安全、网络空间安全智慧治理、北斗与新一代通信技术融合应用研究，超前谋划发展第六代移动通信技术（6G）、碳基芯片、空天信息、虚拟（增强）现实等细分领域，建立未来信息网络技术研发、生产制造和示范推广、应用服务等发展体系。

前瞻布局生命健康产业。聚焦基因工程、蛋白质工程、智慧诊疗、精准医疗和新型生物医用材料、新发突发传染病等细分领域，开展重大慢性非传染性疾病诊疗、新发突发传染病防控和诊疗、生育健康与妇幼健康、主动健康与功能重建、精准医疗等方向诊疗技术、产品研发和临床转化，重点突破生命信息解读、生物合成、基因编辑、靶向递送等关键技术，研发新型疫苗、动物疫苗和药品、基因工程药物、细胞治疗产品、血液制品、新型诊断药物等关键技术，持续完善生命健康产业创新体系。强化郑州大学第一附属医院、河南省人民医院等健康领域应用基础研究重大平台和健康产业创新服务综合体临床研发功能和服务能力。

前瞻布局前沿新材料产业。把握材料行业变革趋势，换道抢滩前沿新材料细分领域。集中开展智能仿生材料、增材制造材料、量子信息材料、高熵合金、石墨烯基新材料、功能金刚石、第三代半导体材料、超导复合材料、液态金属、先进储能材料等前瞻性研究，加快突破新型人工晶体、显示面板用电子信息材料和高性能生物基全降解材料、石墨烯改性材料与创新元器件等关键技术，有序实施全天候高可靠石墨烯储能电池关键技术、电磁功能复合材料产业化应用等重点项目，促进前沿新材料产业实现规模化、高端化、集群化发展，推动以新一代材料形成新一代技术装备，打造一批前沿新材料中试验证基地和应用示范平台。

第二节 创新驱动经济社会数字化转型

锚定“两个确保”（确保高质量建设现代化河南、确保高水平实现现代化河南），推动创新驱动战略与数字化转型战略有效衔接，强化创新赋能数字经济健康发展，统筹推进产业数字化、数字产业化和数字化治理，稳步推动数字经济转向深化应用、规范发展、普惠共享新阶段，全面建设数字经济强省。

一 创新驱动数字产业壮大发展

完善新型数字基础设施体系。把新型基础设施建设作为数字化转型的“催化剂”，聚焦加快新型基础设施建设，发挥科技创新在现代基础设施建设中的支撑引领作用，攻克一批在新型基础设施建设过程中遇到的重大技术难题、关键技术工艺，研发和推广一批技术水平先进的重大装备，开展基础设施一体化、智能化、网络化等相关技术研究与开发，提高基础设施运行效能和安全管理水平，加快实现骨干网有效扩容、5G 网络商用部署和规模应用、第六代移动通信（6G）网络技术储备前瞻布局、云网协同和算网融合发展等目标。创新发展泛在协同的物联网，增强固移融合、宽窄结合的物联接入能力。布局搭建智能计算中心，打造智能算力、通用算法和开发平台一体化的新型智能基础设施。落实好“东数西算”工程，创新提升数据中心跨网络、跨地域数据交互能力。创新驱动空间信息基础设施演进升级，科学布局卫星通信网络，完善卫星互联网服务体系及提升支撑能力。有序推进基础设施智能升级，加快融合基础设施建设，构建工业互联网平台体系和公共服务体系，提升基础设施网络化、智能化、服务化、协同化水平。

推动数据价值化和高质量供给。支持市场主体依法合规开展数据采集，聚焦数据的标注、清洗、脱敏、脱密、聚合、分析等环节，提升数据资源处理能力。推动数据资源标准体系建设。开展数据价值化试点，探索数据流通机制、应用体系、监管与安全体系。坚持改革创新，打破不同领域间的通信技术和协议壁垒，形成完整贯通的数据链。深化政务数据跨层级、跨地域、跨部门有序共享，完善全省统一的开放的公共数据资源体系。推动数据分类分级管理，强化数据安全风险评估、监测预警和应急处置。支持企业、研究机构等主体基于区块链等数字技术，探索数据授权使用、数据溯源等应用，共建数据交易平台，创新数据交易模式，完善数据要素治理体系、数据定价体系、市场运营体系，提升数据交易效率和流通效率。以实际应用需求为导向，创新建立多样化的数据要素开发利用机制。支持企业、研究机构等主体运用数字技术推动工业、农业、服务业产业数据化，创新挖掘商业数据价值，推动数据价值产品化、服务化，提升专业化、个性化数据服务有效供给能力，促进数据、技术、场景深度融合。鼓励重点行业创新数据开发利用模式，调动行业协会、科研院所、企业等多方参与数据价值开发。

增强关键数字技术创新能力。瞄准传感器、量子信息、网络通信、集成电路、关键软件、大数据、人工智能、区块链、新材料等战略性前瞻性领域，立足河南数字经济发展基础和超大规模市场优势，提高数字技术基础研发能力。发挥国家超算郑州中心作用，研制典型超算应用示范系统。支持高等院校、科研院所、龙头企业等主体整合行业优质创新资源，组建数字技术创新联盟、创新联合体，共建前沿学科和交叉研究平台、产学研用协同创新平台等载体以及创新生态体系，打通贯穿基础研究、技术研发、中试熟化与产业化全过程的创新链。优化和创新“揭榜挂帅”等组织方式，集中突破高端芯片、操作系统、工业软件、核心算法与框架等领域关键核心技术，加强通用处理器、云计算系统和软件关键技术一体化研发，合力补齐关键数字技术短板。重点布局5G、物联网、云计算、大数据、人工智能、区块链等领域，突破智能制造、数字孪生、城市大脑、边缘计算、脑机融合等集成技术，抢先布局量子信息、氢能与储能、类脑智能、未来网络、生命健康、前沿新材料等关键核心技术和共性技术，有效提升优势数字技术供给能力，推动信息、生物、材料、能源等领域技术融合和群体性突破。

培育数字经济新业态、新模式、新生态。大力发展数字经济核心产业，推动建设"中原智谷"。支持行业企业、平台企业和数字技术服务企业跨界创新，推动创新资源共建共享，促进创新模式开放化演进。实施产业链强链、补链、延链行动，加强面向多元化应用场景的技术融合和产品创新，加快平台化、定制化、轻量化服务模式创新。推动平台经济健康发展，引导支持平台企业加强数据、产品、内容等资源整合共享，持续壮大新兴在线服务，如扩大互联网医疗服务覆盖面，推广基于智能康养设备的家庭健康监护、慢病管理、养老护理等新模式；扩大远程协同办公在线服务覆盖面，推广电子合同、电子印章、电子签名、电子认证等应用。深入发展共享出行、共享制造平台等共享经济模式创新与应用，拓展创新、生产、供应链等资源共享新空间。发展基于数字技术的智能经济，加快优化智能化产品和服务运营，培育智慧商圈、智慧街区、智慧销售、无人配送、自动驾驶、智能停车、智能制造、反向定制等新增长点。完善多元价值传递和贡献分配体系，有序引导多样化社交、短视频、知识分享等新型就业创业平台发展。持续优化数字经济产业创新生态，引导和支持大中小企业和社会开发者开放协作、线上线下创新协同，以园区、行业、区域为整体推进产业创新服务平台建设，强化技术研发、标准制修订、测试评估、应用培训、创业孵化等优势资源汇聚。

二　创新驱动传统产业数字改造

推动制造业数字化转型。聚焦制造业数字化转型需求，支持高等院校、科研院所、龙头企业等主体整合行业优质创新资源，组建技术创新联盟，加快布局建设重点实验室、技术研究中心等创新平台，联合开展制造业数字化转型相关研究和关键共性技术攻关。聚焦大数据、云计算、人工智能、工业互联网、区块链等领域，集中开展基础技术和关键共性技术攻关，突破数字领域技术瓶颈，夯实数字技术与制造业深度融合基础。创新数字技术与制造业深度融合方式，实现对制造业的设计研发、生产制造、仓储物流、销售服务等全流程、全链条、全要素的数字化改造。创新数字基础设施服务方式，优化数字化基础设施空间布局，更好地适应制造业高可靠、广覆盖、大连接、低时延需求，有效提升制造业数字化转型效率及质量。推进制造业数字化转型标准创新，引导企业、行业组织、科研机构等主体联合制定全省统一的制造业数字化标准。创新宣传方式，引导和支持制造业企业主动采用新一代信息技术，探索智能制造新模式，推动企业"上云用数赋智"。创新培育和发展数字化服务商，支持互联网公司利用数字技术和数据资源为制造业企业提供制造工艺、流程、设备等数字化转型服务。

推动服务业数字化转型。顺应服务业数字化、网络化、智能化发展趋势，聚焦现代服务业科技发展关键领域和薄弱环节，支持高等院校、科研院所、龙头企业等主体整合行业优质创新资源，组建技术创新联盟和技术研发平台，加强大数据、云计算、物联网、人工智能等技术集成与应用。结合智慧城市、数字乡村等建设，创新数字基础设施服务方式，优化数字基础设施空间布局。创新打造服务业与数字经济融合应用场景，培育发展具有"在线、智能、交互"特征的服务新业态、新模式。促进智能终端与应用服务相融合、数字产品与内容服务相结合，创新培育发展智慧商圈、智慧街区、数字生活、智能装备服务等新兴服务业态。打造一站式数字生活开放平台，创新形成"大平台+全产业链数字化"式生活服务业发展模式。强化创新赋能科技服务智能化，推动大数据、云计算、物联网、人工智能、区块链等数字技术在研究开发、技术转移、检验检测、创业孵化、知识产权、科技咨询等科技服务新业态中深度应用。创新发展数字商务，全面加快商贸、物流、金融、教育、医疗等服务业数字化转型，优化管理体系和服务模式。引导和支持服务业企业"上云用数赋智"，推进服务企业智能化升级。

推动农业数字化转型。充分结合乡村振兴、数字乡村、农业信息化等建设部署，强化创新赋能增效，推动现代信息技术、数字技术与农业发展深度融合，更好发挥数字化引领、撬动、赋能作用。加大关键信息技术攻关力度，实施现代信息技术创新能力建设工程，组织实施一批省重大科技专项、自主创新专项，加大数据采集传输、存储分析、处理共享、信息安全等方面技术攻关力度，重点研发农业图像识别、农业人工智能、农业大数据挖掘分析、智能农机装备等关键核心技术。推动产学研用一体化发展，支持河南省农业科学院、河南农业大学、企业等主体牵头整合创新资源，建立农业农村数字经济产学研用一体化技术创新体系和战略联盟，建设一批省级农业信息化和数字乡村建设工程技术研究中心、重点实验室等研发平台，开发涉农信息服务软件和手机应用程序。建设好和运用好农业生产经营、管理服务、农产品流通等大数据平台，完善农业科技创新应用信息服务平台和农业科技成果转化网络服务体系。实施数字农业建设工程，统筹推进农产品质量安全信息化、种植业信息化、畜牧兽医信息化、渔业渔政信息化、种业信息化、农田建设信息化、农业服务信息化、农产品加工信息化等重点工作。

推动产业园区数字化转型。创新宣传方式，凝聚产业园区数字化转型共识，强化顶层设计，高水平系统化实施产业园区数字化转型工程，打造产业园区数字化转型标杆项目和示范产品。支持高等院校、科研院所、龙头企业、园区管委会等主体组建技术创新联盟和搭建技术研发平台，集中开展产业园区数字化转型的基础技术、关键共性技术攻关，突破数字领域技术瓶颈。创新建立产业园区数字化转型促进中心，优化数字基础设施布设，夯实产业园区数字化转型所需的基础设施支撑能力基础。创新产业园区数字化产品与服务，推动大数据、云计算、物联网、人工智能、区块链等数字技术在产业园区业务开展、服务供给、生态共建等过程中的集成与应用，打通信息孤岛，实现以数字化撬动产业园区现有业务和服务的提质增效和降本增收。深化产业园区创新能力，创新发展新业务新服务模式，实现产业上下游、外部生态的数字协同和价值创造。推动基于共性转型需求的共享制造平台在产业园区规模化发展。创新平台企业与产业园区联合运营模式，线上线下联动，持续提升技术、数据、平台、供应链等服务供给能力和要素集聚能力。创新探索发展跨越物理边界的“虚拟”产业园区，实现产业资源虚拟化集聚、平台化运营和网络化协同，构建虚实结合的产业数字化新生态。强化改革创新，探索建立全省范围内跨区域、跨平台的产业园区数字协同新机制。

三 创新驱动数治能力全面提升

完善数字经济治理体系。支持有条件的地市创建数字技术创新发展实验区，聚焦应用场景，探索智慧城市、数字乡村治理体系、治理能力现代化可行路径，深入推进城市治理、乡村振兴、生活服务等方面数字技术研究开发和示范应用。深化“放管服”改革，优化数字营商环境，分类清理规范不适应数字经济发展需要的各类事项。深化体制机制改革创新，加快建立协调统一的数字经济治理框架和规则体系，健全跨部门、跨层级、跨地区的数字经济协同监管机制，有效增强政府、行业和市场的数字化监管与服务能力，探索建立与数字经济持续健康发展相适应的治理方式，形成政府主导、多元参与、法治保障的数字经济治理格局。创新基于新技术手段的监管方式，实现事前、事中、事后全链条、全领域数字监管，建立健全触发式监管机制，推动监管数据采集和共享利用。创新完善基于大数据、人工智能、区块链等新技术的统计监测和决策分析体系，提升数字经济治理的精准性、协调性和有效性。创新建立基于大数据、人工智能、区块链等新技术的重大问题研判和风险预警、响应及处置机制，实现数字赋能系统性风险防范水平提升。创新建立与平台经济特点相适应的数字监管机制、诉求在线表达机制、争议在线解决机制等，推动线上线下监管有效衔接、诉求及时响应、争议高效解决。创新建立数字治理服务生态，促进技术、数据、资本、人才等多要素支撑力良性叠加，创新推出经济社会数字化过程中的问题数字治理解决方案，全面提高治理效率。创新数字经济监管方式，强化数字经济安全风险综合研判能力和有效防范能力。

提升公共服务数治水平。聚焦实现更加普惠均等的数字化公共服务，强化创新赋能增效，集中开展智慧政务、智慧社区、智慧教育、智慧医疗、智慧旅游、智慧养老、智慧生活等诸多领域的基础技术、关键共性技术攻关，突破数字领域技术瓶颈，推动数字技术与公共服务深度融合，完善网络化、数字化、智慧化的利企便民服务体系。改革创新体制机制，建立健全政务数据共享协调机制，持续推进政务服务数字化、智能化，实现政务服务线上线下整体联动、全流程在线、向基层深度拓展，实现政务数据共享、流程优化和业务协同，不断提高“互联网+政务服务”效能。开展政务数据与业务、服务深度融合创新，搭建基于大数据的事项办理需求预测系统平台，打造主动式、多层次创新服务场景。创新拓宽数字技术赋能广度，推动大数据、云计算、物联网、人工智能、区块链等数字技术与公共卫生、社会安全、应急管理等领域深度融合。聚焦复杂多样的公共服务消费需求，研发和运用新型数字技术，强化就业、教育、医疗、养老、托育、家政、社保等民生领域供需对接，持续提升公共服务资源数字化供给能力及水平。集中突破关键数字技术，促进社会服务和数字平台深度融合，探索医养结合、文教结合、体医结合、文旅融合等多领域跨界合作。创新城乡数字融合方式，推动新型智慧城市和数字乡村建设有效衔接，有效弥合城乡数字鸿沟。深化人工智能、虚拟现实、8K 高清视频等技术应用，创新发展“云生活”服务，创新发展互动视频、沉浸式视频、云游戏、虚实交互体验、非接触式服务等数字消费新业态。

强化公共安全数治能力。聚焦数字经济安全体系建设，创新发展网络安全技术、方案及举措，切实保障数字经济发展安全和经济社会数字化转型安全。聚焦网络安全防护能力建设，支持拟态防御、数据加密等网络安全保护技术和产品研发应用，推广使用安全可靠的信息产品、服务和解决方案，实现网络安全技术措施同步规划、同步建设、同步共享、同步使用。聚焦数据安全保障水平提升，创新建立数据分类分级保护制度和数据安全治理体系，依法规范数据采集、传输、存储、处理、共享、销毁全生命周期安全管理，切实增强对政务数据、跨境数据、重点行业数据、个人信息等的安全保护能力。聚焦粮食安全，集中突破智慧种业、智慧种植业、智慧灌溉、智慧防治灾病等现代农业关键核心技术和产品创新，建设农业科技创新体系，持续强化河南国家粮食生产核心区科技支撑。聚焦药品安全，创新研发药品安全风险防控关键技术和试剂装备，推动药品安全检测、溯源、预警等技术智能化，构建药品安全监控与预警立体交叉网络信息体系。聚焦安全生产，集中开展数字化、信息化、智能化技术与安全生产深度融合及应用研究，重点研发危险化学品、矿山、建筑施工、交通运输等重点行业风险防控和监测智能化关键技术，实现数字赋能生产安全。聚焦能源安全，开展太阳能、风能、水能、地热能、氢能、工业废水废热等可再生能源数字化、智能化、网络化利用技术研发与应用，构建冷热平衡、供需精准的智能能源系统。聚焦防灾减灾救灾，集中开展多灾种综合监测预警关键技术、气象智能监测预报服务技术、智能化应急技术和应急装备等研究，构建主动保障型防灾减灾救灾数字技术体系。

第三节　创新驱动新型城镇化稳步推进

推进创新驱动战略与新型城镇化战略有效衔接，坚持用创新来破解新型城镇化过程中的突出问题与矛盾，实现在创新发展中提升新型城镇化质量，加快构建主副引领、四区协同、多点支撑的发展格局，推动中原城市群一体化高质量发展。

一　创新驱动主副引领能力增强

坚持创新驱动，着力强化主（郑州）副（洛阳、南阳）引领能力，厚植发展优势，提升城市能级，让主副中心城市在推进和支撑河南新型城镇化大局中走在前、做表率、更出彩，辐射带动更多周边地区一体化发展、高质量发展。

强化郑州国家中心城市引领能力。支持郑州把科技创新作为国家中心城市核心功能来打造，积极承接国家重大生产力和创新体系布局，强化科技创新、枢纽开放、教育文化、金融服务等功能，提升集聚、裂变、辐射、带动能力，打造国内一流、国际知名的创新高地、先进制造业高地、开放高地、人才高地。着力优化城市创新格局，高质量建设“一区一岛一城一带一廊”（郑洛新国家自主创新示范区、“智慧岛”、中原科技城、中原科技带、沿黄科创走廊），更好地发挥郑东新区、经开区、高新区、航空港区“四梁八柱”作用和各区县（市）核心板块、产业园区、新城等功能平台作用，协同推进科技创新、政策创新、金融创新、资本创新，打造支撑全省、服务全国的创新策源地。高质量推进河南省（中原科技城）人才创新创业试验区建设，实行更加开放的人才政策，实施好“黄河人才计划”，加速会聚一流战略科技人才、科技领军人才和高水平创新团队。强化企业创新主体地位，持续提升企业创新能力，构建以企业为主体，企业与高校、科研院所、创新创业平台、科创投资机构等深度合作、资源高效配置的技术创新体系。支持龙头骨干企业牵头组建创新联合体，共建新型研发机构、“双创”平台、科创园等创新平台，推动产业链上中下游、大中小企业一体协同创新。高质量开展打造中部地区科技成果交易转化中心、高水平建设郑州技术要素交易市场、设立郑州知识产权法院、健全科技人才评价体系、改进科技项目管理等重点工作，加快构建联动创新生态。聚焦“1+8”郑州都市圈一体化发展，高质量推进区域创新一体化，加快实现同频耦合、同向聚力，引领郑州都市圈协同发展、高质量发展。

强化洛阳副中心城市引领能力。加快推进洛阳副中心城市和国家创新型城市建设，持续增强创新资源集聚承载能力。坚持创新是引领发展的第一动力和在现代化建设全局中的核心地位，全面激发创新活力，把创新贯穿各项事业始终，建强副中心、形成增长极，重振洛阳辉煌。高质量实施科技创新“八大行动”（创新能力提升行动、创新主体倍增行动、创新孵化平台建设行动、产业创新提质行动、创新人才引育行动、科技金融融合行动、开放创新升级行动和创新环境优化行动），加快实现从科技强向产业强、经济强转变，打造国家创新高地。着力打造高端创新平台载体，高标准建设国家自主创新示范区洛阳片区，推动自创区、自贸区、高新区“三区”集成融合，培育壮大科技型中小微企业集群；统筹加快伊滨科技产业新城、国家农机装备创新中心、中欧科创园、中信科创园等创新平台高水平建设，打造环河南科技大学、洛阳师范学院、洛阳理工学院等高校知识经济圈。高质量实施“春笋计划”和“双创河洛”品牌塑造工程，强化企业创新主体地位，提升企业技术创新能力，加快形成创新龙头企业引领、高新技术企业支撑、科技型中小企业蓬勃发展的创新型企业集群。聚焦智能农机、轨道交通装备、高端轴承、基因工程疫苗、新材料、生物育种等重点领域和节能环保、氢能源、生物医药等新兴领域，持续推进关键核心技术攻坚，实施好重大科技攻关工程。优化提升洛阳科技大市场、周山知识产权运营中心服务功能，创新打造国家级知识产权服务业集聚区及一批研发中试基地，不断提高科技成果就地转化水平。坚持人才强市，持续推进“河洛英才计划”，打造河洛创新创业人才队伍。

强化南阳副中心城市引领能力。支持南阳深入实施科教兴宛、人才强市、创新驱动发展战略，加快建设副中心城市和高水平国家创新型城市，围绕产业链布局创新链，不断增强创新资源集聚承载能力，完善创新体系，优化创新生态，打造区域创新高地。统筹实施创新型企业引领培育工程和高新技术企业倍增计划，梯度培育和强化产业创新主体，加快建立以企业为主体、以市场为导向、产学研深度融合的技术创新体系。支持南阳高校、科研院所牵头组建技术创新战略联盟和协同创新中心，联合开展基础研究和技术攻关。围绕南阳先进制造、光电信息、新能源、新材料、生物医药、节能环保等产业升级需要，支持龙头企业、高等院校、科研院所等主体产学研用深度结合，共建一批重点实验室、技术创新中心、工程技术研究中心、企业技术中心、产业创新中心、共性技术平台、海外离岸创新中心等创新平台，完善科技创新平台体系。高质量实施“双创”示范基地扩容增效行动，新建一批众创空间、星创天地、科技企业孵化器和创业孵化基地等创新创业载体，强化卧龙众创空间、理工学院三融众创空间、南阳众创空间、高新技术创业服务中心等服务功能，创建南阳大学科创园。发挥河南省中科院南阳科技成果转化分中心作用，做大做强中关村科技产业园、南阳科技大市场，打造豫西南科技资源集聚平台、技术交易中心、科技成果转化中心。聚焦制造业、农业科技、民生科技等领域，围绕“主新特”产业，实施一批重大科技专项工程，攻克一批关键技术，研发一批创新产品。深入实施“诸葛英才计划”，培育“南阳名匠”“豫宛大工匠”，促进人才链与产业链、创新链深度融合。

二　创新驱动关键区域协同发展

坚持创新驱动与区域协同有机衔接，高质量推进“四区协同”发展，辐射带动更多周边地区联动发展，奏响发展“协奏曲”，形成区域协同发展新格局。

豫西转型创新发展示范区。支持洛阳与三门峡、济源协同发展，整合豫西创新要素资源，推动开放协同创新，有效融会晋陕豫等黄河金三角区域要素资源和发展禀赋，强化豫西创新能力，更充分发挥洛阳豫西创新策源地和发展牵引机功能作用，充分挖掘洛阳雄厚的科技创新力和厚重的工业产业潜力，充分发挥济源明星级工业集群的创造力和三门峡具有独特区位和交通优势支撑的物流产业贯通力，实现创新赋能豫西产业转型升级和“1+1>2”的城市蝶变，高质量共建豫西转型创新发展示范区，打造郑（州）洛（阳）西（安）高质量发展合作带建设“样板区”。推进过程中，要突出“转型创新发展”，立足豫西三市的经济社会转型发展需要和创新能力差异，以交通联通、产业协作、创新协同等为路径，强化和发挥洛阳创新要素跨区域配置能力和创新成果供给能力，形成以洛阳为主、以三门峡和济源为辅的优势互补、分工明确的创新协同格局。支持由龙头企业、科研院校等主体共建产业发展联盟和创新共同体，集中开展“转型创新发展”基础研究和关键技术攻关，实现以创新推进产业补链、强链、延链和产业转型升级，提升产业承载力和带动能力，协力构建集传统产业提质发展、新兴产业培育壮大、未来产业抢先布局于一体的豫西特色的现代产业体系和有竞争力的产业链群。

豫南高效生态经济示范区。支持南阳建设副中心城市，与信阳、驻马店协作互动，聚焦“高效生态经济”，强化创新协作能力和支撑能力，形成发展合力，推动豫南生态资源优势向经济发展优势转变，高质量建设豫南高效生态经济示范区，打造践行“绿水青山就是金山银山”理念的“样板区”。推进过程中，支持豫南三市的龙头企业、高校、科研院所等主体共建产业发展联盟和创新共同体，集中开展“高效生态经济”基础研究和关键技术攻关。如，开展南水北调水源区及干渠沿线水生态、水环境、水资源、生物资源、土壤资源保护与修复技术，干渠两侧生态廊道提质升级技术，生态风险监测技术等研究，确保“一泓清水永续北送”；开展农业绿色高效领域关键共性技术攻关，以绿色投入品、节本增效技术、生态循环模式、绿色标准规范为主攻方向，加快构建农业绿色发展技术体系，实现农业高效绿色和可持续发展；开展工业节能减排技术、无废和少废技术、建筑垃圾资源化利用技术、交通物流低碳建设及运维关键技术、零碳和低碳电力技术、清洁能源开发利用技术等碳减排和碳中和领域关键共性技术研究，扎实做好碳达峰、碳中和工作；等等。通过豫南三市创新协同，携手抓牢生态经济“牛鼻子”，打造互为犄角的高质量发展“金三角”，共同走好生态优先、绿色发展的路子。

豫东承接产业转移示范区。支持商丘、周口协作互动，聚焦“承接产业转移”，强化创新协作能力和产业转移承接能力，促进产业链与创新链深度融合，高质量共建豫东承接产业转移示范区，高标准当好河南“东进”开放的“桥头堡”，在服务中原—长三角经济走廊建设中提供更强发展动能和发挥更大支撑作用，更好融入“双循环”发展新格局。推进过程中，立足商丘和周口产业链群构建需求，重点围绕商丘食品、先进装备制造、纺织服装制鞋等千亿（元）级产业链群和制冷、超硬材料、商贸物流等百亿（元）级产业链群，周口食品加工、纺织服装、生物医药等千亿（元）级产业链群和装备制造、电子信息、新型建材等五百亿（元）级产业链群，整合创新资源要素，创新产业转移承接方式，强化创新能力和协作能力，持续塑造承接产业转移空间、资源、人力、物流等优势，吸引海内外更多创新要素和产业要素集聚豫东，实现以创新高质量引领承接产业转移高质量。创新推动产业集聚区、服务业“两区”（商务中心区和特色商业区）等产业转移核心承接载体高质量发展，支持园区管委会、园区企业与省内外高校、科研院所深化合作，探索和研发产业转移承接新技术新模式，共建豫东承接产业转移技术与产业中心，持续拓宽承接产业转移方式、通道与空间，推动豫东产业集群提质增效发展和核心竞争力提升。

豫北跨区域协同发展示范区。支持安阳、鹤壁、濮阳协作互动，聚焦“跨区域协同发展”，强化创新协作和开放协同能力，探索跨区域协同发展新模式、新机制，高质量共建豫北跨区域协同发展示范区，高标准当好河南“北上”先锋队，有效融会豫鲁冀晋跨区域要素资源和发展禀赋，打造豫鲁冀晋省际区域中心城市，在服务中原—京津冀、中原—环渤海等经济走廊建设中提供更强的发展动能和发挥更大的支撑作用。推进过程中，支持豫北三市围绕产业协同、创新协作、开放一体、交通联通、文旅联动、能源联保、民生合作、生态环境共治、营商环境联建等重点工作，主动承接省内外重大生产力和创新体系布局，组建产业技术联盟和创新共同体，共建豫北跨区域协同发展技术与产业中心，增强跨区域协同发展方案供给能力。支持豫北三市创新共建跨区域协同发展战略合作框架协议、高层会商制度、工作联合推进机制和政策体系，高质量推进协同改革、协同创新、协同开放、协同发展，推动产业链、创新链、制度链、要素链、人才链的跨区域深度融合贯通，有效拓展产业升级空间、科技合作空间和市场发展空间，持续提升豫北三市城市能级、竞争优势和形成跨区域协同发展可示范、可推广经验。

三　创新驱动多点支撑能力齐升

配合“主副引领”和“四区协同”建设，统筹提升商丘、安阳等区域中心城市和新乡、焦作、许昌、开封、平顶山、漯河等重要节点城市的创新能力，强化城市高质量发展支撑力，形成横向错位发展、纵向分工协作的科技创新空间发展新态势。

强化商丘创新支撑能力。聚焦打造国家区域中心城市和创新型城市，统筹实施创新主体培育、创新平台扩容、创新人才引育等科技创新重点工程和“十百千”转型升级创新专项等重大科技攻关工程，高质量开展创建商丘国家级高新技术产业开发区、争取纳入郑洛新国家自主创新示范区的辐射区和异地共建区、建设商丘市技术成果转移转化中心、发展商丘（上海）创新研究院和新型“双创”综合体、完善创新创业服务体系等重点工作，提升城市能级和承接产业转移能力。

强化安阳创新支撑能力。聚焦打造区域中心城市和区域协同创新高地，坚持创新资源聚合、创新主体聚集、创新服务聚焦、创新产业聚变，实施好创新平台提质扩容、创新主体梯次培育、关键核心技术攻坚、创新人才培育、创新生态构建等重点工程，推进安阳高新区建设郑洛新国家自主创新示范区拓展辐射区、豫北区域创新中心基地等创新平台和清华大学、浙江大学技术转移转化中心安阳分中心等协同创新载体建设等重点工作，提升城市创新能力和跨区域协同发展能力。

强化新乡创新支撑能力。聚焦争创国家创新型城市和郑新一体化发展，与郑州加快组建区域协同创新共同体，共建中西部创新融合示范高地，统筹开展强化自创区引领作用、加强创新载体平台建设、激发企业创新主体活力、打造中原人才高地、强化科技成果转化、优化创新生态环境等重点工作，更充分地发挥郑洛新国家自主创新示范区龙头带动作用，高质量推进“一区四园四集群”① 建设，加快构建现代创新体系，全面提升新乡城市能级和塑造高质量发展创新优势。

强化焦作创新支撑能力。聚焦创新型城市建设和郑焦一体化发展，统筹开展打造科技创新高地，夯实企业创新主体地位，推动产业链、创新链深度融合，充分激发人才创新活力，营造良好创新生态环境等重点工作，深度融入郑洛新国家自主创新示范区，打造郑焦科创走廊、洛焦科创走廊，深入开展“名校名院名所+焦作”院（校）地科技合作，推动高新区、产业集聚区、创新中心、实验室等创新载体平台扩容提质晋级，促进区域创新

① “一区四园四集群”，其中，一区：郑洛新国家自主创新示范区；四园：经开区、平原示范区、国家化学与物理电池产业园、新东产业集聚区；四集群：动力电池与新能源汽车产业集群、生命科学和生物技术产业集群、大数据产业集群和航空航天军民融合产业集群。

协同，打造中部地区新兴科创名城。

强化许昌创新支撑能力。聚焦智造之都、宜居之城、智慧之城、国家创新型城市创建和郑许一体化发展，高质量开展建设创新载体、强化企业创新主体地位、构筑人才发展高地等重点工作，实施好创新资源引聚突破行动和创新平台建设、创新主体培育、重大科技专项等创新能力建设重大工程，深度融入郑洛新国家自主创新示范区，与郑州、洛阳共建协同创新共同体，更好地发挥国家级“双创”示范基地平台作用，不断完善创新生态体系，打造中西部有竞争力的创新高地。

强化开封创新支撑能力。聚焦国家创新高地建设和郑汴一体化发展，坚持科技创新和制度创新双轮驱动，统筹实施创新基地建设工程、创新园区提升工程、创新平台建设工程、重大技术攻关等创新能力提升行动，持续完善创新平台体系、服务体系和人才支撑体系，提升创新研发和成果转化能力，厚植开封高质量发展创新优势。积极对接郑洛新国家自主创新示范区，高水平建设郑开科创走廊，与郑州联动共建百里创新创业长廊，打造成为支撑全省、服务全国的创新策源地。

强化平顶山创新支撑能力。聚焦创新型城市试点建设和区域性创新高地、创新人才价值实现基地、“两山”理论实践创新基地等打造，统筹实施创新主体培育、创新创业平台建设、高端人才引育、科技服务业培育、重大科技专项等创新能力建设重点工程，推进产业链、创新链、人才链、要素链、制度链深度融合贯通，完善创新体系，提升科技成果转化能力，形成全生命周期服务的创新生态，厚植平顶山高质量发展创新优势，加快实现城市形象由“煤城”向“绿城”转变。

强化漯河创新支撑能力。聚焦打造全国食品产业创新高地、发展动能转换实验区和创新型城市建设，坚持以应用型创新为主攻方向，以开放式创新和自主创新为基本路径，高质量开展培育创新主体、搭建创新平台、建设人才强市、完善创新机制等重点工作，实施好“一中心六平台”[①] 食品产业创新平台体系建设工程、科研成果转化基地建设工程、高新技术企业

① “一中心六平台”，即依托双汇集团建设国家级肉制品技术创新中心，建设漯河食品产业公共研发平台、食品检验检测创新战略联盟、国家级农业科技示范园区、中科院老专家技术中心漯河分中心、江南大学技术成果转移转化中心、食品益生菌产业研究院六个平台。

倍增工程、科技型中小企业培育工程等重点工程，构建良好创新生态，强化现代化漯河建设的科技创新支撑。

强化济源创新支撑能力。聚焦国家产城融合示范区建设和国家创新型城市创建，弘扬愚公移山精神，统筹开展好创新主体培育、关键技术领域创新、高水平创新载体打造等重点工作，实施好基础支撑创新平台工程、产业技术创新平台工程、公共服务创新平台工程等创新能力建设重大工程，全面提升创新能力和成果转化能力，塑造济源高质量发展创新优势。推动洛济深度融合发展，高质量、高水平参与豫西转型创新发展示范区建设，打造河南省先进制造业转型升级典范。

强化周口创新支撑能力。聚焦国家区域中心港口城市和区域科教创新中心建设，高质量、高水平参与豫东承接产业转移示范区建设，以科教新城建设为引领，持续推进周口国家农业高新技术产业示范区创建，加速崛起周口国家农业科技园区创新高地，统筹实施好高校科技能力提质增效计划、重大科技攻关计划、高新技术企业倍增计划、科技型中小企业“春笋”计划、科技服务深耕行动、周口“英才计划”等重点工程，完善自主创新体系，做优创新“生态”，增强创新驱动力。

强化信阳创新支撑能力。聚焦鄂豫皖省际区域中心城市和创新型城市建设，以实现“两个更好”① 为统领，深入推动连接长江经济带、黄河流域生态保护和高质量发展的联动协同区建设，统筹建设好豫南高效生态经济示范区，开展好提高企业创新能力、完善科技创新平台体系、优化创新生态等重点工作，实施好高新区梯次创建工程、产业技术创新平台扩容提质工程、公共服务创新平台扩容提质工程等创新能力建设重大工程，完善创新体系，塑造信阳高质量发展创新优势。

强化驻马店创新支撑能力。聚焦区域性中心城市、创新型城市、中西部创新高地建设，高质量、高水平参与豫南高效生态经济示范区建设，统筹开展好集聚高端创新资源、提升企业技术创新能力、激发人才创新创业活力等重点工作，争取国家生物育种中心驻马店分中心、综合性国家产业创新中心、国家重点实验室等平台加快布局，充分发挥“产教融合发展战

① “两个更好”，即“要把革命老区建设得更好，让老区人民过上更好生活”。2019 年 9 月，习近平总书记到革命老区信阳视察，明确提出“两个更好”。

略国际论坛”名片效应，构建全区域、全产业、全环节创新链条，打造创新型企业集群，构筑驻马店高质量跨越发展创新优势。

强化三门峡创新支撑能力。聚焦省际区域中心城市和中西部地区创新开放高地建设，坚持自主创新和开放创新相互促进、科技创新和制度创新“双轮”驱动，统筹开展好培育多元创新主体、打造协同创新高地、强化创新人才支撑、营造良好创新生态系统等重点工作，当好河南西联“桥头堡”，建设好豫西转型创新发展示范区，强化三门峡在黄河金三角地区的辐射带动作用和在郑（州）洛（阳）西（安）高质量发展合作带建设上的支撑作用，实现依靠创新驱动的内涵型增长。

强化鹤壁创新支撑能力。聚焦高质量发展示范城市和国家创新型城市创建，推进建设豫北跨区域协同发展示范区，实施科技创新提升突破行动，培育发展创新型企业集群，增强创新平台和载体支撑，加快打造鹤壁东区高质量发展城市创新引领区，提升经开区、高新区、产业集聚区等功能区创新能力，构筑“一谷一廊、四区支撑、多园联动”① 科技创新格局，打造河南省产业创新和科技成果转化高地，实现依靠创新驱动的内涵型增长，持续提升城市能级和综合竞争力。

强化濮阳创新支撑能力。聚焦省际区域中心城市和创新型城市建设，坚持“创新兴市”战略，统筹推进自主创新和开放创新、科技创新和制度创新、技术创新和产业升级，实施好创新平台扩量提质行动和创新平台培育工程、创新型企业培养工程、重大科技专项行动等创新能力建设重大工程，持续推进“科创中国”创新枢纽城市试点市、全国创新驱动示范市等建设，主动融入沿黄科技创新带建设，高质量、高水平参与豫北跨区域协同发展示范区建设，提高创新驱动能力。

第四节　创新驱动县域经济高质量发展

县域活则全盘活，县域强则省域强。聚焦县域经济“成高原”，以县域

① 一谷一廊：豫北科创谷和鹤淇科创走廊；四区支撑：以鹤淇产业集聚区、宝山循环经济产业集聚区、金山产业集聚区、浚县产业集聚区四个产业集聚区为支撑；多园联动：各级各类双创基地、孵化园、职教园、星创天地等联动建设。

治理"三起来"为根本遵循，推进创新驱动战略与乡村振兴战略有效衔接，坚持在创新中激发活力、破解难题，加快推动县域经济高质量发展和乡村全面振兴。

一　加快构建县域创新体系

坚持需求导向和差异发展，统筹做好企业主体、载体平台、人才支撑、创新生态等县域创新体系的关键环节，推动产业链与创新链深度融合发展，强化县域经济高质量发展创新支撑能力，走好创新驱动县域经济高质量发展之路。

培育壮大创新型企业。立足县域创新驱动发展基础及潜力，整合和完善鼓励企业创新政策，促进各类创新要素向企业快速高效集聚，助力提升企业技术创新能力，壮大创新型企业群体规模。支持有条件的县（市）实施创新型企业培育工程和创新型企业树标引领计划，完善"微成长、小升高、高变强"创新型企业培育机制及政策体系，高质量培育一批"科技小巨人""雏鹰""瞪羚""独角兽"等掌握"专精特新"技术的高新技术企业，打造有竞争力的创新型企业集群。支持县域内创新型企业，与省内外高校、科研院所、行业组织、上中下游企业等主体深化合作，组建产业技术联盟和创新联合体，共建共享创新载体平台，推进产业链上中下游、大中小企业融通创新，实现借力提升创新能力和科技成果转移转化能力。落实好国家和省市"科技小巨人"成长行动、科技型中小企业"春笋"计划，鼓励和支持符合条件的小微企业应用新技术、新工艺、新材料，发展新服务、新模式、新业态，向掌握行业"专精特新"技术的"科技小巨人"企业转型。

提质扩容创新载体平台。厘清县域各类创新平台载体现状条件，坚持扬优势和补短板相结合，有针对性地开展创新载体平台提质扩容行动。推动"一县一省级开发区"建设，支持有条件的县（市）高起点规划、高标准建设高新技术产业开发区、农业高新技术产业开发区、现代农业科技园区、火炬特色产业基地等创新平台，并纳入县域创新载体平台"县级—市级—省级—国家级"晋位晋级发展计划，成熟一个，晋位（晋级）一个。支持有条件的县（市）依托优势企业、科技园区、科研院所、职业院校等县域内外科技力量，高质量引进和高标准建设重点实验室、工程（技术）

研究中心、技术转移中心、技术创新中心、中试基地、产业孵化器、产业研究院、学者工作站、乡村振兴研究中心等各级各类创新载体平台，在县域开展创新活动和应用示范。支持有条件的县（市）加快发展“互联网+”创业网络体系，搭建众创空间、星创天地、农科驿站等“双创”平台，促进创新创业就业、线上线下有机结合。建设县域生产力促进中心，强化创新服务能力。

强化创新产业人才支撑。把汇聚人才资源、释放人才活力作为强化县域创新体系的关键举措，坚持引育结合、以用为本，持续实施人才引育工程，打造一支能更好地满足县域经济高质量发展需要的创新创业人才队伍。营造有利于创新型企业家成长和发展的良好环境，更好地发挥企业家在县域创新驱动发展中的关键作用。深入推行科技特派员制度，支持科技领军人才、高技能人才、专业技术人才等到县域开展创业服务，引导高校毕业生到县域就业创业，推进农村大众创业、万众创新。推广“科技镇长团”“博士服务团”“千名专家帮千村”等模式，发挥乡土人才等农村实用人才作用。实施全民技能振兴工程，加强创新型、应用型、技能型人才培养。实施乡村人才振兴计划，健全农民教育培训体系，加强农民就业创业培训，培育新型职业农民，推动农村劳动力转移就业。提升县域人才集聚和创新管理服务能力，搭建人才服务站、人才社区、人才公寓，解除人才留驻后顾之忧，最大限度激发各类人才的创新创业活力，使人才近悦远来。

营造良好创新创业生态。强化顶层设计，深化科技创新综合改革，建立适应县域创新驱动发展的组织领导体制和工作推进体系。支持有条件的县（市）设立科技成果转化基金、创业投资引导基金等，引导更多主体和要素资源参与县域创新，提升县域科技资源配置和使用效率。整合国家及省市各类鼓励科技创新政策，加强政策解读培训，常态化、制度化开展创新政策执行评估和落实督查，确保企业研发费用税前加计扣除、高新技术企业所得税优惠等国家及省市普惠性科技创新政策落实好、不打折、全覆盖。落实好创新产品和服务采购政策，鼓励采用首购、订购等方式支持县域企业创新发展。完善县域创新服务体系，成立专业合作社、专业技术协会等创新服务机构，高质量供给科技成果孵化、知识产权代理、市场开拓、科技咨询、转化评估、科技金融、综合科技等科技成果转化服务。培育创新文化，弘扬科学家精神、企业家精神和工匠精神。建立鼓励创新、宽容失败的容错机制，全面提升公民科学素养和创新意识，形成全民创新的良好社会氛围。

常态化开展创新示范。常态化、制度化实施基层科技创新能力提升行动计划。鼓励和支持有条件的县（市）明确功能定位，整合区域内创新资源，对标先进和相关标准，制定创新型县（市）建设方案，高质量开展创新型县（市）创建，打造一批创新能力突出、示范作用显著的县域创新驱动发展标杆，形成县域创新驱动发展新格局，为建设创新型河南和县域经济“成高原”提供强有力的科技支撑。支持和鼓励欠发达县（市）以创建“科创飞地”方式，开展创新型县（市）创建。以创新型县（市）创建为统揽，支持有条件的乡（镇）开展创新型乡镇创建，强化创新型县（市）创建的乡镇支撑。制定创新型县（市）、创新型乡镇晋位晋级建设方案，开展创新型县（市）、创新型乡镇晋位晋级专项行动，争取形成县级—市级—省级—国家级多级联动、竞相出彩的创新型县（市）、创新型乡镇创建局面。举办好各类创新成果宣介活动、评选活动，及时奖励和表彰创新先进单位、先进个人，宣传推广成功经验和做法，示范带动更多地区推动创新驱动高质量发展。

二　创新驱动城乡融合发展

重塑新型城乡关系，走城乡融合发展之路，是县域经济高质量发展的内在要求和必由之路。坚持因地制宜、稳中求进，以创新驱动有效破除阻碍城乡融合发展的壁垒和弊端，建立健全有利于城乡融合发展的体制机制和政策体系。

创新驱动城乡要素合理高效配置。聚焦农业转移人口市民化、城市人才入乡、科技成果入乡等关键环节的体制机制壁垒，开展“创新破壁”专项行动，推动城乡要素自由流动、平等交换、高效配置。创新健全农业转移人口市民化机制，深化户籍制度改革，放宽城市落户限制，增强城市包容性和承载力，加快推进农业转移人口市民化。创新建立城市人才入乡激励机制，引导各类人才返乡入乡创新创业兴业，鼓励和支持人才创新服务方式、拓宽服务空间和提高服务质量，不断强化城乡融合发展人才支撑。创新深化农村土地制度改革，推动农村宅基地制度稳慎改革，盘活利用闲置宅基地和闲置房屋，有效利用乡村零星分散存量建设用地。创新建立集体经营性建设用地入市制度，有效降低土地要素的使用成本，拓宽农民增收渠道。创新健全财政投入保障机制，撬动更多社会资金投入支持城乡融合发展。创新完善乡村金融服务体系，强化城乡融合发展金融支撑。创新建立工商资本入乡促进机制，引导工商资本为城乡融合发展提供资金、产业、技术等支持。创新建立科技成果入乡转化机制，强化乡村创新能力和成果转化能力。

创新驱动城乡公共服务普惠共享。聚焦教育、医疗卫生、社会保险、公共文化、社会救助等关键环节的体制机制壁垒，开展“创新破壁”专项行动，加快构建全民覆盖、普惠共享、城乡一体的基本公共服务体系。创新建立城乡教育资源均衡配置机制，推动优质教育资源、优秀教师（校长）、优秀高校毕业生等向乡村倾斜，有效补齐乡村教育短板。创新健全乡村医疗卫生服务体系，支持城乡共建县域医共体，引导城市优质医疗卫生资源向乡村下沉，增强乡村医疗卫生服务能力。创新健全城乡公共文化服务体系，支持城乡建立文化结对帮扶机制，引导优质文化资源向乡村倾斜，促进文化服务供需有效对接。创新完善城乡统一的社会保险制度，搭建社会保险公共服务平台，做好社会保险关系转移接续、医保异地就医联网直接结算等工作。创新完善城乡社会救助体系，推动社会救助服务更精准、更高效、更灵活，提升社会救助兜底保障能力和关爱服务质量。创新建立健全乡村治理机制，完善乡村治理服务体系，推进乡村治理体系和治理能力现代化。

创新驱动城乡基础设施互联互通。聚焦城乡基础设施建设差距及发展需求，开展“创新破壁”专项行动，有效推动乡村基础设施提档升级，实现城乡基础设施统一规划、统一建设、统一管护。创新建立城乡基础设施一体化规划机制，强化顶层设计和规划引领，统筹指引不同等级、不同标准、不同规模的道路、供水、供电、通信、广播电视、防洪、垃圾污水处理、公共安全视频监控等基础设施以及重要市政公用设施到最需要的乡村地区去布局。创新健全城乡基础设施一体化建设机制，明确乡村基础设施公共产品定位，坚持省市县联动，优化分级分类投入结构，处理好公益主导型设施和经营主导型设施的权衡与投入，推动有为政府和有效市场有机结合。创新建立城乡基础设施一体化管护机制，明晰基础设施产权归属和管护重点，探索建立基于新技术的城乡基础设施统一管护运行模式，推动基础设施管护有效和长期发挥效益。创新城乡基础设施统一规划、统一建设、统一管护监管方式，倒逼保障城乡基础设施一体化发展质量及效益。

创新驱动城乡产业共生融合发展。聚焦乡村经济多元化和农业全产业链发展，开展创新破壁专项行动，强化城乡产业共生融合发展创新能力支撑。创新完善农业支持保护制度，坚持藏粮于地、藏粮于技，以新理念创新农业发展模式，强化农业发展科技含量，健全现代农业产业体系、生产体系、经营体系。创新建立新产业、新业态培育机制，培育发展乡村旅游、休闲农业、智慧农业、民宿经济、农耕文化体验、健康养老、会展农业、定制农业、认养农业、农业众筹、农村电商等新产业、新业态、新模式，完善农村一二三产业融合发展体系。创新探索生态产品价值实现机制，打造生态产品价值实现机制创新平台，拓宽生态产品价值实现市场化路径和补偿机制，推动“绿水青山”向“金山银山”有机转变，提高县域发展“含金量”“含新量”“含绿量”。创新建立乡村文化保护利用机制，推动乡村农耕文化、非遗文化、民俗文化、建筑文化、特色文化等优秀传统文化创造性转化、创新性发展。创新搭建城乡产业协同发展平台，打造创新创业生态圈。

创新驱动城乡居民收入差距缩小。聚焦城乡居民共同富裕，开展创新破壁专项行动，创新拓宽实现共同富裕的实践路径，持续缩小城乡居民收入差距。创新完善促进农民工资性收入增长环境，实施新生代农民工职业技能培训工程，引导更多农村劳动力在平等参与创新活动中实现创业就业和增加收入。创新健全农民经营性收入增长机制，统筹开展职业农民培训和农民合作社、家庭农场等新型农业经营主体培育，支持龙头企业与农民共建农业产业化联合体，创新农民入股企业方式，实现利益联结。创新建立农民财产性收入增长机制，依法创新农村集体产权利用方式和集体经济运行机制，推动资源变资产、资金变股金、农民变股东，确保集体资产保值增值和农民收益提升。创新强化农民转移性收入保障机制，探索建立普惠性农民补贴长效机制，创新涉农财政性建设资金使用方式。创新建立巩固脱贫攻坚成果长效机制，实现巩固拓展脱贫攻坚成果同乡村振兴有效衔接，帮助脱贫群体和相对贫困群体拓宽增收渠道，促进收入持续增长，防止返贫。

三　创新驱动乡村全面振兴

坚持问题和目标导向，按照产业兴旺、生态宜居、乡风文明、治理有效、生活富裕的总要求，推进创新驱动战略与乡村振兴战略有效衔接，构建特色鲜明的农业科技创新体系，为推进乡村全面振兴和农业农村现代化提供坚实科技支撑。

创新驱动产业兴旺。坚持以科技创新为农业产业兴旺培育新动能，依靠科技创新深化农业供给侧结构性改革，转变发展方式、转换增长动力，提高农业创新力、竞争力和全要素生产率，加速农业由增产导向向提质导向转变，加速河南由传统农业大省向现代农业强省转变。聚焦乡村振兴、国家粮食安全、粮食生产核心区建设等国家重大战略实施和国家粮食安全产业带建设，加强面向乡村振兴发展的农业创新体系建设，统筹培育发展农业科技创新企业、农业科技创新基地和农业科技创新人才，建设一批乡村振兴科技示范乡镇、农业高新技术产业示范区、农业科技园区、现代农业产业技术创新战略联盟、创新型农业产业化集群、农业科技创新平台、星创天地、众创空间、孵化基地等创新基地和载体平台，夯实农业创新能力基础。突破现代农业关键核心技术，实现关键共性技术群体性突破，健全科技成果转化和技术服务体系，增强高质量农业科技有效供给。鼓励开展农业科技创新和商业模式创新，实现新技术、新模式、新业态下乡，健全现代农业产业体系、生产体系、经营体系，完善农村一二三产业融合发展体系。

创新驱动生态宜居。坚持以科技创新为农村生态宜居提供新方案，整合和借助科技创新力量，依靠科技创新更好地保护和利用农业农村生态资源及有效应对农村突出环境问题，打造践行“绿水青山就是金山银山”理念的典范。实施绿色宜居乡村技术创新工程，重点开展饮用水水质提升、污水处理、生活垃圾处理、村镇规划、生态景观营造、宜居住宅、生态建筑材料、清洁能源等农村人居环境整治关键技术研究与集成示范，提升乡村环境质量和宜居指数。实施有效治理农业面源污染等突出环境问题的科技创新工程，重点开展农业清洁化生产，面源污染防控，废弃物减量化、无害化处理，资源化利用和污染修复技术研究，开展农作物秸秆肥料化、基质化、饲料化技术，粪污无害化、农产品加工副产物资源化利用技术，化学肥料和农药减施增效技术研究。统筹山水林田湖草沙系统治理，创新推动农村生态产品价值实现，建立生态产品价值实现创新服务体系，增加农业生态产品和服务供给，培育形成绿色发展新动能，促进生态和经济良性循环、有机统一。

创新驱动乡风文明。坚持以科技创新为农村乡风文明引领新风尚，实施乡村居民科学素质行动计划，用科学武装头脑、用文化滋润心田，不断提高乡村居民科学文化素质，引导乡村移风易俗，逐渐形成文明乡风、良好家风、淳朴民风。创新科技服务和宣传教育方式，灵活利用移动互联网、“两微一端”等新科技手段，高质量开展科技知识和服务下乡行动。聚焦科普推动乡村振兴，推动科普信息化传播体系向乡村延伸，常态化推进乡村科学文化普及，引导科普专家、科普人才下乡进村入户，打造一批科普示范乡村、农村专业技术协会和科技小院，营造乡村居民学习科技创新文化的热潮和浓厚的创新创业氛围。扎实推进科技惠民，以科技创新带来的实在收益和获得感，激发乡村居民对新知识和新科技的内在需求和渴望，引导更多乡村居民参与创新活动、共享创新成果，进一步提高乡村居民的农业技术应用水平和利用科技致富能力，强化乡风文明科技支撑。

创新驱动治理有效。坚持以科技创新为农村治理有效构建新模式，立足乡村治理情势及需求，实施“互联网+社会治理”专项行动，灵活应用现代化技术手段，推动乡村治理体系和治理能力现代化，不断增强人民群众获得感、幸福感、安全感。充分利用互联网、大数据等技术工具，厘清乡村治理低效、无效的根源所在和乡村治理的短板与瓶颈所在，同时赋能提升乡村治理智慧化、精细化、网格化水平。充分利用互联网、移动通信、智能终端等信息技术和产品，搭建乡情民意线上互动通道，实现村民有效知情、有效参与、有效监督，倒逼乡村社会治理提质增效。充分利用大数据、人工智能等技术打造乡村治理和服务系统，建立高效便捷的矛盾和纠纷多元化解机制，为平安乡村、法治乡村、乡村“三治融合”等方面提供重要技术保障。充分利用移动互联网、远程教育等现代科技工具，强化基层党组织建设，更充分地发挥基层党组织在乡村治理中的战斗堡垒作用。

创新驱动生活富裕。坚持以科技创新为农民生活富裕拓展增收新空间，引导更多乡村居民在平等参与县域创新体系建设和乡村振兴发展中实现创业就业和增加收入，重点统筹提高乡村居民工资性收入、经营性收入、财产性收入和转移性收入，以期持续缩小城乡居民收入差距，推动城乡居民携手迈向共同富裕。加快技术创新和产品换代步伐，扩展新技术在乡村民生领域的应用场景，搭建基于新技术的民生服务平台，统筹推动教育、医疗、养老、社保、救助、出行、公共文化等民生服务智慧化、数字化发展，依靠科技解决更多民生领域的问题，全面提升乡村民生保障水平。创新建立巩固脱贫攻坚成果长效机制，把科技创新提供的智力支撑和技术体系作为巩固脱贫攻坚成果的两只翅膀，常态化、制度化帮助脱贫群体和相对贫困群体在参与创新活动中拓宽增收渠道，实现收入持续增长和防止返贫。在创新型企业培育、科技项目支撑、创新平台载体建设、创新人才培养引进等方面加大对大别山、太行革命老区支持力度，让老区人民过得更好。

第五节　创新驱动绿色低碳转型发展

全面贯彻习近平生态文明思想，践行“绿水青山就是金山银山”的理念，以推进碳达峰、碳中和为牵引，推动创新驱动战略与绿色低碳转型战略有效衔接，坚持创新引领，强化创新赋能经济社会绿色低碳转型，建立健全绿色低碳循环发展的经济体系，持续增强生态系统屏障保障能力，加快建设生态强省。

一　健全绿色低碳循环发展经济体系

聚焦绿色低碳循环发展的经济体系建设，坚持创新驱动，支持企业整合高校、科研院所、产业园区等创新力量组建绿色技术创新联合体，围绕节能环保、清洁生产、清洁能源等领域，实施绿色关键技术和共性技术创新攻关行动，共建共享一批绿色技术创新中心、绿色技术交易中心、绿色技术创新项目孵化器、绿色技术共享服务平台等创新平台，加速绿色技术成果转化和示范应用，构建市场导向的绿色技术创新体系，统筹高质量推进绿色生产、绿色流通和绿色消费。

健全绿色低碳循环发展的生产体系。深化工业绿色技术研发与示范应用，统筹实施钢铁、石化、化工、有色、建材、纺织等工业行业领域绿色化改造，推行产品绿色设计、绿色认证和清洁生产、减废生产，健全绿色制造体系。深化农业绿色技术研发与示范应用，推广农业清洁化生产、面源污染防控、废弃物减量化、无害化处理、资源化利用和污染修复等技术，创新发展生态种植、生态养殖等绿色农业业态，推行绿色食品、有机农产品认证和管理。深化服务业绿色技术研发与示范应用，统筹推进商贸、物流、信息、会展、出行、住宿、餐饮、维修等重点行业领域的绿色化改造升级。推进绿色环保技术的研发与示范应用，及时建立和适时修订绿色技术应用指南和绿色产业指导目录，引导绿色企业产业高质量发展；强化绿色产业企业的创新主体地位，布局建设一批绿色技术和产业示范基地，推动形成开放、协同、高效的创新生态系统；创新发展基于绿色技术的新产业、新业态、新模式，创新推行合同能源管理、合同节水管理、环境污染第三方治理等新模式和以节能环保效果为导向的新型环境托管服务、能源托管服务。推进产业园区和产业集群绿色化、循环化改革所需技术的研发与示范应用，推动产业园区和产业集群完善绿色低碳循环的产业链条，提高绿色化、循环化发展水平。

健全绿色低碳循环发展的流通体系。深化流通领域绿色技术研发与示范应用，统筹高质量推进物流、贸易等重点领域绿色发展。创新发展绿色物流，研发和推广绿色低碳运输工具；集中突破多式联运新技术，创新多式联运运营方式，推进运输结构优化；创新物流运输组织管理方式，运用新技术赋能相关公共信息平台服务能力提升和物流运输信息共享，发展甩挂运输、共同配送等绿色物流模式；支持物流企业运用新技术，构建数字化运营平台，发展智慧仓储、智慧运输，创建标准化托盘循环共用制度。创新驱动再生资源回收利用，支持有条件的地方搭建数字化、智能化的再生资源区域交易中心等服务平台，研发和运用新技术推进垃圾分类回收与再生资源回收“两网融合”；创新再生资源回收模式和发展新型商业模式，鼓励和支持企业采用现代信息技术提高再生资源资源产出率和回收利用率；创新落实生产者责任延伸制度，研发和推行逆向物流技术，引导生产企业建立逆向物流回收体系。创新建立基于新技术的绿色贸易体系，集中突破技术性贸易和绿色贸易壁垒，建立绿色贸易标准、规则互认机制，优化绿色贸易结构。

健全绿色低碳循环发展的消费体系。创新宣传绿色低碳生活方式，常态化、制度化开展绿色生活创建活动，持续激发城乡居民绿色消费意识。创新发展现代新型绿色消费模式，完善绿色消费政策体系，引导绿色生产和绿色供给。强化企业支撑绿色产品及服务有效供给的创新能力，提高绿色产品及服务有效供给能力。支持有条件的地方研发和运用现代信息技术，搭建集绿色供给和绿色消费为一体的服务平台，创新推动绿色产品及服务供求信息相匹配及绿色标准相统一。创新绿色采购机制，引导扩大绿色产品采购范围，实现以采购创新引领助推绿色生产和绿色消费。研发和推广废弃物减量化、无害化处理、资源化利用等技术，因地制宜高质量推进生活垃圾分类收运、塑料污染全链条治理、过度包装治理、交通系统智能化和人居环境整治改善等重点行动，加快形成绿色低碳生活新风尚。

二 扎实推进社会全面绿色低碳建设

聚焦社会全面绿色低碳转型，支持和依托高校、科研院所、企业等创新力量，实施绿色关键技术和共性技术创新攻关行动，加速绿色技术成果转化和示范应用，统筹高质量推进基础设施、污染治理等绿色转型行动。

创新推动基础设施绿色升级。创新推动能源体系绿色低碳转型，加快煤炭消费减量替代、大型高效风电机组、风电场智能化运维及控制系统、叶片结构轻量化、高性能光伏硅基材料制备工艺、高转化率组件及电池关键技术、分布式可再生能源发电、储能系统和充放电多功能综合一体站等能源领域关键技术及设备研发和推广，拓展外电外气入豫通道，因地制宜发展风电、光电、水能、地热能、氢能、生物质能、光热发电，智能化改造提升电网汇集和外送能力及输配效率，提升可再生能源利用比例和能源综合利用效率，构建清洁低碳、安全高效的能源体系。创新推进城镇环境基础设施建设升级，加快研发和推广低成本、高性能的工业园区废水、城镇和乡村生活污水高效综合治理和资源化利用技术及装备，创新布局污水资源化利用设施，推进城镇污水管网全覆盖和污水污泥无害化资源化处理效率，有效消除城市黑臭水体；加快研发和推广城镇生活垃圾、餐厨垃圾、医疗废物、危险废物等废弃物减量化、无害化处理、资源化利用等技术及设备，创新布局废弃物无害化、资源化利用设施，有效消除废弃物污染及其风险影响。创新提升交通基础设施绿色发展水平，研发和应用新技术将生态环保理念贯穿交通基础设施规划、建设、运营和维护全过程，深度挖掘大数据在交通基础设施建管养运中的应用，集中开展交通基础设施低碳建设及运维关键技术、交通运输智能化管理新技术、高精度碳排放实时监测技术和装备以及废旧路面、沥青、疏浚土等材料资源化利用技术等研发，推广应用温拌沥青、智能通风、辅助动力替代和节能灯具、隔声屏障等节能环保先进技术和产品，打造绿色公路、绿色铁路、绿色航道、绿色港口、绿色空港，构建立体互联、绿色智能的交通基础设施网络体系。

创新推动污染防治绿色升级。研发和推广污染防治技术及设备，坚持精准治污、科学治污、依法治污，统筹山水林田湖草沙综合治理、系统治理、源头治理，高标准打好蓝天、碧水、净土三大保卫战，切实改善城乡人居环境。创新打好蓝天保卫战，加快研发和推广非电行业烟气污染物协同治理以及垃圾焚烧烟气、挥发性有机物废气净化处置技术、工艺及成套装备，构建打好蓝天保卫战的技术支撑体系。灵活运用现代信息技术科学测算和制定与地方相匹配的大气污染物特别排放限值，推动重点行业二氧化硫、氮氧化物、颗粒物、挥发性有机物（VOCs）全面执行大气污染物特别排放限值。加快研发和推广废气实时监测技术和装备，倒逼工业污染源、柴油货车尾气、城乡扬尘等全面达标排放和有效治理。创新打好碧水保卫战，坚持“四水同治”（水资源、水生态、水环境、水灾害），加快研发和推广低成本、高性能的工业园区废水、城镇和乡村生活污水高效综合治理和资源化利用技术及装备，构建打好碧水保卫战的技术支撑体系。加快研发和推广废水实时监测技术和装备，倒逼高质量全面落实河（湖）长制，责任主体严格执行水污染防治标准和规划，倒逼水污染排放重点行业企业达标提标改造，有效杜绝企业污水偷排直排现象，有效治理黑臭水体等水污染问题。创新打好净土保卫战，加快研发和推广土壤质量大数据、土壤健康诊断技术、土壤障碍因子消减和修复技术、化学肥料和农药减施增效技术、土壤面源污染防治技术、生物降解材料工艺技术以及新型可降解地膜及地膜制品、农产品包装材料与环境修复制品等技术及装备，构建打好净土保卫战的技术支撑体系。创新布局土壤环境质量智慧监测技术和装备，推进土壤环境质量实行分类管理和建设用地准入管理，倒逼重金属污染排放重点行业企业达标提标改造，有效防治农业面源污染。

三　统筹强化生态屏障体系保障能力

聚焦中原生态安全屏障构建，支持和依托高校、科研院所、企业等创新力量，实施生态安全屏障关键技术和共性技术创新攻关行动，加速生态安全屏障技术成果转化和示范应用，持续改善生态系统质量，稳步提升生态服务功能，有效提高优质生态产品供给能力，构筑坚实的中原生态屏障体系。

创新推动生态保护格局优化。立足河南“一带三屏三廊多点”生态保护格局（基于山形水系的生态框架，以黄河干流为主线，以太行山、伏牛山、桐柏—大别山等山地为屏障，淮河、南水北调中线、隋唐大运河及明清黄河故道为主要串联廊道，统筹推进自然保护地建设），加快研发和推广生态功能区生态质量大数据、生态健康诊断技术等技术及装备，科学明晰生态主线、生态屏障、生态廊道及各自然保护区生态质量，厘清生态保护和修复的主要问题，针对性开展生态保护和修复关键技术和共性技术攻关和示范应用，实施生态保护和修复专项行动，持续改善各生态功能区生态质量和提升生态服务功能。譬如，生态环境保护与修复方面，加快研发生态风险监测、环境质量预报预警与应急保障、区域生态风险综合评价技术体系和模型等技术及装备，推动新一代信息技术与环境监测、生态修复深度融合，有效提高国土绿化、生态环境保护综合执法等重点工作的及时性、精准性和协同性。加强生物多样性监测与保育方面，加快研发主要生态功能区生物多样性维持和关键种保育技术体系，加强生物多样性和生态系统观测及研究，构建卫星遥感、无人机和地面监测等一体的“空—天—地”监测体系。

创新保障黄河流域长久安澜。万里黄河险在河南，下游治理重在河南。围绕黄河流域生态保护和修复技术要求，集中开展黄河流域生态变化的动态监测和科学分析、水资源科学调配与节约集约利用、退化生态系统保护修复、水源涵养、水生态保护等关键技术研究，坚决扛稳黄河保护治理的河南责任，打好环境问题整治、深度节水控水、生态保护修复攻坚战，努力在黄河流域生态保护和高质量发展中走在前列，在新时代“黄河大合唱”中奏响河南乐章。譬如，黄河中下游生态廊道构建方面，加快开展黄河中下游湿地退化机制与生态修复技术、生态系统完整性与水文效应、生态功能评估与碳汇能力提升技术、滩区洪水分区及泥沙分级落淤机制、洪水防御多目标综合治理技术研究，研发游荡性河道整治技术、宽河段河道与滩区综合提升治理、岸滩塑造和泥沙淤筑等技术，集成黄河下游滩区人、沙、水、生态廊道构建技术。黄河水资源调控方面，加快开展黄河中游干支流梯级水库多维协同调控、长江—黄河—淮河—海河复杂水系模型与水土多要素整体优化、极端洪水干旱早期预警与灾害风险管控、“四水同治”模拟与灾害预警的流域水信息感知系统、地下水超载治理、供水保障能力提升等关键技术研究。

创新确保一泓清水永续北送。坚决从守护生命线的政治高度，切实维护南水北调中线工程工程安全、供水安全、水质安全，推进南水北调后续工程高质量发展，确保一泓清水永续北送。围绕南水北调中线工程水源区及干渠沿线生态保护和修复技术需求，开展南水北调中线工程水源区及干渠沿线生态变化的动态监测和科学分析、水资源科学调配与节约集约利用、退化生态系统保护修复、水源涵养、水生态保护等关键技术研究和示范应用，统筹高质量推进水源区生态保护、石漠化和水土流失治理、总干渠两侧生态保育带建设等重点工作，构建渠、湖、山、林有机融合的生态绿廊。譬如，生态保护修复方面，加快开展水源区水生态、水环境、水资源、生物资源和土壤资源保护与修复技术研究，加强水源区和干渠沿线生态风险监测技术、渠首和沿线生物多样性维持和关键种保育技术体系等研究，加强陆地生态脆弱区生态过程和生态修复技术集成研究，重点开展水源区面源污染防治、石漠化治理、干渠穿渠建筑突发水污染事件应急处理等方面研究，促进南水北调中线工程干渠两侧生态廊道提质升级和生态屏障功能提升。

第十二章　新时代河南推进创新驱动发展的路径选择

全面对标全国一流和世界一流水平，紧紧围绕国家创新高地建设，坚持立足省情、扬长补短、高质量发展，以“六个一流”建设为关键路径，着力打造一流创新生态和河南创新名片，持续强化河南高质量发展内生动力和现代化河南支撑力，为当前及今后一个时期河南全面塑造高质量发展新优势夯实根基。

第一节　建设一流创新平台

围绕河南高质量发展要求和重大战略部署安排，坚持盘活存量和优化增量并进，统筹开展实验室体系整合优化、各类创新平台提质增量、重大科技基础设施合理布局等工作，持续强化河南创新平台体系的凝聚力、服务力和支撑力。

一　整合重塑实验室体系

统筹推动国家重点实验室提质增量。立足河南责任使命和比较优势，以前瞻 30 年的战略眼光、战略思维和战略举措，着力打造和加快形成特色突出、布局合理、引领发展的河南国家重点实验室体系。一方面，积极主动接轨国家实验室体系构建，谋划创建一批国家实验室，力争早日实现河南国家实验室建设零的突破。比如，充分发挥河南在农业领域的科研基础条件和学科优势，积极争创种业国家实验室，加快实现“让河南种子播在更广阔的中国田野上，让河南粮食盛于更多中国人的饭碗里”，更有力、出彩地承担起保障国家粮食安全的重任。围绕河南重大战略需求，瞄准黄河流域生态保护和系统治理、国家网络空间安全治理与先进防御、矿山安全科学与工程、细胞分化调控与靶向药物、动物免疫学、极端材料、纳米光电材料与器件、分子催化与能源转化等重点领域，积极谋划争创一批国家实验室，不断强化河南在世界前沿领域和国家重点领域的科研产出能力。另一方面，高质量推进神农种业实验室、嵩山实验室、黄河实验室建设，争取早日纳入国家实验室体系，成为能承担起国家重要使命和重大科研任务的国家实验室分支机构（基地）。同时，充分利用好国家重点实验室优化重组契机，支持在豫国家重点实验室提质增效，不断提升创新能力，强化并更好地发挥其在孕育重大原始创新、推动学科发展和解决重大科技问题等方面的主导力、影响力。

优化提升省级重点实验室支撑能力。坚持需求导向和问题导向，强化顶层设计，整合创新资源，按照新建一批、整合一批、警告一批、撤销一批的思路，有序推动省级重点实验室优化调整、系统布局，有效提升省级重点实验室在引领河南高质量发展中的创新支撑能力。坚持突出重点，高质量推动神农种业实验室、嵩山实验室、黄河实验室建设。神农种业实验室要聚焦国家粮食安全，围绕种子、种苗、种畜等优势领域，着力打造创新要素汇聚、偏重覆盖全面、产学研贯通的种业创新链条；嵩山实验室要围绕产业转型升级技术需求，以建设国家级信息产业孵化平台为目标，聚焦网络空间安全、网络与信息通信、量子信息等方向，开展拟态防御、网络空间安全治理、智慧网络等关键技术研究，更好地辐射带动河南信息产业高质量发展；黄河实验室要锚定黄河流域生态保护和高质量发展重大国家需求，聚焦水沙运动与河床演变、水沙调控与水旱灾害风险防控、“预报、预警、预演、预案”智慧化模拟等领域方向，开展黄河模拟器、“黄河大脑”、水生态水环境协同治理技术平台等研发构建，更好服务黄河流域生态保护和高质量发展。坚持省市联动，高标准建设一批省级实验室，持续打造全省科技创新平台“先锋队”和国家实验室“预备队”。同时，支持现有省级重点实验室改造提升、优化重组，有效提升其创新支撑能力、服务能力。

二　推动创新平台提质增量

统筹技术创新中心、中试基地、产业研究院、产业创新中心、企业技术中心、工程研究中心、新型研发机构、前沿科学中心和基础学科研究中心等各类创新平台提质扩容、繁荣发展，合力推动河南创新平台体系持续优化完善。

建设技术创新中心体系。以强化技术创新中心体系在区域和产业高质量发展的源头技术供给能力、科技型中小企业孵化培育的创新服务能力和引领产业迈向中高端的支撑能力为总目标，鼓励和支持相关创新型龙头企业、行业龙头骨干企业、高校和科研院所、新型研发机构，聚焦重点产业重大、关键、共性、前沿技术和“卡脖子”技术，围绕智能传感器、新能源及智能网联汽车、尼龙新材料、智能高端装备、电子信息、生物育种、农产品加工、动物疫病防治、智慧农业、生物医药、人口健康、资源能源高效节约利用、生态环境保护修复、公共安全等领域，积极申报河南省技术创新中心；围绕黄河流域生态保护和高质量发展、黄河水沙资源高效利用、隧道掘进装备、碳中和技术、超硬材料、数字经济、小麦、花生、棉花、地下工程防护等领域，创建一批国家技术创新中心。

加快建设中试基地。立足发展需求，围绕提质发展传统产业、培育壮大新兴产业、前瞻布局未来产业，以龙头企业、高校、科研机构、各类开发区为依托，统筹谋划，建立中试基地储备库，有序推进中试基地体系建设，充分发挥中试基地在科研和生产中的桥梁与纽带作用，促进创新链与产业链深度融合。创新推广高端装备、环保与精细化工新材料、生物医药CXO一体化、食品加工、轻质金属材料、纳米材料、新能源电池、智能传感器河南首批8家中试基地建设经验，高质量推进生物发酵与植物提取、电子装备柔性、微电子、先进高温材料、低碳能源技术、先进光学与功能镀膜、医用防护用品、体外诊断产品、地下工程、光子集成芯片、碳基新材料、生物基材料等河南第二批13家中试基地建设，同时面向未来再谋划打造一批示范作用大、辐射带动强的中试基地，加快在全省范围内形成“科技成果有承接、企业需求有源头、重点产业集群全覆盖”的良好局面。

布局建设产业研究院。充分发挥企业特别是重点骨干企业、领军企业、头部企业主体作用，鼓励和支持创新型龙头骨干企业牵头，联合高校、科研院所和上中下游企业共同组建产业研究院。坚持创新链与产业链深度融合，产学研用一体，加快实现应用研究“从1到100”的跨越，将产业研究院打造成为集研发、产业化、工程化等于一体的创新联合体。建设好和发挥好尼龙新材料、农机装备、氢能与燃料电池汽车、氟基新材料、现代医药、高性能医疗器械、人工智能、生物医药、先进膜材料、智能传感器首批 10 个河南省产业研究院的示范带动作用。

统筹推进各类创新平台建设。立足河南优势和发展需要，加快国家生物育种产业创新中心、国家农机装备创新中心建设，争创一批国家工程研究中心、国家企业技术中心、国家三级生物安全实验室，布局建设一批省级产业创新中心、制造业创新中心、临床医学研究中心、企业技术中心、工程（技术）研究中心，布局建设一批野外科学观测研究站、应用数学中心、检验检测中心、科技资源共享服务平台。强化与知名科研院所、高校及龙头领军企业协作，谋划组建一批新型研发机构；支持省新型研发机构做优做强、提质晋级。扎实落实国家“从 0 到 1”基础研究重大战略部署，培育建设一批省级及以上前沿科学中心和基础学科研究中心。坚持多策并施，有效提升各类创新平台体系运行效能。

三　建设重大科技基础设施

立足河南比较优势和战略发展需要，以承担重大科技任务、解决重大科技问题为目标，科学谋划，统筹推动一批重大科技基础设施布局建设，着力打造重大科技基础设施集群，不断提升其原始创新成果高质量产出能力和高水平科学研究支撑能力，力争国家大科学装置在河南布局实现零的突破。

高质量建设优势农业种质资源库。扎实落实国家相关部委关于做好农业种质资源库建设工作的相关要求，在国家农业种质资源保护体系框架下，立足河南优势农业科技原始创新和现代种业发展需求，加强农业种质资源收集保存、基础研究与深度发掘、保护体系建设，重点收集和培育河南特色品种，抢救性收集珍稀、濒危、野生近缘种和特有种质资源，加快构建多层次收集保护、多元化开发利用、多渠道政策支持的新格局，实现与国家种质资源库布局的有效衔接。

高质量建设国家园艺种质资源库。依托中国农业科学院郑州果树研究所等单位，整合国家园艺种质资源体系，重点加强野生资源、地方品种收集和国外种质引进，开展种质资源多组学精准鉴定，突破优质种质（基因）发掘、病毒检测与脱除、遗传完整性预警等关键技术，提升种质资源安全保存、深度鉴定评价和综合开发利用水平，强化河南园艺高质量发展的物质保障力和科技支撑力。

高质量建设超短超强激光平台。以实现超短超强激光技术自主可控发展、基础创新与产业创新融合发展为目标，建成国内技术先进的超强超短激光实验装置，开展高功率超短脉冲激光器（包括脉冲延展器、再生放大器、功率放大器与脉冲压缩器等四大模块）研究开发，形成制造具有国际顶级性能的高功率超短脉冲激光器能力，打造具有国际领先水平的综合性科学研究试验基地。

高质量建设交变高速加载足尺试验系统。以强化交通强省支撑能力为统揽，高质量建设适用于公路、机场跑道、高铁无砟轨道和地下轨道交通的高速加载试验系统，并修建配套足尺试验模型，实现地下水条件下的高温、低温、高湿、降雨等环境因素不同轮载的路基与道面结构高速循环加载。提供研究复杂环境条件下路基与道面结构互相作用、损伤机理、失效模式和服役性能的试验平台。

高质量建设量子信息技术基础支撑平台。以争创国家量子信息技术创新中心为统揽，围绕量子信息的重大科学问题和技术瓶颈，重点依托解放军信息工程大学，高质量建设量子制备中心、量子精准测量控制研发平台、量子技术应用探索平台，建立完善的量子计算和量子通信军民协同发展体系，推动量子信息技术研发、传统产业转型及高科技产业培育，培育形成量子信息产业先发优势。

高质量建设智能医疗共享服务平台。围绕“智慧医疗”健康发展，建设5G固移融合的医疗专网，搭建全省健康医疗大数据共享交换平台，开展基于数据的临床医学和健康管理研究，面向全人群提供覆盖全生命周期的健康管理、精准医疗和智能医疗共享服务，打造以健康医疗数据平台为基础，以智能医疗业务开展、智能医疗产业发展为服务内容的临床医学研究与智能医疗共享服务平台。

高质量建设智慧灌溉技术创新平台。以农业农村现代化建设为统揽，重点开展农业水资源多维复合临界调控与高效配置，探究多要素、多过程的农业高效用水机制；突破农田多源信息融合理论与方法，创制“天空地一体化”农田作物信息感知与融合决策技术与装备；研发农田智能灌溉关键技术与装备，实现智慧灌溉核心技术与装备自主可控，为河南农业农村高质量发展提供创新与支撑平台。

第二节　凝练一流创新课题

围绕推动传统产业高位嫁接、支撑优势产业未来化、引领未来技术产业化、提升原始创新能力等经济主战场诸项需求，科学凝练和大力实施一流创新课题，持续提升创新驱动高质量发展内生动力。

一　前瞻部署战略性技术研发

瞄准产业变革趋势，聚焦国家战略需要和产业发展最前端，前瞻部署面向未来、面向世界前沿重要领域的战略性技术研发，诸如人工智能、量子信息、未来网络、智能制造、前沿新材料、氢能与先进储能、生命科学、自动驾驶与智能交通等世界前沿课题，依托高等院校、科研院所及科技领军企业开展联合关键技术攻关，力争取得一批可有效支撑河南未来高质量发展、实现部分领域研究达到国际先进水平、由“跟跑”向“领跑”转变的重大科技成果，引领未来产业谋篇布局，抢占未来产业发展新赛道，构筑支撑未来产业先发优势。

一流创新课题凝练过程中，既立足实际又面向未来，既多路并进又突出重点。人工智能方面，可开展新型感知与智能芯片、医疗影像智能识别与诊疗、机器视觉检测等关键技术，探索类脑智能、博弈智能、脑机交互与混合智能等颠覆性技术。量子信息方面，可开展量子芯片和超导量子器件设计制备封装与表征测试、量子计算核心元件精密测量与控制等关键技术研究，突破基于经典超算平台的量子模拟关键技术。未来网络方面，可开展天地大尺度可靠信息传输、空间动态组网、网络安全可信等天地一体化网络关键技术研究，探索毫米波与太赫兹通信、高性能无线传输、新型射频器件与封装集成等未来 6G 网络关键技术。智能制造方面，可开展生机电一体化与生机融合、机器人自主智能与发育进化等关键技术研究，研发柔性制造机器人、危险恶劣环境作业机器人、医疗康复与助老助残机器人技术与系统，研发精确可控 3D/4D 仿生打印和高精度高可靠性智能控制系统技术，数控机床、增材制造、激光制造、生物制造等高端装备。前沿新材料方面，可开展高纯度、大尺寸功能金刚石批量稳定制备技术、金刚石半导体材料制备关键技术研究，及超级钢、超轻合金、3D 打印材料、碳基新材料、纳米新材料、智能仿生材料、可降解生物材料等新材料制备技术研究，探索建立材料基因数据库。氢能与先进储能方面，可开展高效低成本制氢、高密度可逆储氢、长距离大规模运氢、快速安全加氢、稳态长寿命动态高功率燃料电池电堆等氢能关键技术研究，探索长寿命、低成本、超大规模储能技术。生命科学方面，可开展脑科学与类脑、人工智能生物医学、合成生物学、生物医学成像理论与技术、干细胞及转化、微生物组等课题研究，开展中医“整体”诊疗对于恶性肿瘤等重大疾病相关复杂生物网络的系统性干预原理研究。自动驾驶与智能交通方面，可开展高度自动驾驶、自主智能交通系统等前沿技术研究，及新能源汽车与智能交通、智慧能源、智慧城市、信息通信等深度交叉融合研究，探索超高速轨道交通载体装备和相关工程装备关键技术。

二　加强关键性技术需求攻关

坚持问题导向、需求导向和目标导向，聚焦重点产业关键核心技术和共性技术攻关，部署重点领域研发任务，力争取得一批重大标志性成果。

信息技术方面，加快数字技术发展，更好地发挥数字经济引领作用，带动科技变革、产业变革和社会治理方式变革，打造“中原智谷”；重点突破人工智能、大数据、物联网、网络安全、先进计算、北斗应用、微纳电子与光电子器件、新型显示与智能终端、智能传感器、新一代信息传输技术等领域关键技术瓶颈。

先进制造方面，以科技创新推动装备制造成套化、智能化、绿色化、服务化、国际化转型，研制重大成套装备、高性能基础部件，打造一批“大国重器”；以盾构及工程装备、电力装备、矿山装备、轨道交通装备、智能装备等领域核心关键技术研发为重点，突破制造共性技术，形成典型行业高性能制造技术与重大装备自主创新能力，打造形成具有较强竞争力的高端装备制造产业集群。

先进材料方面，以先进金属材料、尼龙及高分子材料、新型高温陶瓷材料、高端超硬材料、先进电子材料为重点，加强关键共性技术研发，推动先进材料性能极限化、多功能化、智能化，推进技术应用和产业化、产品中高端化，加快构建先进材料全流程创新链条。

新能源方面，以氢能、可再生能源、能源高效利用以及先进储能为核心，持续深化关键技术研究，提升清洁能源开发利用水平和能源综合利用效率。

现代交通方面，坚定智能化、绿色化发展方向，以动力电池、新能源汽车、智能网联技术、汽车关键零部件及附属装备等为重点，支持新能源及智能网联汽车研发和产业链培育，构建立体互联的交通基础设施网络体系，形成优势特色鲜明、竞争实力强的新能源汽车产业创新体系。

生物育种方面，聚焦种业创新关键环节，突破主要农作物、特色经济作物、地方畜禽水产等育种瓶颈，育成一批高产优质、绿色高效的动植物新品种。

农业绿色高效方面，以农作物丰产高效、农业病虫害防控、耕地质量保护与修复、农业绿色发展、优质果蔬高效生产、特色林木资源培育与利用等为技术攻关重点，加快构建农业绿色发展技术体系。

动物健康养殖方面，聚焦畜禽、水产健康养殖领域需求，突破高效健康养殖关键技术，改善养殖环境和工艺，提升饲料资源创新利用水平，加强疫病防控技术研究，推动动物养殖产业高质量发展。

智慧农业方面，加强智能农机装备、农业智能生产关键共性技术及装备研发，提升农机装备智能化水平，推动农业数字化建设，引领驱动农业高质量发展。

农产品加工和食品制造方面，围绕农产品加工技术需求，突破农产品产后减损、储运、精深加工与质量安全等关键共性技术；聚焦突破肉制品、面制品、速冻食品、休闲食品等产业技术瓶颈，开展品质与营养保持、绿色制造工艺、安全高效检测与主动防控、质量安全溯源等技术研发，开发高品质、高值化产品。

生命健康方面，以重大与新发突发传染病防控、重大疾病及常见多发病防治、生育健康与妇幼健康、主动健康与功能重建、老龄化科技应对、生物医药、化学药物、医疗器械、制药技术与装备等领域为重点，开展关键技术研发，开展高端制剂、高端原料药研究，提升健康服务产业创新体系支撑能力。

中医药方面，支持豫产道地药材原生态种植、新品种培育及配套栽培、规范化种植、道地药材快速鉴别技术研发；开展中药创新药、中药改良型新药、中医经典名方中药复方制剂、中药配方颗粒等研发，以及中药品质智能辨识、功效物质辨识与生物效应评价关键技术研究；加强中医药理论创新发展和中医诊疗康复关键技术等应用研究，促进现代技术与中医理论、临床融合与应用。

资源环境方面，重点开展重点流域（区域）和沿线生态变化的动态监测和科学分析、水资源科学调配与节约集约利用、退化生态系统保护修复、水源涵养、水生态保护等关键技术研究，加强节能降碳、资源高效循环利用以及污染防治等领域关键技术及装备研发。

公共安全方面，重点开展药品安全、生产安全、社会治理与社会安全、防灾减灾救灾、消防、生物安全等领域关键技术研发、集成和示范应用，不断提升重大自然灾害、公共安全事件的主动应对和保障能力，构建主动保障型公共安全技术体系。

三　强化基础研究和原始创新

基础研究是整个科学技术的源头，是所有技术问题的总机关。基础研究越强，实现科技自主自强的根基越实。

要充分认识加强基础研究和原始创新的重要性和紧迫性，扎实落实《国务院关于全面加强基础科学研究的若干意见》《加强“从0到1”基础研究工作方案》《新形势下加强基础研究若干重点举措》等文件精神，以执行好国家基础研究十年行动方案为前提制定好和实施好河南基础研究十年行动方案，积极争取主动参与国家战略性科学计划和科学工程。

要坚定创新自信，勇于挑战最前沿的科学问题，提出更多原创理论，做出更多原创发现，掌握新一轮全球科技竞争的战略主动。

要瞄准世界科技前沿和关键科学问题来推动基础研究和原始创新，坚持自由探索和目标导向相结合，立足河南优势及发展需求，在数学、物理、生命科学、农业、健康科学、资源与生态环境、能源、信息、材料、制造、工程等重点方向开展基础科学研究，重视学科交叉和颠覆性创新，促进基础研究、应用基础研究与产业化对接融通，努力实现更多“从0到1”的突破。

要充分认识基础研究和原始创新难度大、花费高、周期长的特征，着力优化投入结构，形成持续稳定投入机制。既积极争取国家财政加大投入力度，也主动设立河南省支持基础研究和原始创新相关专项基金，同时扎实引导企业和金融机构以适当形式加大支持力度，鼓励社会以捐赠和建立基金等方式多渠道投入资金。

要充分发挥科研院所和高校的主力军作用，鼓励从事基础研究和原始创新的科研人员发扬科学精神、潜心研究，摒弃急功近利的心态。

要尊重科学规律，完善现有的科技管理体制与考核评价机制，探索实行基础研究与原始创新长周期评价，给予科研人员更大的自由度。充分发挥学术交流作为激发创新火花的“源头活水”作用，打造河南特色的基础研究与原始创新学术交流平台。

第三节　培育一流创新主体

以提升各类创新主体创新能力为目标，坚持多策并施，不断强化企业创新主体地位，统筹提升和激发高等院校和科研院所创新活力，共建创新联合体，持续完善以企业为主体、以市场为导向、产学研相结合的技术创新体系。

一　强化企业创新主体地位

梯次培育创新型企业。建立完善的“微成长、小升高、高变强”创新型企业梯次培育机制，打造形成科技型中小企业“铺天盖地”与“独角兽”企业、领军企业、头部企业“顶天立地”协同发展，创新型企业集群发展的良性局面。实施创新型企业树标引领行动，聚焦新兴产业和战略性支柱产业发展，遴选培育一批创新龙头企业、“专精特新”企业、“瞪羚”企业、“独角兽”企业和“单项冠军”企业，吸引更多创新要素集聚，加快形成和更好地发挥创新型企业规模效应、集群效应，提升产业链完整度及行业竞争力。实施高新技术企业倍增计划，建立高新技术企业后备企业库，完善优化高新技术企业认定评价机制、工作流程，开展科技政策服务行动，重点依托郑洛新国家自主创新示范区、省级以上高新区和高新技术特色产业基地等建设一批高新技术企业培育基地，高质量培育和产出高新技术企业。实施科技型中小企业“春笋”计划，开展中小微企业梯度培育，建立“应评尽评、应入尽入”的国家科技型中小企业入库机制，加强创新创业孵化载体建设布局，提升孵化载体服务功能和孵化效率，培育更多科技型中小企业在科创板、创业板、北交所等上市融资。实施“万人助万企”科技行动，常态化、制度化为企业提供政策咨询服务，引导和帮助企业开发自主知识产权新产品、归集研发费用、建立研发机构、解决实际问题等，推动更多人才、资金、平台、机构等创新要素向企业集聚，培育形成更多一流创新主体。

组建创新联合体和打造创新型产业集群。出台创新联合体组建与运行管理办法，优化产业创新联盟运行机制。以解决制约产业发展的关键核心技术问题为目标，以共同利益为纽带，以市场机制为保障，引导和支持创新龙头企业牵头、高校和科研院所支撑、各创新主体相互协同，组建“体系化、任务型、开放式”的创新联合体，形成联合攻关、利益共享、知识产权运营的有效模式，合力提升产业创新能力和核心竞争力。切实建设好和发挥好创新联合体功能作用。不断强化和充分发挥科技领军企业、龙头企业在打造创新型产业集群过程中的核心作用，带动产业链上中下游企业共建创新共同体，合力开展关键核心技术和产业共性技术攻关，促进产业链上中下游企业联动发展、抱团发展。建立企业科技创新指标即时监测分析、即时反馈应对机制，支持企业加快生产组织创新、技术创新和市场创新，引导、帮助规模以上工业企业开展研发活动，推进规模以上工业企业研发活动全覆盖，实现有研发机构、有研发人员、有研发经费、有产学研合作。

二　提升高等院校科研水平

高质量推进“双一流”建设。支持郑州大学、河南大学围绕服务国家战略科技力量建设，扬长补短，集中资源发展重点学科、重点实验室、重点团队、重点课题，努力实现更多“从 0 到 1”的突破，打造学科高峰、“双航母”，抢占未来发展制高点。推动郑州大学、河南大学在“双一流”建设中晋位升级。比如，支持郑州大学建设好和发挥好化学、材料科学与工程、临床医学等一流学科优势，构建科学高效的学科生态体系；支持郑州大学筹建河南省科学中心，打造基础研究高地，特别是依托国家超算郑州中心布局建设中原之光、智能传感器、关键金属材料等高端平台和装置，引领河南基础研究和应用基础研究发展；支持郑州大学布局建设现代制造河南实验室，依托河南材料和装备制造业中心，重点向超级处理器芯片、集成电路设计制造、智能制造、抗疲劳制造等方面的技术和产品突破；支持郑州大学布局生命科学创新港，打造生命科学新高地；等等。又如，支持河南大学建设好和发挥好生物学一流学科及化学、材料科学、临床医学等优质学科优势，构建科学高效的学科生态体系，强化作物逆境适应与改良国家重点实验室、国家食用菌加工技术研发专业中心等载体平台服务力、影响力。再如，支持郑州大学、河南大学积极参与嵩山实验室、黄河实验室、神农种业实验室建设。全力培育“后备军”，加快推进河南理工大学、河南农业大学、河南科技大学、河南师范大学、河南工业大学、华北水利水电大学、河南中医药大学 7 所高校的 11 个优势学科开展“双一流”创建工作，打造“双一流”建设第二梯队。

高水平发展研究型大学。研究制定河南高水平研究型大学建设方案及行动计划，大力发展高水平研究型大学。借鉴西湖大学、南方科技大学办学模式，谋划筹建一批国内一流、具有河南特色的高水平研究型大学。鼓励高校坚定办学方向，瞄准世界前沿技术、“卡脖子”技术等领域和学科，优化学科布局、学院布局和专业设置，重点加快数字经济、先进材料、生物医药、人工智能、传感器等关键技术和交叉前沿领域学科专业建设，推进学科交叉融合，开展跨学科研究，强化自由探索和应用研发带动，开展重大基础研究和未来技术研究。把培养创新型人才作为高水平研究型大学建设的核心发力点，深化高校科研体制改革，创新高校科研组织模式，构建有利于创新型人才培养的教育教学体系和科教融合、产教协同的育人机制，打造一支师德好、能科研、会教学的优秀教师队伍，合力提升高校科技创新能力和创新型人才输出能力。按照政府主导、市场化运作的方式建设产学研用协同创新平台，支持高校开展跨学校、跨学科、跨领域、跨国界的产学研协同创新，与企业、科研机构联合建设创新中心和创新平台，加快科技成果转化。

三　增强科研院所创新能力

统筹提升“两院”创新能力。一是重建重振河南省科学院。支持河南省科学院与中原科技城融合发展，形成平台资源、政策服务等优势叠加效应。支持河南省科学院对标一流，坚持科研立院、人才强院、开放办院、产业兴院，强化顶层设计与改革创新，重塑研发体系、转化体系和服务体系。支持河南省科学院积极对接省内高校、骨干企业、地方政府，立足“以所办院、以室（实验室）办院、以院（产业研究院）办院”，优化布局基础学部（筹建数学研究所、物理研究所、化学研究所、生物研究所、地理研究所 5 家研究所，重点开展基础理论研究和应用基础研究，实现“从 0

到1”的突破）、产业学部（筹建超材料实验室、未来能源实验室、脑科学与类脑实验室、生命健康实验室、量子信息与调控实验室5家实验室，重点开展工程化技术研究，解决“卡脖子”技术难题，实现“从1到100”的跨越）和未来学部（筹建材料基因工程研究院、生物基材料技术研究院、碳中和技术研究院、绿色建材产业研究院、先进功能材料产业研究院、南阳光电研究所、新能源与智能网联汽车产业研究院等14家研究院，重点前瞻布局未来产业，抢占未来产业新赛道和未来产业发展制高点）。支持河南省科学院整合、重塑、改造、提升现有创新平台，着眼未来布局国家级和省级重大创新平台。支持河南省科学院构建多学科交叉、产学研贯通的完整创新链条，在国家创新体系和区域源头创新活动中更好地发挥骨干和引领作用，实现与国内前沿学术水平、与河南产业“两个接轨”，打造人才、科研、管理“三个一流”，培育学科交叉、集成创新、融合发展、体制机制“四个优势”。二是做优做强河南省农业科学院。支持河南省农业科学院围绕乡村振兴战略和粮食生产核心区建设，加快构建与现代农业产业体系、经营体系相适应的现代农业科技创新体系和推广服务体系，成为“国内一流、国际知名”的种业科技创新高地和区域农业科技创新中心，更好地发挥农业科学院作为农业科技创新策源地的作用。

深推科研院所改革发展。对标一流，推进科研院所资源整合和治理模式转型，激发科研院所创新活力，重塑研发体系、转化体系和服务体系。支持科研院所整合自筹部分资金，按照市场化方式设立股权投资基金，择优投向科技成果转化项目。统筹省市科技资源，加大对基层科研院所的支持力度。加强科研院所基本科研业务费绩效管理，落实和扩大科研院所法人自主权，赋予科研院所创新领军人才更大的财物支配权和技术路线选择权。允许和鼓励科研院所科研人员离岗创业和兼职兼薪创业。强化对中央驻豫科研院所的服务保障力，提高中央驻豫科研院所的科技成果在豫转化质量及规模，更好地发挥中央驻豫科研院所的纽带作用。

第四节 集聚一流创新团队

扎实落实人才强省战略，坚持引育结合、以用为本，持续优化人才发展环境和体制机制，营造全社会识才、爱才、敬才、用才的良好氛围，打造一支学科领军人才队伍、产业领军人才队伍、青年人才队伍，更充分地完善人才第一资源的作用。

一 重力打造创新领军人才团队

充分认识创新领军人才（团队）在区域创新驱动高质量发展中的重要作用，科学谋划和制定切实可行的培养计划、管理办法和政策体系，持续培育打造一支扎根河南、能攻难关、素质优良的创新领军人才队伍。结合河南发展实际及需要，由相关职能部门牵头，与时俱进，优化完善《河南省高层次创新型科技人才队伍建设工程（2011—2020）实施方案》《河南省科技创新人才计划管理办法》《“中原学者”遴选及管理办法》《河南省“创新型科技团队”认定及管理办法》等重要文件内容，同时建立与河南省情实际相匹配的人才识别体系和机制，特别是依托重大科技任务和重大创新平台（基地）来发现人才、识别人才，并积极动员，努力将其及时纳入创新领军人才（团队）培养计划。加大对院士和国家各类重点人才计划入选者等高端人才和团队的支持力度，坚持项目带动，统筹实施好“中原英才计划”等人才培育工程，高水平创新团队培育工程等项目，给创新领军人才（团队）以机会、以舞台，助力其茁壮成长、健康发展，如期高质量产出一批“中原学者”、科技领军人才、高端人才创新团队，培育形成一批以“两院”院士为引领的战略科技人才，一批以“中原学者”为引领的高端科技领军人才和一批有基础、有潜力、研究方向明确的高水平创新团队。树牢人才来自实践的理念，要遵循人才成长和科研活动规律，创新搭建创新领军人才锻炼所需的平台和载体，比如“中原学者”科学家工作室、科技创新人才培养基地等。要充分认识创新领军人才（团队）尤其是高层次创新人才和高水平创新团队培养难度大、花费高、周期长的特征，建立持续稳定投入机制，统筹人才、项目、基地建设。建立有效的投入管理办法，确保每一分投入都花在“刀刃”上。创新领军人才是整个创新团队的核心和灵魂，要注重加强对创新领军人才领导力的培养，尤其是对其前瞻力、影响力、决断力、控制力等关键能力的培养，注重在实践中、项目中培养锻炼其领导力。坚持以用为本，建立科学合理的考核评价体系及制度，营造有利于创新领军人才（团队）脱颖而出、发挥潜能的创新创业环境，更充分地发挥创新领军人才（团队）的关键作用。

二 积极引进创新领军人才（团队）

引进创新领军人才（团队），是打造创新领军人才队伍的既快捷又有效的建设路径。推进过程中，要践行聚天下英才而用之的思想，坚持需求导向、目标导向，不唯地域、不拘一格，“走出去”和“引进来”相结合，以引进院士和具有国际水平的战略科技人才、科技领军人才、青年科技人才和高水平创新团队为重点，高质量推进创新领军人才（团队）引进工作。构建开放灵活的人才吸引机制，建立完善的关于加快创新型领军人才（团队）引进的实施办法，成立专项支持资金并实行有效的资金管理办法。坚持省市联动，健全重点领域、重点产业人才需求预测预警和引才目录定期发布机制，支持企业精准引进急需的中高端产业技术人才和管理人才。创新人才政策，实行“私人订制”。完善“全职+柔性”引才引智机制，鼓励通过兼职挂职、技术咨询、项目合作、周末教授、特聘研究员等方式汇聚人才智力资源；对暂时不具备来豫创新创业条件的人才（团队），创新提供离岸孵化服务。建设好和发挥好中国·河南开放创新暨跨国技术转移大会、“科创中原”产业技术发展大会和中国·河南招才引智创新发展大会等载体平台的引才聚才作用，树立河南引才引智品牌。支持郑州、洛阳等有条件的城市，依托国家中心城市、副中心城市及都市圈建设，探索建设河南省人才创新创业实验区，打造具有良好竞争力的引才引智高地，打赢人才争夺战。建设好和发挥好大学生创业园、众创空间等载体平台创新人才及要素集聚作用，实施好优秀高校毕业生在豫创业计划。支持河南省（中原科技城）人才创新创业实验区开展人才政策先行先试，优化人才服务体系。拓宽海外引才育才新渠道，创新搭建海外人才工作联络站等海外引智平台，实施精准引才引智。支持企业采购专业猎头服务，鼓励人才中介机构积极参与引才引智工作。突出“高精尖缺”导向，加强对关键领域的科技领军人才和专业技术骨干人才出国（境）培训资助。另外，引才工程，不是形象工程、政绩工程，切忌“为引而引”、盲目引进人才。引才不能口惠而实不至，要监督好、落实好对来豫人才承诺的各项优惠待遇，确保不拖欠、不打折。

三 大力培养青年科技创新人才

青年科技创新人才是科技创新的生力军，是最有活力的创新主体。未来，靠青年科技创新人才来推动、来延续。加强优秀青年科技创新人才队伍建设，是河南提升创新驱动高质量发展持续力的关键所在。立足河南实际及发展需要，围绕提质发展传统产业、培育壮大新兴产业、前瞻布局未来产业，聚焦重点产业重大、关键、共性、前沿技术和"卡脖子"技术，制定科学完善的优秀青年科技创新创业人才培养计划与方案，重点支持和培养一批具有突出发展潜力的青年科技创新领军人才、优秀青年科技人才。完善基础研究人才培养长期稳定支持机制和青年人才普惠性支持措施。实施青年科技人才培育行动和青年人才托举工程，按照"人才+项目"的培养模式，坚持把中青年科技创新人才自主选题与承担国家科技计划、省市重点科技计划紧密结合，注重在科学实践活动中培养使用青年科技创新人才，研发一批、储备一批、发展一批，加强基础学科拔尖人才、科技创新领军人才和科研团队培养。充分发挥河南省自然科学基金、杰出青年科学基金、优秀青年科学基金等项目对青年科技人才培养的引导支撑作用，常态化、制度化遴选公示一批河南省杰出青年科学基金获得者、优秀青年科学基金获得者、青年科学基金获得者，更好地发挥其示范带动作用。改革科技计划管理，鼓励和支持青年科技人才特别是青年拔尖人才独立牵头负责项目研究，或积极承担重要科研任务和参与重大项目攻关。建立河南省创新人才资源库，强化青年科技人才战略储备。产学研相结合，充分发挥企业、高校和科研机构在青年科技人才培养中的主体作用，共建青年科技创新人才培养基地，识别发掘有突出潜质的培养对象，对成绩突出、潜力巨大的青年科技人才和创新团队实行"一事一议、按需支持"的方式，开辟成长成才"绿色"通道。营造良好的创新创业环境，保障一批批青年科研人员健康持续地脱颖而出、奋发有为。坚持结果导向，以创新成果产出力、创新能力持续力、行业或领域科技创新影响力、科研诚信和职业道德执行力等为重点，加强对青年科技创新人才和科研团队的考核评价，确保是真人才（团队）。

四　持续激发人才创新创业活力

牢牢把握持续激发人才创新创业活力主线，坚持多路并进，健全具有竞争力的人才政策体系，不断创新优化人才发展环境和体制机制，着力解决人才培养、引进、使用全过程中面临的突出问题和主要矛盾，实现人尽其才，更好地为河南创新高地建设和创新驱动高质量发展提供有力的人才支撑、智力支撑和创新支撑。坚持以创新的思想理念激发人才创新创业活力，树牢人才是创新驱动发展第一资源的理念，围绕中心、服务大局，统筹推进人才资源优先开发、人才结构优先调整、人才投入优先保证等人才工作，持续实施知识更新工程、“中原大工匠”培育工程和全民技能振兴工程、高技能人才振兴计划，推动创新型、领军型高层次人才和实用型、操作型技能人才结构合理、各尽其职，实现全省人才队伍“顶天立地”与“铺天盖地”有机统一。坚持以灵活的体制机制激发人才创新创业活力，尊重市场发展规律和人才成长规律，着力破除体制机制障碍，形成更具活力的人才工作机制、更加科学的评价机制、更加合理的激励机制和更加灵活的引才育才机制，让人才创新创造活力充分迸发、让人才“近悦远来”。创新人才流动方式，鼓励和支持创新型人才采取柔性流动方式到企事业单位开展创新创业活动；鼓励和支持院士工作站与“中原学者”科学家工作室建立联动协作机制；鼓励和支持高等院校、科研院所、企事业单位开展产学研合作交流；支持和鼓励创新型人才离岗创办企业、兼职创新、在职创办企业；促进城乡、区域、行业和不同所有制间人才流动，引导人才下沉服务基层和一线。坚持以完善的服务管理激发人才创新创业活力，以人才满意为第一标准，创新人才服务管理模式，强化人才政策落实落地，在人才调入、配偶就业、子女入学、医疗社保、住房保障和出入境办理等方面提供个性化、精细化、专业化服务，营造敬才、爱才、重才、惜才的发展环境，让人才在豫创新创业无后顾之忧。坚持以有力的组织领导激发人才创新创业活力，坚持党管人才原则，创新党管人才方式方法，落实领导责任，强化目标考核，切实做到党爱人才、党兴人才、党聚人才，不断开创人才工作新局面。

第五节　创设一流创新制度

围绕创新驱动高质量发展目标，以创设一流创新制度为关键着力点，深入落实“四抓”要求，持续深化科技领域“放管服”改革，加快完善科技治理体系，不断提高科技治理现代化、专业化、信息化水平。

一　健全创新政策法规体系

围绕有效破除制约新动能成长、传统动能改造提升等创新驱动高质量发展过程中面临的体制机制障碍，立足河南实际及发展需要，适时出台关于加快建立健全创新政策体系的实施意见，科学制定和实施完善的被企业等行为主体认可的有关科技创新活动和科技创新管理活动的行为规则、行动指南和社会秩序，更好地发挥创新是高质量发展第一动力的功能作用。比如，推进《河南省科学技术进步条例》等科技创新相关领域的立法与修订，深化落实《河南省促进科技成果转化条例》《郑洛新国家自主创新示范区条例》等重大创新政策，强化科技创新法治保障。制定完善一批科技投入、基础研究、创新主体、重大创新平台、高层次人才队伍等方面的创新政策，建立健全科研院所的治理结构和分类支持机制。落实国家关于企业投入基础研究的税收优惠政策，激发企业参与基础研究的积极性，引导和鼓励企业紧密结合产业发展需求，稳定增加基础研究人员数量、基础研究经费投入，有效提高企业内部支出中基础研究经费占企业 R&D 经费的比重。扎实落实好研发费用加计扣除等税收优惠政策，充分发展研发费用加计扣除在支持科技创新税收政策体系中的重要作用，积极与其他退税减税政策形成新的税费支持政策“组合拳”，持续助推企业开展科技创新活动。扎实落实好研发费用补贴等财政支持政策，积极组织真正符合条件的企业申请享受研发成本补贴政策，确保补贴对象知政策、会操作、能享受。发挥考核评价指挥棒作用，完善对承担关键核心技术攻关任务的国有企业、高等院校、科研院所和人才的考核评价与激励约束机制，促进创新活动高水平开展、创新成果高质量产出、攻关任务高效率完成。落实好国家关于政府采购支持创新产品和服务的各项规定，完善河南省创新创业产品和服务政府采购等相关政策措施，切实打通政策落实“最后一公里”，发挥好政府采购对创新创业活动开展的促进作用。完善重大创新政策预评估机制，强化风险防控，提高重大创新政策制定和落实的科学性、可行性和精准性。抓好法治宣传，将法治观念渗透到创新活动全过程，营造良好的激励创新的法治环境。

二　持续深化科研评价改革

落实好国家关于深化项目评审、人才评价、机构评估等科技评价制度改革方面的相关意见，进一步优化科研项目评审管理机制、改进科技人才评价方式和完善科研机构评估制度。优化科研项目评审管理方面，实行自由探索型和任务导向型科技项目分类评价，建立自由探索型和任务导向型科技项目分类评价制度；完善项目指南编制和发布机制，采取灵活有效方式充分吸收相关部门、行业、地方以及产业界、科技社团、社会公众共同参与项目制定与组织实施；立足项目评审需求，完善评审专家遴选标准、组成原则和使用办法，建立集中统一、标准规范、安全可靠、开放共享的科技专家库；完善评审专家的诚信记录、动态调整、责任追究制度以及专家轮换、随机抽取、回避、公示等相关制度，确保项目评审质量和效率；强化项目验收绩效评价，建立以项目创新质量和贡献为导向的绩效评价体系。改进科技人才评价方式方面，坚持党管人才原则，持续深化人才发展体制机制改革，科学设立人才分类评价标准、人才评价指标体系和评价周期，创新多元评价方式，畅通人才评价渠道；实施有利于科技人才潜心研究和创新的评价制度，推行代表作评价制度，克服“四唯”倾向；注重个人评价与团队评价相结合，完善科技创新团队评价办法；注重发挥科技社团、同行评议机制在人才评价过程中的作用；探索对特殊人才采取特殊评价标准；强化用人单位人才评价主体地位，全面落实单位用人自主权，完善急需紧缺和高层次人才职称评聘“绿色”通道，健全市场化、社会化管理服务体系。完善科研机构评估制度方面，深入推进省级科研事业单位改革，充分赋予科研事业单位自主权，推进省级科研事业单位政事分开、管办分离，实行章程管理、依法合规管理；建立与科研机构从事的科研活动类型相匹配的评价指标和评价方式，建立综合评价与年度抽查评价相结合的省级科研事业单位绩效评价长效机制；推动绩效评价结果与科研管理机制有机衔接，充分发挥绩效评价的激励约束作用；完善科技创新平台评价考核体系，建立与评价结果挂钩的动态管理机制，坚持优胜劣汰、有进有出，实现良性循环。

三　扎实推进科技管理改革

加快转变政府职能，充分发挥市场在配置科技创新资源中的决定作用，实现“看得见的手”和“看不见的手”职能作用的有机统一；深入推进科技领域“放管服效”改革，推动科技管理部门职能转变和服务创新水平提升；围绕传统产业、新兴产业、未来产业和高新领域发展需要，对省科技管理部门机构设置、机制运转、职能发挥进行重塑性改革；高标准打造区域示范样板，培育创建一批“科创中国”试点市（园区）。完善科技计划体系，强化顶层设计和系统布局，形成较为完整的涵盖基础研究、技术攻关、成果转化和产业化的省级科技计划体系，打造创新链、产业链深度耦合的科研范式；聚焦关键，联动试点，加大对“卡脖子”技术攻坚、原创性技术突破、迭代性技术更替、颠覆性技术创新等重大科技专项项目的支持力度。简化科技项目管理流程，提升项目管理质量与水平；推行“揭榜挂帅”“赛马制”“PI 制”等项目组织机制，健全项目全周期管理机制，探索实施科技项目专员制度；改进科研经费管理、拨付与支持方式，重视财政绩效评估，强化绩效评价结果运用。完善决策、执行、监督、评估有效衔接的工作体系，建立科技监督跨部门、跨区域协调机制；完善廉政风险防控机制，推进监督检查数据汇交共享和结果互认；加强事中事后监管，创新监督检查方式，提高监督检查效率。推进军民科技协同创新，建立健全军民科技协同创新组织管理体系；加强跨军地、跨部门、跨行业、跨区域统筹协调，构建军民科技协同创新工作体系，提升军民科技协同创新能力；建立民口科技创新成果向军事领域推送机制。加强科研基础条件建设统筹安排与布局，加强科技文献信息共享服务平台、科技报告共享服务系统、科研设施与仪器共享服务平台等科技公共服务平台建设，不断完善科技文献、科学数据、农林作物、实验动物和医疗卫生等方面的科研条件，健全科研条件体系。完善科技报告、创新调查和统计、科技安全协调等科技管理基础制度，建立科技咨询支撑行政决策的科技决策机制，更好地发挥科技智库和专业研究机构作用。加强科技伦理风险评估与治理，完善科技伦理治理体系。

四　有序扩大科技开放合作

聚焦开放式创新率先谋篇布局，持续优化开放创新生态，不断拓展国内合作、国际合作的广度与深度，加快形成全方位、宽领域、多层次、高水平的对外开放合作新格局，更好发挥开放式创新对推动地方高水平开放和高质量发展的重大促进作用。优化开放创新生态方面，以全球视野谋划和推动开放式创新，加快创新要素资源集聚河南；高质量推进“双自联动”[中国（河南）自由贸易试验区和郑洛新国家自主创新示范区]，推动科技创新领域充分利用国际国内“两个市场、两种资源”；充分发挥部省会商平台作用，积极争取国家级科技创新中心、大科学装置、高端创新平台基地等在豫布局建设，实现地方发展更好融入国家战略目标体系；强化国家重大科技成果在豫转化的承接能力，重点争取一批利于传统产业转型升级或抢占未来产业新赛道的国家重大科技专项、重点研发计划等科技项目成果在豫转化落地；深化省院合作，充分发挥中科院河南产业创新与育成中心、中国工程科技发展战略河南研究院等机构的枢纽作用，强化与中国科学院、中国工程院等领军科研院所的交流合作、联动创新。拓展国内合作的广度与深度方面，坚持引进与共建并举，加强与京津冀、长三角、粤港澳大湾区等国内发达地区的科技战略合作，谋划打造中原—京津冀、中原—长三角、中原—粤港澳等科技走廊。抓好区域协调发展战略机遇，依托国家中心城市、城市群、都市圈等建设，积极推进与省外优势创新力量建立战略合作关系，强化区域间科技创新合作，提升科技交流合作水平。支持郑州、洛阳、西安依托各自优势开展创新资源共享、科技联合攻关、科技成果协同转化，共建郑洛西高质量发展科技合作带，打造一批科技创新平台和研发应用基地。拓展国际合作的广度与深度方面，完善河南省国际联合实验室体系，推动国际联合实验室间的横向协作和资源共享，增强其国际科技合作项目承载能力和服务能力。主动融入国家共建“一带一路”科技创新行动，积极开展“数字丝绸之路”“创新丝绸之路”务实合作，推动河南科技进步在全球范围内的开放与融合、交流与互鉴、合作与超越中加速实现。

第六节　厚植一流创新文化

立足当前、面向未来，围绕创新核心竞争力提升和驱动高质量发展，在实践中探索一流创新文化建设思路和路径，构建完整、合理并能持续激发人才创新参与活力、适应高质量发展需要、与创新体系协调发展的一流创新文化体系。

一　大力倡导科学精神

大力弘扬爱国、创新、求实、奉献、协同、育人的新时代科学家精神，引导广大科技工作者脚踏实地、立足现实、面向未来，坚持重大需求导向和重大科学问题导向，面向世界科技前沿、面向经济主战场、面向国家重大需求、面向人民生命健康，在服务国家需要、引领时代发展中展现科学研究的价值。大力弘扬新时代企业家精神，引导广大企业家强化家国情怀、进取意识、工匠精神和责任担当，强化企业创新主体地位，全方位调动广大企业家推进高质量发展的积极性、主动性和创造性。大力弘扬精益求精、持之以恒和守正创新的新时代工匠精神，以树匠心、育匠人、出精品为抓手，厚植工匠文化，培育形成更多“中原工匠”“河南品牌”，为质量强省建设提供源源不断的动力。对标一流，倡树和培育创新创业文化，深入宣传科技重大决策，普及科学技术知识，营造尊重知识、尊重人才、尊重创新、尊重创造的浓厚氛围，形成崇尚科学、敢于创新、宽容失败的创新氛围。深化科技奖励制度改革，修订完善《河南省科学技术奖励办法》及相关制度体系，优化奖项类别设置，发挥奖励引导作用，构建符合科技发展规律和省情的科技奖励体系。建设一批科学家精神、企业家精神、工匠精神教育基地，加大科技领域“时代楷模”“最美科技工作者”“优秀企业家”“中原工匠”等创新创业典型人物的宣传力度，激励和引导广大科技工作者争做重大科研成果的创造者、建设科技强国的奉献者、崇高思想品格的践行者、良好社会风尚的引领者，力争涌现更多新知识的创造者、新理念的启蒙者、新技术的发明者和新产业的开拓者，为当前及未来河南高质量发展提供可持续的动力和活力。

二　加强科学技术普及

加强科普能力建设，深入实施全民科学素质行动计划，创建一批全国科普示范县（市、区）、科普示范社区，加快构建科普协同发展体系；推动科技资源科普化，加强公共卫生、食品安全、环境保护与气候变化、防灾减灾等重点领域的科普；组建科普专家库，推动高校设立科普专业，建设好和运用好科普专家工作室、全媒体科普创作基地等载体平台，完善科普专家、人才、载体等支撑体系；推进科普信息化，建设覆盖城乡、普惠共享的科普信息化传播体系。坚持省市联动，强化科普载体支撑能力，提升科技馆、博物馆、气象馆和科普基地等科普载体的信息化、在线化、共享化水平，建设一批专业类、特色化科普基地、科普教育基地，实现所有县（市、区）均拥有1个以上综合性科普活动场所；高质量开展科普工作先进集体和个人、优秀科普作品等评选以及科技活动周、科普日、科普讲解大赛、科普巡讲、科技下乡等重大科普示范活动，高水平举办“科普中原行”等特色的区域类、行业类科普活动；拓展科普传播渠道，建设数字科普平台，打造区域权威科普服务平台和融媒体平台，形成覆盖大中小城市的科普资源交互体系，融入国家综合科普中心体系。着力提升全民科学文化素养，建设高质量教育体系，提升人才培养水平和教育服务贡献能力；将创新思维培养纳入青少年教育，建设一批“小小科学家科技创新操作室”，强化青少年科学兴趣引导和培养；强化科普服务乡村振兴支撑能力，建设一批省级、市级示范农村专业技术协会和科技小院，助力农民利用科技致富能力有效增强。高质量推进社会化科普，鼓励社会资本投入科普事业，培育科普企业，发展科普产业，开展科普活动。

三　优化创新创业环境

坚持教育、激励、监督、惩戒相结合，加强科研全流程诚信建设，完善创新容错机制，打造诚信包容创新环境。落实好国家《关于进一步加强科研诚信建设的若干意见》等文件精神及要求，以优化科技创新创业环境为目标，坚持预防与惩治并举，坚持自律与监督并重，坚持无禁区、全覆盖、零容忍，着力打造共建共享共治的科研诚信建设新格局。完善科研诚信工作机制和责任体系，履行好从事科研活动及参与科技管理服务的各类机构的科研诚信建设主体责任，发挥好学会、协会、研究会等社会团体的自律自净功能，强化科研人员学术道德、职业道德建设。推进科研诚信建设制度化，统筹做好建立健全诚信责任制、完善科研机构内部监督约束和责任追究机制、加强科技计划全过程诚信管理、持续优化科研信用制度和平台、完善联合奖惩机制和重大案件联合调查机制等重点工作。严肃查处和打击严重违背科研诚信要求的行为，制度化、常态化开展科研诚信建设情况动态监测和第三方评估，强化监测和评估结果运用，让守信者“一路绿灯”，失信者处处受限，营造坚守底线、严格自律的制度环境和社会氛围。探索建立科研人员自主合理使用经费承诺制，保障科研人员学术自由和合法利益。创新监督检查机制，实行审慎包容监管。充分尊重科学研究灵感瞬间性、方式多样性、路径不确定性的特点，落实“三个区分开来”要求，科学界定科技创新容错内涵，明确容错合理边界，建立鼓励创新、宽容失败的容错试错纠错机制，完善科技创新评价体系，切实把“容错”

和“纠错”有机统一起来，切实鼓励大胆探索者，宽容改革失误者，鞭策改革滞后者，形成敢为人先、勇于探索的科研氛围。

四　营造创新创业氛围

围绕实施创新驱动、科教兴省、人才强省战略，灵活利用各种媒体全面加强科技宣传工作，开展科技创新重大决策宣传，加强创新政策解读，总结推广经验做法，及时回应社会关切。树立人人成才、人人出彩的价值导向，讲好创新创业故事，培育推广创客文化，激发微观主体积极性、创造力，在全社会营造形成褒奖创业、敢为人先、勇于竞争的浓厚创新创业氛围。创新科技传播方式，加强科技新闻传播，增强舆论引导能力，打造科技舆论引导的主阵地，营造崇尚创新、鼓励探索、宽容失败的社会氛围。坚持“两个毫不动摇”，落实鼓励引导支持民营经济健康发展的各项政策措施，营造有利于民营企业实现创新发展的良好氛围。分类制定和出台印发关于促进不同类型主体创新创业就业的实施办法和政策措施，支持多元化主体创新创业。譬如，把创新型中小微企业作为发明、技术创新、科技成果转化和新商业模式创新的主体来源，鼓励科技人员领办或参与创办科技型中小微企业，支持创新型中小微企业成长为河南创新重要发源地；支持骨干龙头企业开放供应链资源和市场渠道，推动产业链上中下游、大中小企业融通创新；支持高等院校、科研院所探索技术成果转化与创新创业相结合的新模式，提高科技成果转化效率与质量；支持高等院校、职业学校深化产教融合、校企合作，共建共享一批实训基地，更好引导科研人员和大学生创新创业；全方位、多渠道、多层次鼓励和支持留学归国人才和外籍高层次人才来豫转化高水平科技成果和创办企业，提高自主创新能力；支持企业高管、技术骨干、返乡下乡创业人员、复员转业退役军人等各类主体创新创业，带动更多群体投身创新创业。

五　加强知识产权保护

深入实施知识产权强省战略，坚持多路并进，完善知识产权创造、保护、运用、服务全链条，构建高质量创造、高效益运用、高标准保护、高效能管理、高水平服务的知识产权事业发展格局。贯彻落实国家关于强化知识产权保护的实施意见，聚焦创新驱动，优化河南知识产权保护顶层设计，加快《河南省知识产权事业发展“十四五”规划》《河南省知识产权强省建设纲要（2021—2035年）》的科学研制和出台实施，强化知识产权保护工作考核，统筹推动商标品牌建设、知识产权运营体系建设、专利协同运用体系建设、知识产权维权服务网络及平台建设、知识产权纠纷化解、知识产权行政执法等知识产权保护各项重点工作举措落实落细。完善知识产权保护政策法规，推动修订《河南省专利保护条例》，健全商业标志权益、商业秘密、地理标志等地方保护制度。调整成立“河南省知识产权战略实施工作联席会议”，打造一支结构合理、素质过硬的知识产权联络员队伍。推进知识产权协同保护，持续发挥《中部六省知识产权行政保护协作协议书》《黄河生态经济带知识产权保护合作协议》等指导作用，加快形成跨区域知识产权保护协作新格局。健全知识产权快速协同保护体系，支持中国（新乡）知识产权保护中心、中国郑州（创意产业）知识产权快速维权中心、中国（洛阳）知识产权保护中心等平台载体的高水平建设、高效率运行和高质量发展。做好知识产权示范（试点）城市、县区相关工作，更好发挥其示范带动作用。重视对河南省知识产权学院的评估考核，提升其知识产权保护支撑能力。加强知识产权文化建设，常态化开展内容丰富、形式多样的知识产权保护宣传周系列活动，营造知识产权保护的良好氛围。

第十三章　新时代河南推进创新驱动发展的重点行动

紧紧围绕新时代河南创新驱动高质量发展主线和打造中西部创新高地目标，深入实施科教兴豫战略、人才强省战略、创新驱动发展战略，坚持任务导向、项目为王，统筹实施强化原创能力、攻坚关键技术、加速成果转化、优化空间布局等关键行动，不断完善创新体系，持续强化科技创新引领支撑作用。

第一节　原始创新“强基行动”

聚焦国家战略、河南长远发展所需，以建设中西部创新高地为总目标，围绕提升创新引领力，实施基础研究“夯基行动”，实现更多“从 0 到 1”的突破，夯实科技自立自强、建设科技强省的根基，将河南打造成为国家重要的原始创新策源地。贯彻落实《国务院关于全面加强基础科学研究的若干意见》《加强“从 0 到 1”基础研究工作方案》《新形势下加强基础研究若干重点举措》等文件精神及要求，加快制定和实施《河南基础研究十年行动方案（2021—2030）》。加强重大战略领域前瞻布局，聚焦国家战略需求和产业发展最前端，重点聚焦人工智能、量子信息、未来网络、智能制造、农作物表型精准鉴定、农作物基因工程育种、新型生物农药创制、新型油料替代作物的筛选与培育、前沿新材料、氢能与先进储能、生命科学、自动驾驶与智能交通等面向未来的前沿科技领域，前瞻部署一批战略性、储备性科技攻关项目，积极承接和参与国家科技创新 2030 重大项目和国家科技重大任务，努力在事关发展全局和国家安全的基础核心领域实现突破。瞄准关键科学问题和前沿技术问题，坚持自由探索和目标导向相结合，在数学、物理、生命科学、农业、健康科学、资源与生态环境、能源、信息、材料、制造、工程等重点方向开展基础科学研究，重视学科交叉和颠覆性创新，促进基础研究、应用基础研究与产业化对接融通。充分发挥高等学校作为基础研究主力军、原始创新主战场和创新人才培育主阵地的重要作用，支持郑州大学、河南大学、解放军信息工程大学、河南理工大学、河南农业大学、河南科技大学、河南师范大学、河南工业大学、华北水利水电大学、河南中医药大学等高等院校依托优势学科和实验室，启动实施基础研究“珠峰计划”，引领河南基础研究和应用基础研究发展；支持河南省科学院、河南省农业科学院等科研院所开展基础理论研究和应用基础研究；强化嵩山实验室、黄河实验室、神农种业实验室等关键载体平台的基础研究承载能力和服务能力；支持科技领军企业等战略科技力量加强基础前沿布局。打造一批特色基础研究与原始创新学术交流平台。优化基础研究项目管理，探索试点基础研究项目“负面清单管理”新模式，鼓励战略科技力量自由选题、自行组织、自主使用经费，探索前沿性原创性科学问题发现和提出机制，探索实行基础研究与原始创新长周期评价。加大对基础前沿研究支持力度，建立上下联动与区域协同机制，实现人才、资金、空间一体化配置；推动龙头企业研发创新链条前移，面向长远发展和竞争力提升前瞻部署基础研究，鼓励龙头企业建立高水平研究院；优化投入结构，完善基础研究长期稳定持续投入机制。

第二节 关键技术“攻坚行动”

围绕推动传统产业高位嫁接、支撑优势产业未来化、引领未来技术产业化等经济主战场诸项需求，聚焦重点领域和重点产业重大、关键、共性、前沿技术和“卡脖子”技术，实施关键技术“攻坚行动”，打造关键核心技术和共性技术发源地。鼓励和支持组建若干由科技领军企业、高等院校、科研院所等创新主体相互协同的关键技术攻坚联合体，开展“大兵团”式联合关键技术攻关，形成关键核心技术攻关的河南方案。重点支持面向未来的世界前沿课题的关键技术攻关，如新型感知与智能芯片、医疗影像智能识别与诊疗、机器视觉检测等人工智能方面的关键技术；量子芯片和超导量子器件设计制备封装与表征测试、量子计算核心元件精密测量与控制等量子信息方面的关键技术；天地大尺度可靠信息传输、空间动态组网、网络安全可信等天地一体化网络关键技术；生机电一体化与生机融合、机器人自主智能与发育进化等智能制造方面的关键技术；高纯度大尺寸功能金刚石批量稳定制备技术、金刚石半导体材料制备关键技术等前沿新材料方面的关键技术；高效低成本制氢、高密度可逆储氢、长距离大规模运氢、快速安全加氢等氢能与先进储能方面的关键技术；等等。重点支持重点领域重点产业关键核心技术和共性技术攻关，如大数据、物联网、网络安全、先进计算、北斗应用、新型显示与智能终端、智能传感器等信息领域的关键共性技术；盾构及工程装备、电力装备、矿山装备、轨道交通装备、智能装备等先进制造领域的关键共性技术；先进金属材料、尼龙及高分子材料、新型高温陶瓷材料、高端超硬材料、先进电子材料等先进材料领域的关键共性技术；氢能、可再生能源、能源高效利用、先进储能等新能源领域的关键共性技术；动力电池、新能源汽车、智能网联技术、汽车关键零部件及附属装备等现代交通领域的关键共性技术；主要粮食作物、特色经济作物、地方畜禽水产等生物育种领域的关键共性技术；农作物丰产高效、农业病虫害防控、耕地质量保护与修复等农业绿色高效领域的关键共性技术；动物健康智能养殖、动物重要疫病新型疫苗研发、动物重大疾病精准诊断等动物健康养殖领域的关键共性技术；重大与新发突发传染病防控、重大疾病及常见多发病防治、生育健康与妇幼健康、主动健康与功能重建、老龄化科技应对、医疗器械、制药技术与装备等生命健康领域的关键共性技术；中医特色临床研究、中药创新、中医诊疗设备等中医药领域的关键共性技术；碳减排与碳中和、污染防治、资源开发利用、黄河中下游生态廊道构建、南水北调水源区及干渠沿线生态保护修复等资源环境领域的关键共性技术；药品安全、生产安全、社会治理与社会安全、防灾减灾救灾、生物安全等公共安全领域的关键共性技术；等等。

第三节　成果转化“加速行动”

以争创国家科技成果转移转化示范区为引领，以加快形成体系完备、协同联动、运行高效的科技成果转移转化体系为主线，实施科技成果产业化“加速行动”，推动科技成果向现实生产力加速转化。健全科技成果转移转化机制，持续完善以质量、绩效、贡献为核心科技评价导向的科技成果评价制度和健全科技成果分类评价体系、创新科技成果评价工具和模式，深入开展赋予科研人员职务科技成果所有权或长期使用权改革试点，形成一批可复制、可推广的具有河南特色的职务科技成果转化范式、经验和做法。支持国家技术转移郑州中心开展组织创新和模式创新、高效运营，持续加强对省内外高校、科研机构、科技型企业和重点新型研发机构等创新资源的集聚与合作，持续完善和强化科技成果转移转化云平台、科技资源共享、技术交易平台、科技金融平台等平台服务能力，引进培育一批技术转移专业化人才，积极开展多主题、系列化技术转移对接交流活动，将郑州中心打造成为集技术研发、技术转移、科技服务为一体的科技创新综合体，建设成为中西部地区科技开放合作的重要窗口。完善“众创空间—孵化器—加速器—科技园”快速孵化服务体系，支持高校、科研院所联合企业建立集研发、知识产权、科技金融、产品展示、信息交流于一体的众创空间和孵化器。发挥国家技术转移人才培养基地作用，培育壮大技术转移管理和服务、技术经纪人、技术经理人以及技术合同登记人员等专兼职技术市场从业人员队伍。促进技术市场繁荣发展，支持高等院校、科研机构和科技型企业设立技术转移学院或技术转移转化机构（基地），建设一批省级以上技术转移示范机构，支持郑州、洛阳、新乡、三门峡、信阳、鹤壁、济源等有条件的地市建设技术交易市场、科技大市场。高质量推进科技成果转移转化云平台建设，鼓励和支持有条件的地市搭建区域性或行业性科技成果转化云平台网络节点，促进技术供需信息高效对接、精准对接，加快实现全省科技成果转移转化工作“一张网”。常态化、制度化筛选发布河南技术需求，持续办好中国·河南开放创新暨跨国技术转移大会、“一院一校 N 地市”系列对接等重大活动，打造科技成果转化对接活动河南品牌，推动省内外重大科技成果及时转移转化。开展重大科技成果转化示范，面向绿色低碳、健康中原、乡村振兴、平安河南、新型城镇化等需求，实施人工智能、先进计算、燃料电池汽车、休闲食品绿色制造、冷链食品安全智慧保障、有机弱筋小麦、机收玉米、智慧养猪、智慧医养康养、豫产道地中药材、装配式建筑施工装备、零碳单体/园区、南水北调水源区及干渠沿线生态修复、公共安全防控等科技成果转化示范工程。

第四节　创新空间“优化行动”

坚持系统思维、全省“一盘棋”，实施全域创新空间“优化行动”，高质量建设创新核心区、关键区、拓展区、承载区，高水平实现创新空间“四区联动”。建设好和利用好郑洛新国家自主创新示范区这个创新核心区，支持郑州、洛阳、新乡三地高新区做实“一区多园”，优化整合区位相邻、产业相近的产业园区，实现产业发展“腾笼换鸟”，形成以创新龙头企业为引领、以高新技术企业为骨干、以科技型中小企业为生力军的全产业链创新型企业集群，打造协同互补、资源共享、利益平衡、联合发展的创新共同体；更好地发挥自创区创新驱动高质量发展示范带动力，吸引更多周边地区更好融入郑洛新国家自主创新示范区“3+N”创新发展格局，共享创新政策红利，带动更广泛区域实现创新驱动高质量发展。建设好和利用好高等院校、科研院所等核心机构这个创新关键区，不断强化其基础研究主力军、原始创新主战场、创新人才培育主阵地等功能作用，持续提升创新要素集聚能力、创新人才培育能力及创新成果产出能力。支持郑州大学、河南大学高质量推进“双一流”建设，打造“双航母”；支持河南理工大学、河南农业大学、河南科技大学等 7 所高校打造“双一流”建设第二梯队；发展高水平研究型大学，支持依托高等院校建立环大学创新生态圈；支持河南省科学院、河南农业科学院等科研院所实施创新能力提升行动。建设好和利用好“双创”服务体系这个创新拓展区，持续优化河南“双创”服务载体与网络，打造新时代河南“双创 2.0（升级版）”品牌。支持在豫实验室提质增量，高质量建设神农种业实验室、嵩山实验室、黄河实验室，构建特色突出、布局合理、引领发展的河南实验室体系；支持技术创新中心、中试基地、产业研究院、产业创新中心、企业技术中心、工程研究中心等各类创新平台提质扩容；支持各级“双创”基地及科技企业孵化器、众创空间、大学科技园等创新孵化载体竞相出彩发展。建设好和利用好以产业集聚区、高新技术开发区、经济技术开发区等为代表的各类产业园区这个承载区，推动更多有价值的创新研发成果加速在各承载区落地转化，实现理论成果向实践成果加快转变、潜在生产力向现实生产力加快转变。推动产业集聚区以“三提”“两改”为主要途径，全面推进二次创业，促进产城融合发展；支持高新区夯实创新基础，提升创新发展能力，推动高新区实现依靠创新驱动的内涵型增长；支持经济技术开发区等各级各类开发区加快推动质量变革、效率变革、动力变革，强化开发区经济发展的主阵地、主战场、主引擎功能；支持和推进创新成果转化实验区、创新成果孵化园区、创新成果产业化基地等特色园区创建。

第五节　创新平台“扩容行动”

围绕建设一流创新平台主线，坚持盘活存量和优化增量并进，实施创新平台“扩容行动”，打造一流创新平台服务体系。开展实验室体系整合重塑行动，支持在豫国家重点实验室提质增效；主动接轨国家实验室体系构建，瞄准黄河流域生态保护和系统治理、国家网络空间安全治理与先进防御、矿山安全科学与工程、细胞分化调控与靶向药物、动物免疫学、极端材料、纳米光电材料与器件、分子催化与能源转化等重点领域，谋划争创一批国家实验室；支持神农种业实验室、嵩山实验室、黄河实验室高质量建设，争取早日纳入国家实验室体系，成为重要国家实验室分支机构（基地），高标准建设一批省实验室，打造全省科技创新平台“先锋队”和国家实验室“预备队”；坚持新建一批、整合一批、警告一批、撤销一批，推动省级重点实验室优化调整、系统布局，提升创新支撑能力。开展各类创新平台提质增量行动，优化完善技术创新中心体系，支持创新型龙头企业、行业龙头骨干企业、高校和科研院所、新型研发机构，聚焦重点领域和重点产业重大、关键、共性、前沿技术和“卡脖子”技术，积极申报河南省技术创新中心，创建一批国家技术创新中心。支持龙头企业、高校、科研机构和各类开发区联动，建立中试基地储备库，健全中试基地体系；支持示范推广河南首批（8家）、二批（13家）中试基地建设经验，谋划打造一批示范作用大、辐射带动强的中试基地。发挥首批10个河南省产业研究院的示范带动作用，支持创新型龙头骨干企业牵头，联合高校、科研院所和上中下游企业共同组建产业研究院，将产业研究院打造成为集研发、产业化、工程化等于一体的创新联合体。支持国家生物育种产业创新中心、国家农机装备创新中心加快建设，争创一批国家工程研究中心、国家企业技术中心、国家三级生物安全实验室，布局建设一批省级产业创新中心、制造业创新中心、临床医学研究中心、企业技术中心、工程（技术）研究中心和一批野外科学观测研究站、应用数学中心、检验检测中心、科技资源共享服务平台；引进共建一批省级新型研发机构，争创一批国家示范类新型研发机构；落实国家“从0到1”基础研究重大战略部署，培育建设一批省级及以上前沿科学中心和基础学科研究中心。支持科技成果转移转化、技术交易、创新孵化等各类平台高质量发展。开展重大科技基础设施高质量建设行动，重点支持优势农业种质资源库、国家园艺种质资源库、超短超强激光平台、交变高速加载足尺试验系统、量子信息技术基础支撑平台、智能医疗共享服务平台、智慧灌溉技术创新平台等一批重大科技基础设施加快布局，打造重大科技基础设施集群。

第六节　创新人才“汇聚行动”

围绕集聚一流创新团队目标，扎实落实人才强省战略，构建具有竞争力的人才政策体系，实施创新人才“汇聚行动”，全方位培养、引进、用好人才，促进人才链与创新链、教育链、产业链、政策链有机衔接，构建一支规模宏大、结构合理、素质优良的创新型人才队伍，打造国内一流、国际知名的科技创新人才向往集聚地。重点支持培养创新领军人才（团队），以培育形成一批以两院院士为引领的战略科技人才、一批以“中原学者”为引领的高端科技领军人才和一批有基础、有潜力、研究方向明确的高水平创新团队为目标，完善《河南省高层次创新型科技人才队伍建设工程（2011—2020）实施方案》《河南省科技创新人才计划管理办法》《河南省“中原学者”遴选及管理办法》《“创新型科技团队”认定及管理办法》等文件，制定新时代创新领军人才（团队）识别机制、培养计划、管理办法和政策体系；实施“中原英才计划”等人才培育工程、高水平创新团队培育工程等项目，搭建“中原学者”科学家工作室、科技创新人才培养基地等创新领军人才（团队）实践舞台；支持在实践中、项目中培养提升创新领军人才领导力。重点支持引进创新领军人才（团队），以引进院士和具有国际水平的战略科技人才、科技领军人才、青年科技人才和高水平创新团队为重点，制定新时代创新领军人才（团队）引进计划、引才目录、实施办法和政策体系；实施河南省高端引智计划，支持开展“全职+柔性”引才引智；支持拓宽海外引才育才渠道，创新搭建海外人才工作联络站等海外引智平台，实施精准引才引智；支持中国·河南开放创新暨跨国技术转移大会、“科创中原”产业技术发展大会、中国·河南招才引智创新发展大会及大学生创业园、众创空间等载体平台持续更好地发挥引才聚才作用；支持河南省（中原科技城）人才创新创业试验区开展人才政策先行先试，支持郑州、洛阳等城市探索建设河南省人才创新创业试验区。重点支持培养青年科技创新人才（团队），制定面向未来、科学完善的优秀青年科技创新创业人才（团队）培养计划与方案；实施青年科技人才培育行动和青年人才托举工程，采用“人才+项目”培养模式，支持在科学实践活动中培养使用青年科技创新人才；支持河南省自然科学基金、杰出青年科学基金、优秀青年科学基金等项目更好地发挥对青年科技人才培养的引导支撑作用；支持常态化制度化开展河南省杰出青年科学基金获得者、优秀青年科学基金获得者、青年科学基金获得者等评选活动，发挥示范带动效应；支持建立河南省创新人才资源库，强化青年科技人才战略储备；支持企业、高校和科研机构共建一批青年科技创新人才培养基地，开辟成长成才“绿色”通道。

第七节　科技金融“融合行动”

围绕提升创新支撑力，统筹发展和风险防范，实施科技金融“融合行动”，构建多层次科技金融体系，持续提高科技金融融合质量与水平。培育引进一批风险投资机构和风险投资基金，充分发挥河南省创业投资引导基金和新兴产业投资引导基金作用；充分发挥政府天使投资引导基金的带动作用，尤其是发挥河南省科技创新风险投资基金、郑洛新国家自主创新示范区成果转化引导基金和郑洛新国家自主创新示范区创新创业发展基金三支科创类政府投资基金引导作用，引导社会资本投向重点领域科技成果转化和产业化，构建覆盖种子期投资、天使投资、风险投资、并购重组投资的基金体系。改革政府出资产业投资基金管理机制，打造覆盖“募投管退”全流程的服务链条。建立科技型企业由“种子”到“成熟”全过程投资机制，支持不同阶段的科技型企业通过政府让利或奖补、发行债券及科创板、创业板、新三板等上市融资等多种形式实现科技与金融高质量融合，如建立种子期、初创期企业投资容错、政府让利或奖补机制，鼓励创业投资机构投资种子期、初创期科技型企业；引导成长期、成熟期科技型企业扩大直接融资，支持符合条件的企业发行债券；积极辅导、培育科创板、创业板、新三板等上市挂牌后备企业，支持科技型企业上市融资；发挥区域性股权市场服务科技型中小企业的作用，支持科技型中小企业挂牌融资。支持金融机构与省内重大科研创新平台深化合作，引导金融机构在豫设立服务科技型企业的科技支行或科技金融事业部等专营机构，构建科技企业专属的信贷审批流程和信用评价模型；鼓励银行等金融机构开展科技金融服务和产品创新，探索投贷联动、投保联动、投贷保联动等新模式，开发“成长贷”“壮大贷”“研发贷”“科技立项贷”“知识产权和股权质押贷”等创新产品，为科技企业提供全方位、多样化的金融服务和差异化的信贷支持。支持互联网保险、第三方支付等科技金融新模式发展。打造地方性金融数据及征信服务基础设施平台，促进金融供需双方高效对接。发挥保险和担保机构风险分担功能，探索差异化风险分担机制，提升担保机构服务能力，推广新型科技保险业态业务，创新开发首台套重大技术装备保险、高技术产品质量保证保险、知识产权质押贷款保证保险等科技保险产品。探索建立基础前沿研究金融支持体系、中试转化金融支持体系等，完善知识产权和科技成果产权交易体系。完善科技金融保障体系，健全科技金融培训体系和中介服务机构，培养科技金融复合型人才。支持郑州、洛阳、新乡等有条件的城市创建国家级科技金融改革创新实验区，构建一流的金融服务生态圈，探索具有区域特色的科创金融发展模式。

第八节　六链衔接“畅通行动”

充分发挥企业衔接产学研用的枢纽作用，推动创新链与产业链、教育链、人才链、资金链、政策链“六链”有机衔接，提升全过程创新生态链的整体效能。统筹布局国家科技创新基地建设，支持龙头企业新建或升级建设各类科技创新基地，与境内外高等院校、科研机构成立联合实验室、离岸实验室，开展基础研究、行业产业关键共性技术研发、科技成果转化及产业化、科技资源共享服务等科技创新活动。搭建河南省科技创新资源共享平台，创建仪器设施开放共享机制，推动大型科研仪器设备、科技报告、科研数据向企业开放，支持科技型中小微企业加速技术迭代升级，加快培育发展一批硬核产业领域、新赛道领域企业，促使创新型中小微企业成为创新重要发源地。创新产教融合制度和模式，推广好河南作为首批试点建设国家产教融合型城市所在省份的改革成果和试点经验，鼓励和支持更多有条件的企业设立博士后工作站、博士后创新基地、硕士科研工作站等产教融合平台载体，促进教育和产业体系人才、智力、技术、资本、管理等资源要素集聚融合、优势互补。构建企业主体的产学研用深度融合创新体系，发挥龙头企业在关键核心技术攻关中的主力军作用，支持龙头企业整合产业链上下游创新资源，牵头设立创新联合体，建设若干领域类技术创新中心和工程研究中心，承担国家重大科技项目，开展行业关键共性技术预见研究和联合攻关。鼓励龙头企业牵头组建产业技术创新联盟、产业标准联盟、创新联合体等枢纽型组织，整合高校、科研机构、社会服务机构以及产业链上下游企业等产学研用资源，优化基础研究、技术创新、成果孵化、产业化应用等全过程，促使科技理论创新与实践创新的良性统一。持续推进职业教育改革，建立健全普职融通、产教融通、校企融通、学历教育与培训融通、师资融通、职业技能培养与职业精神养成融通“六融通”制度体系。培育产教融合型企业，依托省内科教资源密集区建设产教融合园区，开展产教融合型企业建设培育、认证等工作，打造一批引领“六链”融合的市场主体。深化“引企入教”改革，引导企业深度参与产教融合、校企合作，鼓励企业依托或联合职业学校、高等学校设立产业学院和企业工作室、实验室、创新基地、实践基地，鼓励以引企驻校、引校进企、校企一体等方式吸引优势企业与高校共建共享生产性实训基地，鼓励龙头企业联合高校、职校组建产教融合集团或产教融合联盟。完善“金融+财政+土地+信用”的组合式激励政策，推进产教协同育人，发展现代学徒制和企业新型学徒制，探索建立“1+X”证书制度。持续出台促进“六链”有机衔接的政策措施，织密政策链，打通政策落地“最后一公里”。

第九节　开放合作“拓展行动”

以全球视野谋划和推动科技创新，开展跨区域、跨领域、跨学科协同创新与开放合作，积极构建泛区域协同创新网络，形成全方位、宽领域、多层次、高水平的对外开放合作新格局。统筹省内联动，构建以郑州都市圈为核心引擎、区域中心城市多极支撑的区域协同创新总体布局，形成与生产力布局同频共振的创新发展新格局；着力提升郑洛新国家自主创新示范区创新引领能力，更好发挥其在支撑河南建设国家创新高地中的核心引导力、带动力、支撑力；聚力推进郑开科创走廊建设，高标准建设中原科技城，打造创新创业“标杆”长廊，成为支撑全省、服务全国的创新策源地；拓展高新区发展空间，支持高新区跨区域配置创新要素，探索异地孵化、飞地经济、伙伴园区等多种合作机制。发挥部省会商平台作用，争取国家级科技创新中心、大科学装置、高端创新平台基地等在豫布局建设；强化国家重大科技成果在豫转化的承接能力，争取一批利于传统产业转型升级或抢占未来产业新赛道的国家重大科技专项、重点研发计划等科技项目成果在豫转化落地。强化省际合作，加强与京津冀、长三角、粤港澳大湾区等国内发达地区的科技战略合作，深度融入京津冀协同创新共同体、长三角科技创新共同体、粤港澳大湾区科技创新共同体，谋划打造中原—京津冀、中原—长三角、中原—粤港澳等科技走廊；共建黄河中下游协同创新共同体，高质量推进郑洛西高质量发展合作带建设，打造一批科技创新平台和研发应用基地。深化省部合作，积极争取国家相关部委在区域科技创新中心建设、大科学装置布局、高端创新平台基地建设等方面在豫布局发展，实现地方发展重点与国家战略目标紧密结合；主动承接国家重大科技成果在豫转化，重点争取国家重大科技专项、重点研发计划等科技项目成果在豫转化落地。深化省院合作，发挥中科院河南产业创新与育成中心、中国工程科技发展战略河南研究院等机构的枢纽作用，深化与中国科学院、中国工程院等机构的合作。拓展国际合作的广度与深度，优化拓展河南省国际联合实验室建设布局，提升国际联合实验室间建设水平及服务能力；实施一批有影响力的国际科技合作项目；支持豫企在境外设立研发机构，共建科技合作园区、技术转移中心等平台；深化与创新大国和关键小国的创新合作关系，重点加强与“一带一路”沿线国家的科技交流与合作，主动融入国家“一带一路”科技创新行动，积极开展“数字丝绸之路”“创新丝绸之路”务实合作，共建联合实验室、科技创新联盟和科技创新基地。支持郑州、洛阳等有条件的城市建设好和运用好“一带一路”科技创新合作区和国际技术转移中心，举办好“一带一路”科技交流大会。

第十节 改革创新“深化行动”

围绕创设一流创新制度目标，深化科技领域“放管服”改革，完善科技治理体系，不断提高科技治理现代化、专业化、信息化水平，实施改革创新“深化行动”。健全创新政策法规体系，科学制定和实施完善的被企业等行为主体认可的有关科技创新活动和科技创新管理活动的行为规则、行动指南和社会秩序；推进《河南省科学技术进步条例》等科技创新相关领域法律法规的立法与修订，深化落实《河南省促进科技成果转化条例》《郑洛新国家自主创新示范区条例》等重大创新政策，强化科技创新法治保障；制定完善一批科技投入、基础研究、创新主体、重大创新平台、高层次人才队伍等方面的创新政策，建立健全科研院所的治理结构和分类支持机制；落实好关于企业投入基础研究的税收优惠政策、研发费用加计扣除等税收优惠政策、研发费用补贴等财政支持政策，完善河南省创新创业产品和服务政府采购等相关政策措施；完善重大创新政策预评估机制，强化风险防控能力。持续深化科研评价改革，落实好国家关于深化项目评审、人才评价、机构评估等科技评价制度改革方面的相关意见，进一步优化科研项目评审管理机制、改进科技人才评价方式和完善科研机构评估制度。优化科研项目评审管理，建立自由探索型和任务导向型科技项目分类评价制度；完善项目指南编制和发布机制，完善评审专家遴选标准、组成原则和使用办法，建立以项目创新质量和贡献为导向的绩效评价体系；持续深化人才发展体制机制改革，改进科技人才评价方式，科学设立人才评价指标和评价周期、创新多元评价方式、畅通人才评价渠道，分类建立人才评价标准，优化科技人才评价体系；完善科研机构评估制度，深入推进省级科研事业单位改革，充分赋予科研事业单位自主权。推进科技管理改革，对省科技管理部门机构设置、机制运转、职能发挥进行重塑性改革；完善科技计划体系，形成较为完整的涵盖基础研究、技术攻关、成果转化和产业化的省级科技计划体系，打造创新链、产业链深度融合的科研范式；简化科技项目管理流程，推行“揭榜挂帅”“赛马制”“PI 制”等项目组织机制，健全项目全周期管理机制，探索实施科技项目专员制度；完善决策、执行、监督、评估有效衔接的工作体系；建立健全军民科技协同创新组织管理体系及工作体系，提升军民科技协同创新能力；完善廉政风险防控机制，创新监督检查方式，建立科技监督跨部门、跨区域协调机制；完善科技报告、创新调查和统计、科技安全协调等科技管理基础制度；加强科技伦理风险评估与治理，完善科技伦理治理体系。

第十四章　新时代河南推进创新驱动发展的保障措施

当前，我国已进入新发展阶段，面对新形势、新任务，河南要紧抓构建新发展格局战略机遇、新时代推动中部地区高质量发展政策机遇、黄河流域生态保护和高质量发展历史机遇，把创新作为发展的逻辑起点摆在现代化建设的核心位置，在加强组织领导、完善扶植政策、突出项目带动、保护知识产权、注重要素保障、持续营造环境等方面持续发力，夯实河南创新驱动发展的支撑保障基础，全力建设国家创新高地。

第一节　加强组织领导

一　提高思想认识

全面系统学习，要把学深悟透习近平新时代中国特色社会主义思想，以及习近平总书记对河南的重要讲话、重要指示精神作为重大政治任务，前后贯通学、及时跟进学，广泛开展大学习、大讨论，强化政治引领，切实用习近平总书记重要指示要求武装头脑、指导实践、推动工作，引领河南创新驱动发展战略再深入。聚焦目标任务，站在全局的战略高度，教育引导广大干部充分认识新发展阶段创新驱动发展战略紧迫性和重要性，立足构建新发展格局，着力在各项目标任务中落实新发展理念，强化全省各级各部门的创新发展意识，深入实施“一把手”工程，健全党政主要负责同志“双组长”统一领导、分管负责同志分工牵头的领导机制，推动省、市、县三级加强沟通协调，形成上下联动、共同推进的工作格局。深化创新工作例会制度，强化创新驱动发展干部队伍建设，加强多部门沟通协作，加快形成紧密联系、协调一致、密切配合的工作合力。树牢实践导向，聚焦省情实际，围绕创新驱动发展战略重点内容，紧密结合实际开展讨论，加强调查研究，找准找实改进工作的思路举措，实打实地解决问题，推动河南创新驱动发展战略深入开展，取得实效。

二　加强组织领导

河南着力加强党对科技创新工作的全面领导，把党的领导贯穿创新驱动发展战略的各领域和全过程，贯彻落实党中央关于科技创新工作的重大决策及省委、省政府有关工作部署，统筹协调、整体推进、督促落实全省科技创新领域重大工作，研究河南国家创新高地和一流创新生态建设中的重大原则、重大方针和政策、重大战略和规划、重大建设项目等。强化党政“一把手”落实创新驱动发展的责任机制，河南省科技体制改革和创新体系建设领导小组负责实施意见的具体组织工作，全面规划、统一安排全省重大科技创新工作，统筹协调全局性、长期性、跨领域跨地区跨部门的重大科技创新问题，组织开展重大科技创新决策督查。组织和调动社会各方面力量，建立由科技部门牵头，发展改革、工业和信息化、财政等相关部门密切配合、协同推进的工作机制，逐级明确任务和责任，形成实施创新驱动发展战略的合力。

三　明确责任分工

完善创新驱动发展领导体制和工作机制，省科创委作为中共河南省委加强党对科技创新工作统一领导、汇集资源整合力量、塑造科技创新优势的重大制度安排，要发挥好牵头统筹、协调联动和示范带动作用，构建“领导小组+专项工作组”组织体系，加强创新驱动发展工作专班建设，整合优化相关议事协调机构，协同推进创新领域重点改革等工作。锚定“两个确保”目标，定期召开专题会议，围绕河南国家创新高地建设中的重大原则、重大方针和政策、重大战略和规划、重大建设项目等问题加强顶层设计，围绕构建一流创新生态、郑洛新国家自创区发展、“智慧岛”建设、重大科技基础设施布局、省实验室体系建设、“双一流”建设、高校布局优化调整、高层次人才引进等方面强化工作落实，强化科技、教育、财税、投资、土地、人才、产业、金融、知识产权、政府采购、审计、纪检监察等方面的政策协同。围绕创新驱动发展重点任务，明确目标，形成工作合力，细化方案，协调解决重大问题及事项，加强对各地、各部门的指导、督促和服务，确保主要任务衔接到位、落实到位。

四 强化工作落实

坚持目标导向，从顶层设计和政策创新上推动创新驱动战略，深入贯彻落实省委、省政府决策部署，量化、细化问题清单，在扶持政策、重点领域、要素保证、营造环境等方面统筹谋划，任务分解到位，责任落实到位，按照既定的任务书、路线图、时间表持续发力。加强年度工作方案与《关于加快构建一流创新生态建设国家创新高地的意见》《河南省"十四五"科技创新和一流创新生态建设规划》等的衔接，依据意见规划确定年度发展目标、重点任务和重大项目，明确牵头单位、工作责任、年度目标和推进举措，确保发展目标任务有方案、按计划、分步骤有效落实。坚持问题导向，主动迎接难题、破解难题，开展集中服务专项行动、纾困企业专项行动、亲商助企专项服务行动等，切实解决好企业面临的突出问题和瓶颈制约，推动企业做大做优做强。落实好"链长制"，按照高质量发展的要求，坚持龙头企业带动，推进产业成链、成块、抱团式发展，实现高效率"补链"、高水平"延链"、高标准"强链"，做强河南高质量发展新引擎。坚持效果导向，培育发展市场主体，从加大财政资金支持力度、产业链关键环节培育和引进、鼓励技术创新和模式创新、规划重大项目建设、民生保障等多方面入手，激发市场主体在相关领域的创新创业热情，确保创新驱动发展战略从"规划图"走向"实景图"。

五 强化评估考核

持续开展全省创新驱动发展评价，完善创新驱动发展评价机制和考核办法，加强创新驱动动态统计监测，及时向全社会公布评价结果，全面实施评价结果与年度目标考核绩效奖金、评先树优、领导班子和干部考核"三挂钩"制度，督促指导各地、各部门创新驱动开展专项整改和政策升级。健全突出创新驱动发展的考核体系，突出以研发投入强度、发展质量效益、自主创新能力、创新环境、科技成果转化、每万人口高价值发明专利拥有量、科技服务等为导向的考核指标体系，强化科技创新对经济发展贡献度的评价，并且根据创新发展要求和各区域重点任务，差异化设置并动态调整创新发展考核指标。强化监测考评结果应用，加强对创新示范市（区）工作的考核，将其作为领导班子和领导干部职务调整、评先评优的重要依据，对工作成效明显的市区县、部门和园区，给予表彰奖励，在评先评优、提拔选任时同等条件下优先考虑；对推进执行不力、工作严重滞后的，按党政纪规定给予相应处理，责令其做出书面剖析并限期整改，更好地发挥评估考核在检验各地落实创新驱动发展政策中的作用。

第二节　完善扶植政策

良好的政策环境能够最大限度地激发社会、企业、团体以及个人的潜力和创造力，加速产业、财政、科技、金融有机结合，是培育市场活力的根本倚仗。河南要深入实施创新驱动发展战略，必须加快构建完善的政策体系，通过政策体系的激励约束作用构建稳定、有序的经济秩序，促进河南创新驱动发展战略顺利推进。

一　强化创新政策支撑

要构建有利于扩大改革红利、增强创新活力和释放内需潜力的创新政策体系，加强创新政策整体设计和协调配合，推动政策由研发向创新链条一体化整体设计转变。要完善创新动力机制，正确处理政府与市场的关系，财政科技投入要向基础研究和重大共性关键技术研发倾斜，加强创新基础设施和公共平台建设，充分发挥市场对创新的激励作用，建立健全新技术、新产品、新商业模式的准入制度，鼓励和支持新业态、新商业模式的发展。要加强政策配套和协同，加强科技政策与财税、金融、贸易、投资、产业、教育、社会保障等政策的协同，加强中央和省、市地方的政策协调，确保中央、地方政策相互支持和配合，形成目标一致、部门配合的政策合力。要完善以企业为主体的技术创新市场导向机制，构建公平公正的市场环境，完善相关法律法规和标准体系建设，不断强化知识产权保护，加强产学研协同创新，引导各类创新要素向企业集聚，促进企业成为技术创新决策、研发投入、科研组织和成果转化的主体。要深化科研经费管理改革，坚持遵循科研活动规律，积极实施科研经费“包干制”试点改革，从预算编制、经费拨付、资金支付、结余留用等科研经费管理使用全流程，赋予科研单位、科研人员更大自主权，通过实施经费拨付直通车试点、全面推广科研财务助理制度、优化“三嵌入一导入”绩效管理方式等举措，减少科研人员科研活动以外的工作量。

二　强化产业政策支撑

根据不同的产业发展方向，产业政策可以分为扶持传统产业、扶持新兴产业和扶持未来产业的政策措施。在持续推进创新驱动发展战略过程中，无论是在未来产业上前瞻布局，在新兴产业上抢滩占先，还是在传统产业上高位嫁接，都需要发挥政府“有形的手”的作用加以推动和促进，立足全球竞争发展格局，及时制定符合河南实际情况且具有可操作性的产业发展规划，构建完善的产业发展配套政策体系，为创新驱动发展提供产业支撑。针对未来产业制定发展政策，瞄准全省的有条件、有基础、能突破的方向，从战略引导、发展重点、行业培育、支持基础研究、创造早期市场等多方面着手，有重点、有针对性地分类、分步制定并出台产业发展规划、政策，着力解决“如何推动发展”的问题。针对新兴产业制定发展政策，围绕构建具有战略性、全局性和河南特色的新兴产业生态体系目标，从完善产业链条、重大关键技术突破、创新能力提升、保障关键要素供给等方面部署，着力解决“如何推动促进”的问题。针对传统产业发展政策，围绕人才、土地、资金、技术、知识产权等产业发展关键要素给予专项支持，促进河南传统产业开拓市场、完善体系、振兴发展，实现高端化、智能化、绿色化改造，着力解决“如何推动转型”的问题。

三　强化财政政策支撑

要充分发挥财税政策在优化创新资源配置、激励企业技术创新和科技成果产业化、营造自主创新良好环境等方面的重要导向作用，科技投入从以政府配置资源为主转向建立多元化的创新投入体系，整合各类产业发展资金，更多地投入创新驱动发展战略。调整和完善税收政策，扩大针对研发活动的税收优惠，促进财税政策由优惠型向激励型转变，把政策优惠的侧重点由技术创新链的末端向中端、前端延伸，由对高新技术企业的产品和服务优惠转变为对所有市场主体的研发创新活动实施税收优惠，在提高河南的科技发展水平以及企业的创新能力中发挥重要的作用。政府科技投入要重点用于支持市场机制不能有效配置资源的基础研究、前沿技术研究、社会公益研究、共性关键技术研究开发等科技活动，对新认定的国家级、省级、市级技术创新中心或重点实验室的企业给予资金支持，对被认定为国家级的中小企业公共服务示范平台和小微型企业创业创新示范基地等项目给予资金奖励，对各梯度“专精特新”中小企业新增融资给予贴息、贴保等补贴支持，对“揭榜挂帅”项目给予支持，强化对科创资金的保障和管理，将财政政策落实到创新全过程。完善间接引导型的财税政策，财政资金应重点向经济结构的薄弱和重点环节倾斜，跳出以往投资钢筋水泥的“硬”基础设施的单一范畴，将科技创新平台、公共管理服务、综合信息网络、教育、文化等投入都纳入政府“软”投资的领域，更多地利用财政贴息杠杆来调动社会资源促进经济转型，为河南创新驱动发展战略提供有利条件。

四　强化科技政策支撑

河南要发挥科技政策引导作用，把强化科技创新引领主体培育、链式融合、载体打造作为主攻方向，推动科技与产业、企业、平台、金融、人才等要素的高度融合发展，不断完善科技创新政策环境，完善科创发展体系，以高质量的科技供给推动高效的资源要素配置，释放创新乘数效应。聚焦主体培育，健全“微成长、小升高、高变强”梯次培育机制，对通过国家科技型中小企业评价的企业给予一次性资金奖励，建立高新技术企业培育库，对首次通过认定的高新技术企业给予一次性资金奖励，并予以持续跟踪服务，对国家“专精特新”“科技小巨人”企业，按照研发投入规模，分档给予支持，开展高新技术企业培育服务，根据服务成效给予支持，用好高新技术企业税收优惠、企业研发费用税前加计扣除、研发费用后补助等政策措施。聚焦载体建设，不断加快科技创新平台建设，积极拓展科技企业孵化空间，支持国内外市场化专业运营机构利用河南闲置楼宇建设科技企业孵化器、加速器和产业园区，进一步推动国内外高端创新资源集聚，为科技创新引领高质量发展提供载体支撑，同时对于运营良好的孵化载体给予绩效评价奖励。聚焦链式融合，加强关键核心技术供给能力，以“链长制”为抓手深入开展强链、补链、延链行动，支持大企业以资源共享、合作运营等方式扶持带动中小企业发展，引导支持中小企业对接配套行业龙头企业，推动产业链上下游企业协同发展。

五　强化金融政策支撑

加快完善金融政策，大力推进金融改革创新，进一步加大金融对实体经济支持力度，切实稳住经济大盘，为河南深入实施创新驱动发展战略提供有力的金融支持。增大金融政策的引导力度，理顺现有的金融支持产业发展、经济转型等方面的相关政策，对于产能过剩产业、需淘汰的产业以及需技术升级的产业分类施策，根据产业特点精准制定包括定向降准、融资贴息、补偿基金等政策，引导更多资金投向具有发展前景的先进制造业、战略性新兴产业、现代信息技术产业等领域，聚焦小微企业、制造业、科技创新、绿色发展等重点领域和薄弱环节，切实发挥金融资金对产业发展的导向作用，促使各类资金活水精准流向创新驱动发展战略所急需的领域和环节。开展金融支持稳市场主体行动，制定政策鼓励金融机构开展供应链和产业链金融业务，保障企业关键环节的合理资金需求，完善小微企业贷款相关监管政策，提升金融机构从事小微企业金融服务的积极性，增加小微企业信贷资金来源，引导金融机构积极开发符合专业大户、家庭农场、新型农民合作组织和农业产业化龙头企业等农业农村新型经营主体特点的金融产品和服务，创新金融服务方式，形成一体化金融解决方案。

六　强化人才政策支撑

贯彻实施人才强省战略，加大高层次专业技术人才支持培养力度，创新柔性引才方式，鼓励高校、科研院所建立“人才驿站”，建立未来产业、战略新兴产业等专业的人才库和专家库，营造有利于人才发展的政策环境。在培养人才方面，建立省创新人才资源库，实施创新型科技领军人才（团队）培育工程、青年科技人才培育行动和青年人才托举工程，推动专业技术人才队伍建设，加大高层次专业技术人才培养培训力度，实施急需紧缺人才培养培训项目和岗位培训项目。在引进人才方面，立足河南产业转型升级、新型城镇化建设等重点领域和薄弱环节，通过加大资金投入、完善人才引进政策、加强人才引进平台载体建设等方式，加大高层次人才引进力度，引进急需的高层次人才和创新创业团队来河南创新创业。对柔性引进的高层次人才，在科研立项、科技成果转化、创新创业等方面提供本地人才同等待遇，享受河南省全职引进同类高层次人才奖励和资助政策。在留住人才方面，聚焦解决人才流失、创新人才偏少等问题，在新引进高层次人才住房、配偶工作调动、子女入学等方面给予优惠政策，加大人才保障住房、人才公寓建设力度，合理降低人才购房、租房成本，根据高层次人才类别，分别给予其子女入学、就学相应的优惠政策，为高层次人才提供优质医疗服务，进一步畅通就医绿色通道，强化人才服务，解决各类人才普遍关心的实际需要，以更优服务让各类人才在河南安身、安心、安业。

第三节　突出项目带动

项目是载体和抓手，推进创新驱动发展战略就要把项目谋划建设作为着力点，坚持项目为王，突出真抓实干，以高质量项目建设带动创新驱动发展深入推进。

一　坚持“项目为王”

牢固树立“项目为王”意识，把重大项目建设作为创新驱动发展的“压舱石”“顶梁柱”，建立和完善上下联动、部门协同的一体化工作推进机制，助力高质量发展。一是要把“项目为王”落实到工作部署上，将项目建设放在更加突出位置，以顶层设计搭平台、引项目、拓人脉、优环境，坚持以项目促发展、以项目论英雄，在全省上下形成大抓项目、抓大项目、抓好项目的深厚氛围，一个项目一个专班，以超前眼光和战略眼光来谋划项目建设，推动一大批大项目好项目签约落地，促进干部向项目集中、资源向项目集中、政策向项目集中，切实把“项目为王”的理念不折不扣地落到实处。二是要把“项目为王”落实到招商引资上，坚持党政同责抓招商，强化统筹调度，细化任务指标，将招商任务分解落实到各市级领导、行业部门，实行清单化管理，形成全员共抓招商的工作格局；坚持资源禀赋，立足产业基础、深挖发展优势，通过以商招商、产业链招商、“云”招商等一系列硬招实招，引进建设一批投入产出大、市场前景好、辐射带动强的龙头项目及关键配套项目，带动更多的上下游企业形成聚集倍增效应，避免盲目式招商、打卡式招商、温吞式招商、冲动式招商、自残式招商五大雷区。三是要把“项目为王”落实到统筹协调上，成立专业的工作机构，围绕引进、落地、促进等环节，协调配置资源，专班跟踪对接项目推进，提供优质的配套服务，推动项目加快签约、落地、建设、投产，创造更快更优的“河南速度”。坚持跟踪问效，充分发挥考核的“指挥棒”作用，及时跟进已签约项目落实见效，安排专人负责包抓，倒逼各地各部门自我加压、“比学赶超”，不断提升项目履约率和资金到位率。

二　科学谋划项目

锚定“两个确保”，围绕“十大战略”和“十四五”规划确定的重点任务，科学谋划项目，要实现省委、省政府战略意图，要突出重点领域投资，要突出项目带动能力，要突出项目滚动接续。一是围绕河南创新驱动发展目标任务，结合新技术、新产业、新模式、新业态发展趋势，聚焦先进制造业和战略性新兴产业、产业链供应链安全、重大基础设施、生态环境、公共安全和社会民生等重点领域谋划一批重大项目。例如，在战略性新兴产业领域，顺应新一轮产业变革趋势，积极在市场前景广、产品附加值高、带动能力强的产业领域谋划实施一批重大项目，重点推进生物医药、节能环保、新一代人工智能、智能装备、5G等项目，发挥战略性新兴产业的引领带动作用；在现代服务业领域，着力推动生产性服务业高端化发展，重点推进现代物流、科技服务、信息技术服务、现代金融等领域项目；在基础设施领域，进一步优化布局、健全网络、完善功能，重点推进新一代信息基础设施网络、新型计算基础设施等方面的项目；在改善民生领域，重点推进学前教育、职业教育、基层就业和社会保障服务设施，健康养老服务设施等项目。总之，项目谋划既要遵循市场规律，具有前瞻思维、创新意识，也要科学合理确定投资规模，明确投资主体，保障资金来源。二是要建立创新驱动发展战略项目库，库内项目要体现建设国家创新高地“一个主线”，突出国家战略科技力量培育和营造创新活力迸发的创新生态“两头抓”，围绕建设一流创新平台、凝练一流创新课题、培育一流创新主体、集聚一流创新团队、创设一流创新制度、厚植一流创新文化、加快科技成果转移转化、高水平建设创新载体、全面支撑引领现代化河南建设“九项任务”，建立协调机制，督促和指导相关部门、相关企业建立专门的重点项目跟踪服务团队，及时协调解决项目推进过程中遇到的各类困难，对签约项目进行全链条跟踪和“保姆式”服务。

三　保证项目资金投入

资金是项目运行的血脉，河南实施创新驱动项目离不开资金的支持。一要完善财政资金投入机制，全省各级财政部门应统筹安排资金，确保重点项目建设的资金需求，加强项目相关部门之间沟通对接，争取新增政府债券资金并加快资金拨付。同时，加大债券资金监管力度，形成科学合理的资金使用进度管理机制和绩效考核制度，不断规范资金管理流程，用好政策红利，充分发挥项目资金推动发展的强有力作用。二要完善重点项目建设投融资机制，充分发挥财政资金的引导作用，打通投融资渠道，充分激发民间资金活力。规范推广运用 PPP 模式，引导撬动社会资本积极参与河南创新驱动重大项目建设。建立健全政府、金融机构和企业参加的融资协调机制，按照财政部政府基金投资管理办法要求积极推行设立基金支持项目建设模式，鼓励各级政府与金融机构、社会资本共同设立子基金，投资重大产业化项目。三要完善资金投入监管机制。重点围绕预算执行计划申报、资金使用、财务核算等关键环节加强资金监管，同时全面推行预算绩效管理，以绩效管理为目标，构建项目资金事前、事中、事后全方位的监督机制，对绩效目标实现程度和预算执行进度实行“双监控”，发现问题及时纠正，确保绩效目标按期保质实现。

四　强化项目全过程管理

加强河南创新驱动发展重点项目管理，明确项目推进路线图和时间表，做到项目建设有计划、调度有效果、推进有力度，确保项目建设各个环节积极有序。一要严格项目程序，政府投资项目严格遵循基本建设程序和重大事项决策程序，加强公众参与、专家论证、风险评估、合法性审查，提高项目决策的科学化、民主化水平。企业投资项目自主决策，政府部门重点做好环境、资源、公共安全等方面的审查论证。重大项目要排出审批（核准或备案）、规划选址、用地预审、环评等前期工作节点，压实责任，确保项目尽早开工建设。二要积极有序推进，按照快速、优质、安全的要求，逐一制定河南创新驱动发展重点项目推进方案，细化分解任务，合理倒排工期，加快施工进度，尽快形成更多的实物工作量。加强工程施工现场会商，强化质量、投资、进度控制，推动形成重点项目协调推进机制规范化、制度化、常态化，及时解决项目建设中的困难和问题，落实水电油气路以及用工需求等投产运行配套条件，促使项目尽早竣工、发挥效益。三要推进项目跟踪检查落实，建立河南创新驱动发展重点项目推进情况月调度和季通报机制，及时向省委、省政府汇报进度情况，以便省委、省政府宏观把握情况，确保以项目建设带动河南创新驱动发展战略的顺利推进。

第四节　保护知识产权

在锚定“两个确保”、实施“十大战略”、加快建设国家创新高地的关键时期，河南要充分认识实施知识产权战略的必要性、紧迫性，为河南创新发展保驾护航。

一　持续强化知识产权顶层设计

持续强化知识产权顶层设计，加强对知识产权保护工作的领导，从优化顶层设计入手，认真贯彻落实《知识产权强国建设纲要（2021—2035年）》、《“十四五”国家知识产权保护和运用规划》和《河南省知识产权创造保护运用“十四五”规划》、《河南省推动知识产权高质量发展年度实施方案（2022）》，制订具体推进计划，确保各项工作落实落细。加强知识产权强省建设的组织协调和条件保障，发挥好省知识产权战略事实工作联席会议职能，加强全省知识产权工作的系统谋划，指导市县建立知识产权战略实施工作联席会议制度，切实把知识产权相关工作提上各地党委政府重要议事日程，充分发挥协同优势，紧密配合，提升全省知识产权协调能力，形成知识产权工作齐抓共管格局，统筹推进知识产权强国强省战略实施。鼓励成立知识产权联盟，与各地知识产权局积极对接，定期解读国家、省、市知识产权相关政策，提供专业化的知识产权培育、运营合作等服务，解决各类创新主体在人才、信息、服务、法律、金融等方面的不对称问题，依托联盟建立专利池促进资源共享，针对河南省重点、优势产业链的技术创新需求，主动开展知识产权成果匹配，促进知识产权成果有序转化，对外形成竞争优势，帮助各类创新主体在自主创新的路上站稳脚跟。

二　健全知识产权保护体系

完善知识产权保护法规政策，加快《河南省专利保护条例》修订进程，探索制定综合性知识产权保护地方性法规，健全商业标志权益、商业秘密、地理标志等地方保护制度，加强知识产权保护与竞争执法、消费者权益保护、产品质量安全等工作的统筹衔接，形成有利于知识产权高质量创造、高水平保护、高效率运用的政策导向。作为国家"1+N"知识产权运营体系的核心载体，河南要充分利用国家知识产权交易运营（郑州）试点，以河南传统优势产业转型升级和战略性新兴产业培育为重点，搭建知识产权和专利产品线上线下运营渠道，围绕关键核心技术攻关，开展高水平专利布局，解决好知识产权供给侧关键堵点，保障知识产权流转中间环节畅通，弥合"产、学、研、销"联动的鸿沟，创造一批创新水平高、市场竞争力强、权利稳定的高价值高质量专利，构建高效能知识产权全链条保护体系。完善知识产权保护机制，建立健全跨部门案件处理规程，健全公证存证、仲裁、调解、行政执法、司法保护之间的衔接机制，形成各渠道有机衔接、优势互补的运行机制，实现政府履职尽责、执法部门严格监管、司法机关公正司法、市场主体规范管理、行业组织自治自律、社会公众诚信守法的知识产权协同保护。

三　加强知识产权运营转化

加强知识产权运营中心等载体建设，优化全省知识产权运营平台建设布局，培育一批产业特色明显、能力突出的行业龙头类知识产权运营机构，依托高校院所知识产权和技术转移中心、产业知识产权运营中心等载体，拓宽知识产权运营供需对接渠道，促进知识产权资源和服务资源对接。开展知识产权强企工程，建立知识产权优势企业培育库，对被认定为省市级知识产权示范企业和试点企业的给予补助，实行动态管理、精准培育，通过知识产权创造、保护和运用全方位引领、标准支撑、品牌带动、质量提升等措施，培育一批具有自主知识产权、市场竞争力较强的知识产权示范企业，引导企业加强重点产业和技术领域知识产权国际布局，提升企业创新能级。促进产业知识产权协同运用，推动企业、高校、科研机构知识产权深度合作，围绕关键核心技术联合攻关加强专利布局和运用，聚焦河南现代产业体系开展高价值专利组合培育，发挥知识产权在推动区域创新发展中的引领、辐射和带动作用，提高知识产权转移转化成效，支撑实体经济创新发展。

四 优化知识产权服务体系

引导和鼓励知识产权服务机构和各类公共平台的建立，进一步完善知识产权运营服务体系，加强国家知识产权运营公共服务平台建设管理，推进高校知识产权运营管理中心试点建设，同时，建立完善知识产权维权服务网络，加快建设新乡、郑州等国家级知识产权保护和维权平台，积极申建洛阳、商丘、漯河等国家级知识产权保护和维权平台，促进知识产权高标准保护，形成集专利、商标、著作权等知识产权保护服务于一体，包括审查、代理、培训、咨询、法律服务、融资、托管等在内的较为全面的知识产权服务产业链。促进知识产权服务业健康发展，实施知识产权公共服务能力提升工程，提高信息利用能力，主动加强部门协作，切实打通知识产权创造、运用、保护、管理、服务全链条，结合知识产权运用的全链条打通“最后一公里”，减小知识产权转化过程中的阻力，让更多的高价值知识产权加速转移转化，提供高规格服务。促进知识产权全链条人才队伍建设，创新知识产权高端人才培养模式，建立和完善政策、目标、晋升、绩效、薪酬等灵活多样的人才协同发展机制，搭建知识产权高端人才引进平台，注重知识产权高端人才培养目标的应用性和实务性，使人才培养能够满足知识产权各领域、各环节、各层次的各类需求，构建和完善符合新时代知识产权强国建设需要的知识产权人才体系，全方位提高人才能力素质和水平层次。

第五节 注重要素保障

要素是经济社会发展的源头活水，河南要聚焦能耗、土地、资金、环境容量、数据五大资源要素，坚持“要素跟着项目走”，着力强化各类要素保障，以新思路、新举措打破要素“天花板”，为推进创新驱动发展战略激发经济内生动力。

一　加强能耗要素保障

落实绿色低碳转型战略，落实省委、省政府“项目为王”决策部署，发挥有效投资对稳增长的关键作用，支持重大项目建设，统筹做好重大项目能耗要素保障。一是要优化能耗强度和总量双控管理，实施“十四五”能耗强度和总量“双控”考核，严格控制能耗强度，强化能耗强度降低目标约束，合理控制能源消费总量，鼓励各市大力发展新能源和可再生能源。二是要优化配置能源资源，结合全省发展规划、产业布局以及节能相关政策，实施差别化资源要素配置和节能降耗激励措施，能耗指标优先保障经济效益好、产业拉动大、能耗投入产出比高的重大项目，支持炼焦、建材、有色、钢铁、化工等传统产业项目整合升级，引导企业积极主动开展节能技术改造和落后产能退出，实施煤炭指标随产能跨区域转移，做好重大项目布局与能耗“双控”工作的充分衔接，稳妥有序推进节能降碳。三是要增大能耗总量管理弹性，在确保完成“十四五”能耗强度降低和煤炭消费总量控制目标的前提下，实施重大项目能耗和煤炭指标省级统筹，省发展改革委制定“十四五”重大项目能耗和煤炭指标单列实施办法，单列项目的增加值和能源消费量分别从各地区生产总值和能源消费总量中扣除，保障省委、省政府布局建设部分重大项目用能需求。

二　加强土地要素保障

土地是经济社会发展不可替代的生产要素，是民生之本、发展之基，对于保障河南高质量发展、推动建设节约型社会具有重要意义。在耕地红线不得突破、基本农田不能减少、可开垦的宜农荒地已经不多的硬约束条件下，要以习近平生态文明思想为统领，处理好用地与经济发展的关系，提高土地利用效率，进而促进经济可持续发展。一是要加强土地集约利用，以控制增量、盘活存量、提高土地利用效率和集约化程度为重点，高效配置土地要素，坚持市场机制和政府调控手段相结合，落实最严格的土地管理制度，实施有效的激励和约束政策，调动用地主体节约集约用地的自觉性。要科学编制用地计划，建立健全土地利用年度计划执行情况监督制度，加强用地计划指标分配动态监管，严格管理和利用好每一寸土地，精准保障项目用地需求。二是要积极盘活存量土地资源，建立查处闲置土地的长效机制，在土地要素的内生性挖潜上发力，积极盘活存量建设用地，对项目资金不落实或无力继续建设的以及圈而未用并且无正当理由的建设项目，制定土地调整措施并予以重新分配。结合新型城镇化建设，大力推进城乡建设用地增减挂钩，重点开展“城中村”、农村闲置宅基地、“空心村”土地整理，整合利用零星分散土地，科学整理农村集体建设用地，尽快扭转土地要素紧缺与闲置并存的局面。三是要提高土地利用效率，要推广产业用地供应的灵活方式，完善土地用途变更、整合、置换等政策支持，借助现代科技手段、科学管理、合理规划等提高土地利用效率，坚持“土地跟着项目走”，真正把有限的土地资源用在保障产业项目做强做优做大上，使有限的土地资源产出最大的经济效益、社会效益和生态效益。

三　加强资金要素保障

资金是经济发展的血脉，河南实施创新驱动发展战略离不开资金的支持，必须完善投融资体系，打通多种融资渠道，为创新驱动发展战略提供资金保障。一是要建立健全“政府引导、市场主导、社会参与”的市场化投融资机制，坚持政府引导和市场化运作相结合，聚力重点项目财政服务保障，在各类市场主体发展所需资金的差异化配置上发力，既着眼于经济社会发展需要，又要按照市场规律的内在要求规范投融资行为，建立经营性项目的合理盈利模式和公益性项目的成本补偿机制，提高投融资效益。二是要着力激发市场活力，进一步放开民间投资市场准入，着力营造公平竞争的市场环境，严禁单独对民间资本设置附加条件，支持民间资本平等参与政府和社会资本合作的项目，让更多的市场资金进得来、落得住，确保投资能够持续发挥效益，聚集优质资源，强化资金供需双方的有效衔接。三是要优化融资结构，不断提高直接融资比重，鼓励和引导各级各类金融企业更多发展普惠性金融，依法规范和发展企业债券市场，不断丰富金融市场的产品层次，改变过度依赖银行体系的融资结构，支持商业金融机构通过债权、股权、资产支持计划等多种方式参与项目建设，满足不同类别市场主体的融资需求，为市场主体融资提供更多的便利条件。四是要建立首席服务官包联企业机制，对每个企业实行“一对一”服务，充分发扬“店小二”精神，实施企业与资本市场对接行动、企业家培育行动等专项行动，从增加保障额度、降低贷款利率、延长贷款期限、下调贷款费用、提升审批效率等方面实施差别化信贷支持，及时协调解决制约项目推进的资金等要素保障难题，为推动创新驱动发展提供更加完善的资金要素保障。

四　加强环境容量要素保障

推动创新驱动发展需要重大项目支撑，要牢固树立“项目为王、环境是金”的工作导向和改革创新思维，针对环境容量供应问题，加强环境容量要素保障，促进项目顺利落地。一是持续改善环境质量，要深入打好污染防治攻坚战，坚持降碳、减污、扩绿、增长协同治理，要牵住以降碳为源头治理的“牛鼻子”，通过环境基础设施建设、产业结构调整、污染深度治理、企业清洁生产等方式开展污染物减排，要强化多污染物协同控制和区域协同治理，以生态环境质量改善、碳达峰倒逼总量减排、源头减排、结构减排，要着力解决人民群众关注的突出环境问题，以综合治理、系统治理、源头治理来提升生态环境治理的质量和效果，确保主要污染物排放总量持续减少。二是要深度挖掘并高效集约使用环境总量资源，积极探索采用市场化手段，充分发挥市场在优化要素配置中的重要作用，通过市场机制盘活闲置的排污权指标，努力做到“政府有为、市场有效”，努力破解环境要素瓶颈制约，保障全省重点项目落地。三是要深入开展排污权交易试点，健全生态环境经济政策，建立排污权有偿使用和交易制度，加快推进排污权、用能权、碳排放权市场化交易，组建排污权交易管理专业机构和平台，探索建立初始分配、有偿使用、市场交易、纠纷解决、配套服务等制度，将排污权交易工作与碳排放交易制度建设协同发力，形成“减污降碳”两大市场。四是要积极推动环境要素保障创新，努力拓宽环境要素来源，严格落实“要素跟着项目走”机制，通过淘汰落后产能、取缔落后工艺，统筹省域内可用污染物排放总量替代指标，切实解决新旧动能转换实施中的环境要素瓶颈问题，保障全省重点项目落地。

五　加强数据要素保障

随着数字经济快速发展，海量数据不断生成、沉淀及被利用，数据成为继劳动力、土地、资本之后出现的新型生产要素，且具有可复制、可共享、无限增长和供给的特征，是国家基础性战略资源，为创新发展奠定了基础。同时，数据作为新型生产要素能够打破传统的创新要素空间组织模式，促进劳动力、资本、技术、土地等其他要素高效集聚与协同发展。一是要加快培育发展数据要素市场，以数据共享开放和流通交易为基础，以数据共享平台和交易平台建设为抓手，打通数据要素价值创造、价值交换和价值实现的全链条，深入挖掘数据要素价值潜能，推动数据成为经济高质量发展新动能。二是要发挥数据资源的引擎作用，培育以数据资源为关键要素的产业体系，促进企业之间信息共享更便捷、信息传达更通畅，形成新的区域空间组织形式和区域竞争优势。三是要加快要素自由流动与国内统一大市场的构建，以数字经济为引领，充分发挥市场配置资源的决定性作用，打破要素流动束缚与国内市场分割的格局，促进要素资源在更大范围内畅通流动，引导各类要素协同向先进生产力集聚，提高资源配置效率和全要素生产率。四是要加快工业互联网平台建设，通过横向跨行业、纵向端到端的平台服务能力，深化工业资源要素集聚，支撑企业数字化、智能化、网络化和云化转型，实现生产方式和产业形态创新变革。五是要加快科技孵化器建设，将技术资源、人才资源、基础设施和金融资本等要素有机结合，提供交流合作、研发设计、科技成果转化、科技金融、创新人才等服务，有效推动知识技术的创造、科技成果的转化、科技型中小企业的孵育，以及战略性新兴产业的发展。

第六节　持续营造环境

良好的环境是河南推进创新驱动发展战略的制度动力和根本保障，要从创新环境、舆论环境、法治环境、营商环境、人才环境、数字经济环境等重点环节入手，力求有所突破，为全省创新驱动发展战略营造良好的氛围。

一　营造创新驱动发展的创新环境

要构建创新平台、要素、资源与产业发展关键技术节点交互映射的发展环境，以协同共生的区域创新体系为创新驱动发展战略做支撑，为河南高质量发展提供丰沛的创新资源和坚实的科技力量。一是要加快科技资源开放共享平台建设，利用数字化平台的共享性特征，推动技术“引进来”与“走出去”，让科研仪器设备走出校门、走出实验室、走出科研机构，打造产业协同的资源与能力共享平台。二是要加快科技孵化器建设，将技术资源、人才资源、基础设施和金融资本等要素有机结合，提供交流合作、研发设计、科技成果转化、科技金融服务、创新人才等服务，构建从团队孵化到企业孵化再到产业孵化的全链条、一体化服务体系，有效推动知识技术的创造、科技成果的转化、科技型中小企业的孵育，以及战略性新兴产业的发展。三是要加大科技创新企业培育力度，不断壮大科技创新主体规模，构建“科技型中小企业—高新技术企业—高科技领军企业”创新主体梯次培育结构，激励企业把科技创新和制度创新两个轮子同步转起来，形成接替有序、梯次推进、共同发展的科技型企业培育新格局，推动企业真正成为创新要素集成、科技成果转化的主力军。四是要引进和培育专业性高水平科技创新平台，针对不同产业的需求展开“一对一”对接，提供专业的服务。例如，针对未来产业，创新平台要加大对未来产业发展环境的宣传推广力度，促进项目、资金、人才聚集河南，助力河南现有产业未来化和未来技术产业化；针对传统产业，围绕高端化、智能化、绿色化、服务化改造，为传统产业提供与前沿技术、跨界创新、颠覆模式对接链接的专业化服务。

二　营造创新驱动发展的舆论环境

舆论引导是党实现思想领导的最直接有效的方式。积极向上的舆论环境能够鼓舞士气、振奋精神，产生巨大能力，推动经济社会进步发展。一是要保证主流媒体在舆论引导格局中的主导地位，让主流媒体在河南实施创新驱动发展战略的宣传战役、重大事件报道中“唱主角”，成为“主流舆论场”的关键角色，不断提高主流媒体的权威性。及时报道河南实施创新驱动发展战略的进展情况和实际成效，营造鼓励创新的环境，倡导体现鼓励创新、宽容失败的科研精神，引导积极、宽容的民众心态和社会氛围，充分信任、大胆使用人才，加强对知识产权、创新成果转化收益等创新创业成果的保护，在全社会树立正确舆论导向，营造良好的舆论氛围。二是要创新河南实施创新驱动发展战略工作中正能量的报道方式，避免政策宣传文件化、工作报道概念化、会议报道模式化、典型报道脸谱化，既要立足时代高度和社会发展总趋势引领舆论，又要善于讲故事，既要通俗易懂、喜闻乐见，又不庸俗、低俗、媚俗，切实提升报道实效。三是要高度重视微博、微信等新媒体的作用，切实加强网络舆情监测分析和研判，建立快速反应的网络舆论引导机制，充分发挥行业主流媒体主渠道作用，提升运用“互联网+”思维对河南实施创新驱动发展战略的内涵、思路、政策、方针报道的能力，抢占网络“阵地”。此外，还要加强各级各类媒体、媒介的协同，调动所有媒体、媒介的积极性，构建河南实施创新驱动发展战略的立体舆论引导机制。

三 营造创新驱动发展的法治环境

构建规范的发展环境，为河南创新驱动发展营造良好法治环境。一是要加快立法步伐。围绕河南创新驱动发展战略各项目标任务，加快制定出台一批先行性、实施性、自主性的地方立法，依法惩治危害创新驱动发展的各类刑事犯罪，严厉惩治妨碍科研院所、企业进行科技创新活动的刑事犯罪，严厉打击拒不支付劳动报酬等侵犯科研人员合法权益的刑事犯罪，严厉打击侵犯专利权等侵犯知识产权的刑事犯罪，为全省持续推进创新驱动发展提供坚强的法制支撑。二是要加快行政执法改革。既要立足当前，在解决河南创新驱动发展战略中存在的突出问题上见实效，又要着眼长远，在制度、机制、程序上不断完善，厘清执法机关职责权限，健全行政执法程序，完善行政执法制度，形成保障河南创新驱动发展战略的长效机制。三是要加快推进创新驱动立法工作，修改完善《河南省创新驱动高质量发展条例（草案）》，准确把握好立法目的、立法原则，强化导向性，着重突出地方特色、条例亮点，增强地方立法的针对性、适用性、可操作性，强化创新驱动对高质量发展的引领支撑，把省委关于科技创新的重大战略决策以法规的形式固定下来，成为未来河南创新驱动工作的基本依据，实现重大政策举措于法有据，为河南创新驱动和高质量发展提供更加精准、更加及时、更加有效的立法保障。四是要营造优质的执法环境，司法行政部门要以服务投资、营造良好环境为目标，保护所有市场主体的合法权益，严厉打击惩处侵害投资者、消费者、知识产权人合法权益的违法行为，着力解决影响科技创新的关键问题，为河南推进创新驱动发展战略保驾护航。

四 营造创新驱动发展的营商环境

营商环境直接影响着市场主体的兴衰、生产要素的聚散、发展动力的强弱，河南要将优化营商环境贯穿全面建设现代化河南的全过程，努力培育市场化、法治化、国际化的营商环境，不断增强河南的吸引力和凝聚力。一是要加快构建有利于市场主体健康发展的制度环境，推动《河南省优化营商环境条例》有效实施，全力营造宽松便捷的准入环境、公平竞争的市场环境、高效优质的政务环境、规范透明的监管环境，形成开放、公平、有序的投资市场环境。二是要持续深化“放管服”改革，加大“放”的力度，简化办事流程，提高审批效率，推动政务服务从传统审批向智能服务转变，着力解决“玻璃门”问题；健全“管”的机制，建立以综合监管为基础、以专业监管为支撑的监管体系，增强监管的有效性和针对性；提高“服”的质量，加快推进“互联网+政务服务”改革，为企业和项目提供“专班式”“管家式”“保姆式”服务，不断提高办事效率和行政效能，以一流的营商环境吸引更多龙头企业、重大项目落户河南。三是要降低实体经济企业生产要素成本，瞄准用电、用气、用地，用足用好减税降费各项措施；减轻企业税费负担，实施降低增值税税率、扩大享受税收优惠小微企业范围等政策，让企业真正享受政策红利；进一步降低门槛，营造宽松便捷的准入环境，持续激发各类市场主体活力；强化金融支持，降低企业融资成本，加强银政企融资对接，鼓励银行合理让利，有效解决中小企业融资难、融资贵问题。四是要营造公平有序的发展环境，加快转变监管理念，增强相关部门的法定职能意识，创新监管方式，加强监管执法的信息化支撑，充分利用大数据、云计算等新一代信息技术建立健全“互联网+监管”模式，防止监管过度或监管缺位。

五　营造创新驱动发展的人才环境

创新驱动发展需要营造良好的人才成长环境，要把人才作为实现现代化河南的第一要素，为现代化河南建设提供人才支撑。一是要坚持科学谋划，从全局和战略的高度，充分认识人才建设的重要作用，围绕创新驱动发展战略的各项任务要求，科学谋划当前和今后一个时期人才发展的战略目标、指导方针、重大举措和基本路径，确保人才资源开发与发展同创新驱动发展战略各项工作相适应，构建人才发展的宏观布局。二是要营造敬才爱才的社会环境，广开进贤之路，在全社会大力倡导见贤思齐、求贤若渴的良好风尚，将人才优先发展放在更重要的位置来抓，把各方面的优秀人才吸引过来，集聚起来；营造人才集聚的工作环境，积极建造干事创业人才需要的科研实验平台、技术攻关平台、成果转化平台等载体，加快郑洛新国家自主创新示范区、中国（河南）自由贸易试验区、中国（郑州）跨境电子商务综合试验区等园区的建设，为人才创新创业提供舞台；营造良好服务环境，建立健全人才创新创业综合配套服务体系，及时有效地提供投融资服务、人才资源服务等，为高层次人才提供创业扶持、社保医疗、配偶就业、子女入学等配套服务。三是要切实提高人才培养效率，紧密结合创新发展战略的各项要求，做好对各类急需人才的研判和预测，加大对急需人才培养的政策支持力度，畅通急需人才快速成长渠道，同时谋划、调整人才队伍的专业素质结构、层级结构等，以人才结构升级促进河南创新驱动发展战略各项发展目标的实现。

六 营造创新驱动发展的数字经济环境

数字经济环境下，计算机的网络和数字化基础设施成为信息交流沟通的媒介，加强了人、资源、信息、技术的相互联结，有利于强化政府、高校、科研院所、企业等创新主体的协同创新效应，完善优化科技创新生态。同时，数字经济发展也会倒逼政府治理进行公开准入、平等接入和平台共治等制度变革，形成更加包容、开放的创新环境，增强了创新生态系统的开放性，促进了区域创新环境的改善。一是要加强数字化基础设施建设，顺应大数据智能化发展趋势，以良好的数字基础设施吸引更多的创新资源要素集聚，促进平台经济、共享经济、数字金融等新业态、新模式的运行。二是要进一步推动体制机制创新，运用市场化经营方式，引导大型企业开放场景应用、共享生产要素、搭建共性平台，支持更多中小企业进入龙头企业供应链，打通上下游产业链条，形成产业链上下游联动、大中小企业融通发展的产业创新生态。三是要强化数字经济应用场景牵引，积极运用“互联网+”生态系统，拓展数据在人工智能、社会运行、经济发展、公共服务、社区运行等重点行业和领域的应用场景，探索以数据为核心的产品和服务创新，释放数字经济对经济社会发展的放大、叠加、倍增效应，提升实体经济创新力和竞争力。

参考文献

［1］河南省人民政府：《河南省人民政府关于印发河南省“十四五”科技创新和一流创新生态建设规划的通知》，豫政〔2021〕41号，2022年2月23日。

［2］深圳市科技创新委员会：《深圳市科技创新“十四五”规划》，2022年1月12日。

［3］科技部、财政部、国家发展改革委：《国家科技创新基地优化整合方案》，2017年8月18日。

［4］河南省发展和改革委员会：《河南省“十四五”新型基础设施建设规划》，2022年2月9日。

［5］河南省人民政府办公厅：《关于印发河南省推进产业集聚区高质量发展行动方案的通知》，豫政办〔2019〕43号，2019年7月26日。

［6］国家发展改革委：《关于印发国家产教融合建设试点实施方案的通知》，发改社会〔2019〕1558号，2019年9月25日。

［7］河南省人民政府办公厅：《河南省人民政府办公厅关于深化产教融合的实施意见》，豫政办〔2018〕47号，2018年8月30日。

［8］河南省人民政府：《河南省人民政府关于印发河南省“十四五”战略性新兴产业和未来产业发展规划的通知》，豫政〔2021〕50号，2022年1月24日。

［9］国务院：《国务院关于印发“十四五”数字经济发展规划的通知》，国发〔2021〕29号，2022年1月12日。

［10］国务院：《中共中央 国务院关于建立健全城乡融合发展体制机制和政策体系的意见》，国务院公报（2019年第14号），2019年5月5日。

［11］河南省人民政府办公厅：《河南省人民政府办公厅关于加快推进农业信息化和数字乡村建设的实施意见》，豫政办〔2020〕10号，2020年4

月 16 日。

[12] 楼阳生:《高举伟大旗帜牢记领袖嘱托为确保高质量建设现代化河南确保高水平实现现代化河南而努力奋斗——在中国共产党河南省第十一次代表大会上的报告》,2021 年 10 月 26 日。

[13] 郑州市人民政府:《郑州市人民政府关于印发郑州市国民经济和社会发展第十四个五年规划和二〇三五年远景目标纲要的通知》,郑政〔2021〕12 号,2021 年 6 月 25 日。

[14] 洛阳市人民政府:《洛阳市人民政府关于印发洛阳市国民经济和社会发展第十四个五年规划和 2035 年远景目标纲要的通知》,洛政〔2021〕38 号,2021 年 12 月 27 日。

[15] 南阳市人民政府:《南阳市人民政府关于印发南阳市国民经济和社会发展第十四个五年规划和二〇三五年远景目标纲要的通知》,宛政〔2021〕9 号,2021 年 6 月 29 日。

[16] 鹤壁市人民政府:《鹤壁市人民政府关于印发鹤壁市国民经济和社会发展第十四个五年规划和二〇三五年远景目标纲要的通知》,鹤政〔2021〕8 号,2021 年 6 月 20 日。

[17] 濮阳市人民政府:《濮阳市人民政府关于印发濮阳市国民经济和社会发展第十四个五年规划和二〇三五年远景目标纲要的通知》,濮政〔2021〕16 号,2021 年 5 月 2 日。

[18] 商丘市人民政府:《商丘市人民政府关于印发商丘市国民经济和社会发展第十四个五年规划和二〇三五年远景目标纲要的通知》,商政〔2021〕11 号,2021 年 12 月 12 日。

[19] 安阳市人民政府:《安阳市人民政府关于印发安阳市国民经济和社会发展第十四个五年规划和二〇三五年远景目标纲要的通知》,安政〔2021〕10 号,2021 年 11 月 19 日。

[20] 新乡市人民政府:《新乡市人民政府关于印发新乡市国民经济和社会发展第十四个五年规划和二〇三五年远景目标纲要的通知》,新政〔2021〕2 号,2021 年 6 月 25 日。

[21] 焦作市人民政府:《焦作市人民政府关于印发焦作市国民经济和社会发展第十四个五年规划和二〇三五年远景目标纲要的通知》,焦政〔2021〕8 号,2021 年 7 月 9 日。

[22] 许昌市人民政府:《许昌市人民政府关于印发许昌市国民经济和社会发展第十四个五年规划和二〇三五年远景目标纲要的通知》,许政〔2021〕16号,2021年6月9日。

[23] 开封市人民政府:《开封市人民政府关于印发开封市国民经济和社会发展第十四个五年规划和二〇三五年远景目标纲要的通知》,汴政〔2021〕46号,2021年12月31日。

[24] 平顶山市人民政府:《平顶山市人民政府关于印发平顶山市国民经济和社会发展第十四个五年规划和二〇三五年远景目标纲要的通知》,平政〔2021〕21号,2022年1月13日。

[25] 漯河市人民政府:《漯河市人民政府关于印发漯河市国民经济和社会发展第十四个五年规划和二〇三五年远景目标纲要的通知》,漯政〔2021〕10号,2021年5月25日。

[26] 济源市人民政府:《济源市人民政府关于印发济源市国民经济和社会发展第十四个五年规划和二〇三五年远景目标纲要的通知》,济政〔2021〕5号,2021年12月31日。

[27] 三门峡市人民政府:《三门峡市人民政府关于印发三门峡市国民经济和社会发展第十四个五年规划和二〇三五年远景目标纲要的通知》,三政〔2021〕6号,2021年6月24日。

[28] 信阳市人民政府:《信阳市人民政府关于印发信阳市国民经济和社会发展第十四个五年规划和二〇三五年远景目标纲要的通知》,信政〔2021〕13号,2021年9月15日。

[29] 驻马店市人民政府:《驻马店市人民政府关于印发驻马店市国民经济和社会发展第十四个五年规划和二〇三五年远景目标纲要的通知》,驻政〔2021〕11号,2021年8月9日。

[30] 国务院:《国务院办公厅关于县域创新驱动发展的若干意见》,国发〔2017〕43号,2017年5月24日。

[31] 河南省人民政府办公厅:《河南省人民政府办公厅关于印发河南省钢铁行业"十四五"转型升级实施方案的通知》,豫政办〔2021〕72号,2021年12月9日。

[32] 河南省人民政府办公厅:《河南省人民政府办公厅关于印发河南省煤矿智能化建设实施方案的通知》,豫政办〔2019〕48号,2019年9月

21 日。

[33] 河南省人民政府办公厅：《河南省人民政府办公厅关于印发河南省有色金属工业调结构促转型增效益实施方案的通知》，豫政办〔2017〕9 号，2017 年 1 月 6 日。

[34] 河南省人民政府办公厅：《河南省人民政府办公厅关于石化产业调结构促转型增效益的实施意见》，豫政办〔2017〕31 号，2017 年 2 月 17 日。

[35] 河南省人民政府办公厅：《河南省人民政府办公厅关于印发河南省新型材料业转型升级行动计划（2017—2020 年）的通知》，豫政办〔2017〕120 号，2017 年 1 月 16 日。

[36] 中共河南省委、河南省人民政府：《关于促进郑洛新国家自主创新示范区高质量发展的若干政策措施》，《河南日报》2020 年 9 月 29 日第 9 版。

[37] 中共中央办公厅、国务院办公厅：《关于进一步加强科研诚信建设的若干意见》，国务院公报 2018 年第 17 号，2018 年 5 月。

[38] 科技部：《科技部关于印发〈创新驱动乡村振兴发展专项规划（2018—2022 年）〉的通知》，国科发农〔2019〕15 号，2019 年 1 月 21 日。

[39] 国务院：《国务院关于加快建立健全绿色低碳循环发展经济体系的指导意见》，国发〔2021〕4 号，2021 年 2 月 22 日。

[40] 中共河南省委办公厅、河南省人民政府办公厅：《关于加快改革创新促进高新技术产业开发区高质量发展的实施意见》，《河南日报》2021 年 5 月 26 日第 11 版。

[41] 梁华义、孙博、孙中杰：《打造知产强省 谱写绚丽篇章 河南加快推进知识产权强省建设促进经济社会高质量发展》，《中国质量报》2022 年 4 月 25 日第 4 版。

[42] 冯华：《基础研究原始创新敢不敢“十年不鸣”》，《人民日报》2017 年 2 月 3 日第 20 版。

[43] 邓向阳：《最大限度激发人才创新创造创业活力》，《求是》2016 年第 20 期。

[44] 丁奎岭：《大力弘扬科学家精神 肩负起历史赋予的科技创新重

任》，《光明日报》2020 年 10 月 16 日第 6 版。

[45] 王利中、魏顺庆：《大力弘扬工匠精神》，《人民日报》2017 年 8 月 7 日第 7 版。

[46] 王晓明：《大力弘扬新时代企业家精神》，《内蒙古日报》2020 年 2 月 17 日第 7 版。

[47] 王泽强、邹振宇：《加快构建科技创新容错机制》，《学习时报》2020 年 10 月 7 日第 6 版。

[48] 王承哲、完世伟主编《河南经济发展报告（2022）》，社会科学文献出版社，2021。

[49] 方晓霞、李晓华：《加快推动制造业数字化转型》，《经济日报》2020 年 11 月 18 日第 11 版。

[50] 王一鸣：《推进生活服务业数字化转型》，《学习日报》2020 年 5 月 27 日第 2 版。

[51] 王志刚：《走创新驱动乡村振兴发展道路》，《求是》2018 年第 15 期。

[52] 王军等：《中国经济发展"新常态"初探》，社会科学文献出版社，2016。

[53] 国家行政学院经济学教研部编著《中国经济新常态》，人民出版社，2015。

[54] 王胜昔：《牢记总书记嘱托，持续打好"四张牌"》，《光明日报》2018 年 3 月 7 日第 12 版。

[55] 马跃峰：《河南巧打"四张牌"》，《人民日报》2017 年 6 月 3 日第 7 版。

[56] 中共河南省委组织部、河南省发展和改革委员会编《打好"四张牌"教育读本》，河南人民出版社，2017。

[57] 河南省社会科学院课题组：《努力打好"四张牌"让中原更加出彩》，《河南日报》2016 年 12 月 22 日第 5 版。

[58] 孙德中、董娉、栾姗、陈辉：《把握新常态 打好"四张牌"》《河南日报》2017 年 8 月 31 日第 1 版。

[59] 耿德建：《深刻领会和把握实现中国梦需要中原更加出彩》，《河南日报》2018 年 7 月 6 日第 5 版。

[60] 陈健、张旭:《论新发展阶段、新发展理念、新发展格局的整体性》,《中共杭州市委党校学报》2022 年第 2 期。

[61] 王海山、李建德、张裔:《新发展阶段、新发展理念、新发展格局的战略意蕴和逻辑理路》,《中国井冈山干部学院学报》2021 年第 2 期。

[62] 王灵桂:《防范和纠正新发展阶段、新发展理念、新发展格局认识误区》,《人民论坛》2021 年第 20 期。

[63] 河南省社会科学院课题组:《努力打好"四张牌"让中原更加出彩》,《河南日报》2016 年 12 月 22 日第 5 版。

[64] 新乡市人民政府:《关于高质量推进新乡国家自主创新示范区建设先行先试的若干政策》,2020 年 4 月 8 日。

[65] 新乡市人民政府:《支持高校院所、国有企业开展职务科技成果权属改革促进科技成果在新转化的若干政策》,2022 年 4 月 14 日。

[66] 新乡市统计局:《2021 年新乡市国民经济和社会发展统计公报》,2022 年 3 月。

[67] 张占仓:《河南经济创新驱动高质量发展的战略走势与推进举措》,《区域经济评论》2022 年第 4 期。

[68] 魏建平:《新乡市人民政府工作报告》,2022 年 3 月 18 日。

[69] 付丽娜、彭甲超、易明:《基于共同前沿生产函数的区域创新资源配置效率研究》,《宏观经济研究》2020 年第 4 期。

[70] 李庚香:《以创新引领河南战略性新兴产业发展》,《河南日报》2020 年 9 月 6 日第 6 版。

[71] 崔理想:《"十四五"时期河南创新推动高质量发展研究》,《中共郑州市委党校学报》2021 年第 1 期。

[72] 习近平:《决胜全面建成小康社会 夺取新时代中国特色社会主义伟大胜利——在中国共产党第十九次全国代表大会上的报告》,人民出版社,2017。

[73]《肩负中原更加出彩历史使命》,《河南日报》2018 年 7 月 1 日,特刊第 4 版。

[74]《2019 年河南省国民经济和社会发展统计公报》,2020 年 3 月 10 日。

[75] 田富娜:《创新引领产业升级 加快建强副中心》,《河南日报》

2018年7月1日第4版。

[76] 李迎博：《解放思想 提标提效 争当洛阳创新发展的探路者》，《洛阳日报》2022年1月4日第4版。

[77] 刘旸、王小文：《大连自贸区金融创新的总体思路及动力机制研究》，《产业与科技论坛》2018年第5期。

[78] 张绍乐：《河南自贸区建设面临的新形势及对策建议》，《黄河科技大学学报》2018年第2期。

[79] 白俊红、张艺璇、卞元超：《创新驱动政策是否提升城市创业活跃度——来自国家创新型城市试点政策的经验证据》，《中国工业经济》2022年第6期。

[80] 郝鹏：《激发各类市场主体活力》，《理论导报》2020年第12期。

[81] 王立平、鲍鹏程：《创新驱动对城市经济增长空间溢出效应的实证考察》，《统计与决策》2022年第10期。

[82] 陈辉：《构建现代产业体系如何发力》，《河南日报》2021年9月5日第1版。

[83] 盛朝迅：《构建现代产业体系的重要路径》，《经济日报》2019年3月20日第12版。

[84] 李爱琴、张竞昳：《构建一流创新生态，建设国家创新高地》，《协商论坛》2022年第1期。

[85] 李忠峰、王庆杰：《助力建设国家创新高地》，《中国财经报》2022年6月11日第1版。

[86] 楼阳生：《奋力建设国家创新高地和重要人才中心》，《人民周刊》2022年第6期。

[87] 乔地：《锚定国家创新高地 河南全力构建一流创新生态》，《科技日报》2022年1月24日第7版。

[88] 尹江勇：《奋力建设国家创新高地》，《河南日报》2022年1月4日第2版。

[89] 尹江勇：《聚焦"六个一流"发力 建设国家创新高地》，《河南日报》2021年11月4日第3版。

[90] 栾姗：《打造一流创新生态 建设国家创新高地》，《河南日报》2021年11月10日第11版。

[91] 叶一剑:《关于河南省建设国家创新高地的八点思考》,《人民政协报》2021 年 11 月 2 日第 6 版。

[92] 郑广建:《瞄准“五个一流”全力建设国家创新高地》,《河南日报》2021 年 9 月 10 日第 6 版。

[93] 安伟:《奏响创新发展主旋律 加快郑州国家中心城市建设新征程》,《郑州日报》2022 年 4 月 30 日第 1 版。

[94] 赵文静:《打造国家区域科技创新中心 开辟郑州高质量发展新境界》,《郑州日报》2021 年 12 月 16 日第 4 版。

[95] 周书焕:《郑州航空港经济综合实验区创新人才发展战略研究》,《中州学刊》2017 年第 10 期。

[96] 胡美林、张利敏:《“十四五”河南推进创新发展的着力点》,《开放导报》2021 年第 5 期。

[97] 周伟:《数据赋能:数字营商环境建设的理论逻辑与优化路径》,《求实》2022 年第 4 期。

[98] 李国强、马晓白:《优化营商环境是实现创新驱动发展的重要依托》,《中国经济时报》2018 年 7 月 5 日第 5 版。

[99] 蓝庆新、拓朴:《以数字经济推动我国区域科技创新中心建设》,《中国经贸导刊》2020 年第 5 期。

[100] 河南省社科联、河南中原创新发展研究院联合课题组:《把创新放在发展的核心位置》,《河南日报》2021 年 11 月 6 日第 7 版。

[101] 谷建全、刘云、郜俊玲、耿德建、刘殿敏:《创新驱动引领 激发中原力量》,《河南日报》2016 年 3 月 9 日第 11 版。

[102] 刘战国、张齐、王命禹、张凯、胡明晖:《坚持创新驱动 推动河南经济高质量发展》,《河南日报》2018 年 4 月 4 日第 8 版。

[103] 何可:《今年郑州 GDP 预期增长 7.5%》,《河南日报》2022 年 4 月 28 日第 3 版。

[104] 郭湛:《百年中国历史主体的主体性和创造性》,《社会主义核心价值观研究》2022 年第 1 期。

[105] 乔地:《高台起势打造人才高地创新策源地》,《科技日报》2022 年 3 月 15 日第 1 版。

[106] 李娜:《市科技局 靶向发力“六个一流”深耕厚植“创新高

地”》，《郑州日报》2022 年 4 月 15 日第 1 版。

[107] 裴蕾、董艳竹：《改革创新笃行致远“活力郑州”未来已来》，《郑州日报》2022 年 3 月 21 日第 1 版。

[108] 何雄：《政府工作报告》，《郑州日报》2022 年 5 月 6 日第 1 版。

[109] 李娜、李登科：《以科技创新引领城市高质量发展》，《郑州日报》2021 年 1 月 29 日第 4 版。

[110] 中共郑州市委郑州市人民政府：《关于实施“智汇郑州”人才工程加快推进国家中心城市建设的意见》，郑发〔2017〕23 号，2017 年 11 月 23 日。

[111] 驻马店市人民政府：《驻马店市人民政府关于印发驻马店市制造业“十四五”高质量发展规划（2021—2025）的通知》，驻政〔2022〕22 号，2022 年 4 月 15 日。

[112] 河南省人民政府办公厅：《河南省人民政府办公厅关于印发河南省加快传统产业提质发展行动方案等三个方案的通知》，豫政办〔2022〕4 号，2022 年 1 月 21 日。

[113]《2020 年河南省国民经济和社会发展统计公报》，河南省人民政府官网，http：//www. henan. gov. cn/2021/03-08/2104927. html。

[114]《2021 年河南省国民经济和社会发展统计公报》，河南省统计局官网，http：//tjj. henan. gov. cn/2022/03-10/2412169. html。

[115] 李锦斌：《坚持创新在我国现代化建设全局中的核心地位》，《求是》2021 年第 6 期。

后　记

习近平新时代中国特色社会主义思想内容丰富、思想深刻，为河南高质量发展注入了强大的政治动力、精神动力。值此党的二十大召开之际，为充分发挥理论先行、理论引领、理论破难、理论聚力的重要作用，充分展示河南贯彻落实习近平新时代中国特色社会主义思想的辉煌成就与宝贵经验，河南省社会科学院创研编写了“习近平新时代中国特色社会主义思想的河南实践”系列丛书。这既是对党的二十大的献礼，也是为确保高质量建设现代化河南、确保高水平实现现代化河南凝聚强大精神动力的重大成果。

本书是系列丛书之一，全景式描述了河南在创新驱动发展方面的成功探索，全过程介绍了河南历届省委、省政府在创新驱动发展上一届接着一届干、一张蓝图绘到底、一以贯之促创新的生动实践，全方位阐述了河南创新驱动发展的辉煌成就、宝贵经验与发展方向。撰写这本书的初衷就是试图通过记述创新驱动发展的河南实践，充分总结习近平总书记关于创新驱动发展重要论述的理论精髓，充分展示习近平总书记关于创新驱动发展重要论述的内涵魅力，充分证明习近平总书记关于创新驱动发展重要论述的正确方向。

本书的编撰得到了中共河南省委宣传部的大力支持。河南省社会科学院党委书记阮金泉、院长王承哲高度重视本书的编撰工作，阮金泉书记多次参加讨论并提出指导意见，王承哲院长全程指导本书的撰写工作，在总体框架设计、撰写、统稿、修改、定稿等各环节上提出了建设性的意见和建议。本书由河南省社会科学院院长王承哲同志担任主编，河南省社会科学院科研管理部组织实施和负责具体出版工作。参与本书撰写的同志（以章为序）：第一章、第二章，袁金星；第三章、第四章、第六章、第十四章，李丽菲；第五章、第十一章、第十二章、第十三章，崔理想；第七章、

第十章，高璇；第八章，唐晓旺；第九章，李斌。本书除注明外，还参阅引用了河南社会科学院汪萌萌、王摇橹等同志的成果，以及其他无法查明出处的成果，在此深表感谢！

在本书付梓之际，谨向所有为本书编撰出版做出贡献的同志表示衷心的感谢。水平所限，书中难免有差错和不妥之处，恳请读者批评指正。

编　者

2022 年 7 月

图书在版编目(CIP)数据

创新驱动发展的河南实践 / 王承哲主编 ; 完世伟,
高璇副主编. -- 北京 : 社会科学文献出版社, 2022.9
ISBN 978-7-5228-0678-5

Ⅰ.①创… Ⅱ.①王… ②完… ③高… Ⅲ.①区域经
济发展-研究-河南 Ⅳ.①F127.61

中国版本图书馆 CIP 数据核字(2022)第 164698 号

创新驱动发展的河南实践

主　　编 / 王承哲
副 主 编 / 完世伟　高　璇

出 版 人 / 王利民
组稿编辑 / 任文武
责任编辑 / 李　淼
责任印制 / 王京美

出　　版 / 社会科学文献出版社 · 城市和绿色发展分社(010) 59367143
地址:北京市北三环中路甲 29 号院华龙大厦　邮编:100029
网址:www.ssap.com.cn
发　　行 / 社会科学文献出版社 (010) 59367028
印　　装 / 三河市龙林印务有限公司

规　　格 / 开 本:787mm × 1092mm　1/16
印 张:18　字 数:290 千字
版　　次 / 2022 年 9 月第 1 版　2022 年 9 月第 1 次印刷
书　　号 / ISBN 978-7-5228-0678-5
定　　价 / 68.00 元

读者服务电话:4008918866